# 文法的詩学その動態

藤井貞和
Fujii Sadakazu

笠間書院

## 本文の引用について

『源氏物語』の引用は、「桐壺」巻、「帚木」巻と、巻名のみ記す。「一―二一」とあるのは、『新日本古典文学大系』（略称「新大系」）の第一冊、二一ページ、を言う。新大系の本文を利用して、歴史的かな遣いとし、漢字表記などに手を加え、送りがなをほどこし、句読点をまま改定する。

『万葉集』は巻数、歌番号を記す。『日本古典文学大系』（「大系」）および、新大系を利用する。多く、大系に拠るとともに、新大系の新しい学説や訓みを参照する。『古事記』、『日本書紀』は大系、勅撰集類は多く新大系に従う。物語類は手持ちのテクストに拠り、いずれも可能な限りで本文批判を経てある。

　例：（二〇、大伴家持、四五一六歌）、（『古事記』下、九九歌謡）など

『古事記』歌謡のかぞえ方は『古代歌謡全注釈（古事記編）』（土橋寛）に拠る。

## 詩歌の読み下し文について

句読点および棒点（—）をほどこす。棒点は、序詞や枕詞などの比喩関係、係助辞のあと、強調の「し、しも」のあとに附ける。

古代歌謡の原態が漢字の万葉がなで書かれているのを、ひらがなにひらく。乙類のかなはカタカナで表記する。

　例：いざこドモ、のびるつみに、ひるつみに、わがゆくみちノ……

『万葉集』歌の表記を、原文の漢字が生きられるように配慮し、万葉がな、訓がなはひらがな（乙類はカタカナ）にひらく。漢文の助字は多く割愛する。訓み添えは（かっこ）で示し、動詞などに送りがなをほどこす。なお十五章「文字と表記」を参照。

Notes:

例：金《あき》（ノ）野ノみ草苅り葺き、屋《や》ドれりし、うぢノ宮こノ借りいほし—念ほゆ（一、額田王、七歌）

（原文）金野乃美草苅葺、屋杼礼里之、兎道乃宮子能借五百磯所念

## 現代語訳（口訳）

多くの短歌やテクスト（本文）引用に試訳をほどこす。厳密な直訳の基礎に立って、すこし嚙み砕いた、自由な訳を採用する。研究語訳（研究のための正確な現代語文）を試みたり、ところどころ舞文《ぶぶん》があったりする。大きな読み増しは（かっこ）を利用して読解の便をはかった。

## 助動辞、助辞

「助動詞」は助動辞とし、「助詞」を助辞とする。研究者の意見に沿って叙述する場合に、「助動詞」「助詞」と書くこともある。これらの機能語はテクストのなかでのみ生きられる。

## 推定される助動辞、小接辞など

アリ ar-i／アム am-u／アシ asi のように書いて助動辞と認定する。動詞は「あり」と書くという原則を貫く。接辞は -am あるいは am- というように半角の「-」（ハイフン）を前か後ろかに附ける。

## 品詞などの名称

従来からの慣行に従って、名詞、代名詞、動詞、形容詞、形容動詞、副詞、連体詞、接続詞、感動詞という呼称を利用する。さらにわが学説として以下の分類を考える。

詞（品詞）

汎名詞（名詞の類）——名詞〈固有称を含む〉　形式詞（吸着語とも）

記号詞（代名詞とも）　（表意文字としての）算用数字

動態詞一類——動詞　動態詞二類——形容詞（態様詞とも）

動態詞三類——形容動詞（名容詞とも）

副詞（作用詞、擬態詞、作態詞とも）　連体詞（冠体詞とも）
接続詞　感動詞（感投詞）

辞（品辞）

助動辞（複語尾辞とも）

助辞――格助辞　副助辞（作用助辞とも）

係助辞／終助辞――呼応助辞

間投助辞（遊離助辞）　接続助辞

並列助辞は廃止する

接語――接頭語、接尾語、その他〈過剰音など〉

文字類（算用数字を除く）

漢字　かな〈万葉がな・訓がな・字訓・ローマ字を含む〉

アルファベットなど

人称、動植物称、自然称、……

形容動詞（名容詞）は名詞相当句を「なり、たり」（断定）が受けると考える場合には、独立させない。慣例的には形容動詞を認める。

「断定なり、伝聞なり、断定たり」という言い方を適宜、採用する。

**敬称**

原則として~氏などの敬称を省略する。記述が私的に渉る場合にはその限りでない。人名を承ける場合に「氏は……」というように書くことがある。

Notes:

## 『文法的詩学』から本書『文法的詩学その動態』へ

明治時代以来《このかた》、国語学の発展は、日本近代がしいてくる、いくつもの苦闘のなかでも、最大級のと言える、欧米的近代と伝統型の言語観とのぶつかりあいのなかで、果たされてきた。前著『文法的詩学』（笠間書院、二〇一二・一二）は、時枝誠記《ときえだもとき》を始めとして、佐久間鼎、三上章、松下大三郎、三矢重松あるいは折口信夫、山田孝雄、大野晋ら、そして（小林英夫経由の）ソシュール、戦後言語学を領導するチョムスキーといった、錚々たるメンバーの胸もとに飛び込んで、いわばかれらとともに日本語の真の在り方を探求していった。試みた方法としては、機能語のうちの、特に助動辞（—助動詞）という、深層から下支えする働きを持つ諸活用語を、文法として確定することに紙数を費やした。機能語である、助辞（—助詞）についても、係助辞「は」と「こそ」とについては『文法的詩学』のなかで考察を加えた。

かれら研究者たちのあと、体系的叙述がほとんどなされていない現状を思うと、文法体系はいま、言語現象の全体像として把み出されることが緊要ではないかと考えて、物語文学、ならびに古代歌謡や『万葉集』などに見る、史前状態からこちらへやってきたことばたちの生存を重視し、全言語状態の各所へと配置していった。従来の諸学説にそのまま寄りかかることをせず、あくまで物語言語、および詩歌のことばたちが要求する現実に沿って、それらをわが文法事項の起点とし、一例たりとも例外はない、文法的に記述できるはずだと信じて、結果は新見をそこここに鏤めることになったかと思う。いたずらに新奇を羅列するのでなく、既成の諸文法学説でほぼ記述できる範囲のことと、どうしても文法の考え方を革新しなければさきへ進めない、という箇所とが、『文法的詩学』のなかに同在している。

かくして、時間域、推量域に加えて、（隠さず言えば折口がヒントだが）形容域を認めることで、機能語たちが互いに孤立せず相互依存的に〝機能〟する動態を図形化（krsm 四辺形あるいは立体）することができた。小松光三という研究者が、哲学という関心からだろうか、一九八〇年代にやはり助動辞群の図形化に挑戦していたさまは、遅ればせながら知ることができて、『文法的詩学』には間に合って、私なりに〝対決〟させていただいた。

ヒントがそこにあるように、『文法的詩学』は言語哲学に寄与するはずだと考える。日本語から発信できる言語哲学があるとするならば、かかる具体的な文法記述を基礎にして始まるのではなかろうか。『文法的詩学』は終りの五章を費やして、語りということ、人称のさまざま、自然称、敬称について、考察したところを述べ、あわせて表記や懸け詞問題に接近する。さいごの課題は本書『文法的詩学その動態』へともうはいりつつある。

〈詩学〉は私にとり、ぜひ利用したい語である。poetics（詩学）と言えば、多くのひとがアリストテレス『詩学』を思い浮かべる。それでよいはずだ。広く劇詩（―悲劇）や叙事詩が念頭にある。劇詩を念頭におけば能や浄瑠璃世界が視野にあるし、叙事詩のすえには軍記物語から物語文学までが浮上する。そういう世界的な広がりで見ることに遠慮しなくてよい。とともに、狭義の〈詩の文法〉というか、詩歌を成り立たせる詩的言語の動態へと、私としては、自分の創作家的関心からも、一歩も二歩も踏みいりたい。古典詩歌（古代歌謡、『万葉集』歌、『古今集』歌など）、連歌や俳諧、近代詩さらに現代詩は、日本語の詩としてアイデンティファイする（同一とみなす）ことができるはずだ。世界の詩や詩人たちの営為にふれてゆくために、日本語の詩から何が立ち上げられるか、ということでもある。

この『文法的詩学その動態』では、意味語（名詞、動詞、形容詞など）の記述と、まだあまり（『文法的詩学』で）ふれられなかった助辞群の記述とに力を尽くして（助動辞についても再説する）、それらを含む新たな図形化（助辞／助動辞図）へと進む。それらの基礎に立って、詩歌のこれまで詩の技法や修辞というレベルで止まっていた臨界を、文法的視野に置き改めて考察し、音韻、文字という事項にまで注意をこらしたすえに、うたと〝言語社会〟論とに終りを求めて『文法的詩学その動態』の結末をなす。この結末は『文法的詩学』の序章「文法的詩学、その構築」と呼応しているかもしれない。

# 一部　意味と意味を働かせる機能と

## 一章　名詞の類——自立語（上）



## 二章　動く、象《かたど》る——自立語（中）

Contents:

# 二部　機能語の詩学

## 七章　助動辞の言語態



## 八章　「る、らる」「す、さす、しむ」

## 三部 詩歌の表現文法

### 九章 〈懸け詞〉文法



### 十章 序詞という視野

## 十一章　譬喩、縁喩、無喩



## 十二章　枕詞とフルコト

# 四部　リズム　音韻　文字

## 五部　言語社会とうた

### 十六章　うたを詠む、作る、歌う



### 十七章　うたとは何か

文法的詩学その動態

# 一部　意味と意味を働かせる機能と

本書のいま、どうしても突破しなければならない最初の門は〝意味〟だ。〝豊饒な意味〟から〝無意味〟まで、ことばの〝豊かさ〟をあいてに格闘する。〝意味〟と対立する、本書で主要に取り上げる、〝機能〟はファンクション・キーと考えてもらえばよい。キーボードの上や、壁のボタンを押す操作を思い浮かべたい。従来、それらの意味と機能とが混雑していたようなのを、分けてゆこうという最初の企みだ。

古典語および古典文学をおもに扱う。古典語をあいてにすることと、現代に生きることばをあいてにすることとのあいだに、どのような差異があるのだろうか。ことばがあいてであることにおいて、態度はまったくおなじであるはずだ。前著『文法的詩学』のあとがきに、

古典語界の言語を当時の現代語として探求する。

古典語界の文学を当時の現代文学として探求する。

という立場を取り続けると書いた。日本語が意味語——自立語——と機能語——非自立語——とから成るという性格は、古来、変わらなかったし、いまに変わらない。松下大三郎、橋本進吉、時枝誠記らは、前者を〝詞〟、後者を〝辞〟と認定した。本書『文法的詩学その動態』はとりわけ時枝の文法学説を検討し批評的に乗り越えるという役割を持っている。

『文法的詩学』とこの『文法的詩学その動態』とによって、事項の網羅性を目指したいと思う。文法書らしさを求めようと願う。体系的に叙述しようとすると、困ったことが続々と起きる。

現代人にはよく分からなくなっている現象がつぎつぎに浮上する。つまり、文法体系は、いまわれわれに分かっていることと、分からなくなっていることとの総体だ。

機能語の一、助動辞（助動詞）の「ぬ」をたとえば取り上げてみると、それは現代の共通語から完全に消えた。死者を復元できないように、われわれは「ぬ」をもう体感として知ることができない。古文の分析とスキルとを通して「復元」するしかない。それでも「復元」しえたかどうか、最終的な自信を持てない。

助辞（助詞）の「や」と「か」とはもともと別の機能で働いていた。平安時代には両者が接近し、ついで「や」が「か」を覆うかと思うと、つむじ風のように消えて、代わって「か」の世となる。現代語から「や」はなくなったと宣告するしかない。もし宣告をせずに、「や」を「か」に置き換えて古文を〝読み続ける〟ばかりならば、真の古文（かれらの現代文）を読むことにならず、第二の古文を読んで済ましていることになる。

この一部では、〝意味〟からはいるために、自立語の考察を最初に行う。名詞の類や動詞・形容詞・形容動詞を呼び出す。副詞や接続詞や連体詞、感動詞にも登場してもらう。接続詞や感動詞など、〝詞〟と見るより〝辞〟と見るほうがよいのではないか、とする時枝の考え方にぶつかって、いきなり厄介な感じがしなくもない。

自立語を下支えするのが非自立語ではなかろうか。非自立語、つまり機能語が論理上の文法を下から支える、それは真の文法とでもいうべき言語現象の構造的な正体としてあろう。一部はそういうところまで問題を突き詰めて、二部の「機能語の詩学」へバトンタッチする。

# 一章　名詞の類――自立語（上）

## 1　基本となる構文

詩歌や物語の古典をおもとする、文学テクストをあいてに読み続けてくると、否応なしに、日本語が、欧米的な言語学の考え方では、なかなか割り切れないと気づかされる。しかし、近代、現代社会において、欧米的な言語学のフレームに借りるのでなければ、何ごとも始まらないだろう、ということもたしかだ。言語学の発祥地が欧米語の勢力範囲にあることを想えば、何ら現代の言語学から離れる必要はない。フレームが勝手にいくつもあって、諸言語ごとに言語学を作っていては、基礎的な比較すらままならない。そう思って、〔A詞プラスB詞〕を諸言語の基本構文と見ることにした。

A詞＝名詞の類（汎名詞）
〔名詞句、名詞節を含む〕
B詞＝動態詞（動詞、形容詞など。〈日本語の〉形容動詞など）
〔動態詞句、動態詞節を含む〕

日本語を視野に入れると、〔A詞プラスB詞〕を支えるC辞がその基本構造を真に完成させる。

C辞1＝助辞　C辞2＝助動辞

日本語文の在り方は、

〔A詞プラスB詞〕C辞　つまり

〔名詞プラス動態詞〕助動辞／助辞

となる。C辞（助動辞／助辞）は細かく全体にちらばって文を支える。時枝学説に拠り、零記号《れいきごう》を積極的に認めて▼注1、C辞が表面に見えない場合をゼ（＝ゼロ、零《ゼロ》記号）と記号化しておこう。名詞の類（以下、名詞と呼ぶ）はかならずA詞の中心部に位置して、その場合、格（〈英〉case）を構成することが多い。名詞の類が他の語に対してどういう位置にあるかを格とする。〝位置にある〟とは〝位置〟がどういう働きをするか。働きは「機能」にほかならない。

## 2　「何がどうする」「何がどんなだ」

〔「〈いとやんごとなき際にはあらぬ〉（A詞）が（C辞1）すぐれてときめきたまふ（B詞）」（A詞）あり（B詞）〕けり（C辞2）。（「桐壺」巻、一―四）

まこと高級な身分ではない（お方）がずばぬけて時勢に適うていらっしゃる、（そんな方が）おったということだ。

これは、

〈いとやんごとなき際にはあらぬ〉がすぐれてときめきたまふ（文例1）

と、

「「〈いと……にはあらぬ〉が……たまふ」あり」けり（文例2）

とからなる。文例1と2とに分けよう。

文例1は〈いとやんごとなき際にはあらぬ〉が名詞節で、格になる。「が」（C辞1）が出てきて主格を示す。「が」は表面に出てこないことが普通で、実際に出てこなくともよい。構文上、格が構成されていればよい。文中のC辞を一々指示することは多く省略しよう。「ときめきたまふ」が動態詞で、ここは動詞プラス補助動詞から成る。

文例2は「いと……たまふ」を主格とし、「あり」が動態詞をなす。全体を「けり」（C辞2）が押し包む。簡単に纏めると、

A」C」B」A」B」C

となる。複文／単文の区別は重要事にならない。AとBとのあいだにも見えないC（零記号＝ゼ）が厳密にはあるはずだ。

A」C」B」ゼ」A」ゼ」B」C

見る人も—なき山里のさくらばな。ほかの散りなんのちぞ—咲かまし（『古今集』一、伊勢、六八歌）

鑑賞する人もいない、山里の桜の花よ。
余所が散ってしまうあとになって、いよいよ咲くとよい

「見る人も—なき山里のさくらばな」のようなのを独立句あるいは独立格と見るにしても、そのなかの桜花が次句での主格（A詞）になる。

（桜花〈A詞〉ガ〈＝C辞1〉）よその花の散ってしまうあとに咲い（B詞）てほしい〈C辞2〉。

A」C」B」C

ここでのC辞1のなかみは主格ならば「の」や「が」であり、ほかに「に」格、「を」格、「へ」格などがつぎつぎに出てくる。いまは主格に代表させる。

板の冷えのぼりて腹ごぼ〳〵と鳴れば、(『落窪物語』二、岩波文庫、一五三)
板敷(の冷気)が冷たく上昇して、腹〈ガ〉ごぼっごぼっと鳴るから、

「の」を〈が〉に代え、あとの文にも〈ガ〉を入れると、

〔板(A詞)〈が〉(C辞1)冷えのぼり(B詞)〕て(C辞1)〔腹(A詞)〈ガ〉(C辞1)ごぼごぼと鳴れ(B詞)〕ば(C辞1)、……

A」C」B」C」A」C」B」C……

以上は「何がどうする」(動詞文)と纏められる。

「何がどんなだ」(形容詞文)は、

この君をばわたくし物に思ほしかしづき給ふこと限りなし。(「桐壺」巻、一―五)
この君(光宮)をば私蔵っ子として溺愛なさること〈ガ〉限りない。

というように、動態詞が形容詞からなる。
……思ほしかしづき給ふこと(A詞)〈ガ〉(C辞1)限りなし(B詞)〈C辞(ここでは零記号)〉。(一―五)
……A」C」B」ゼ
「限りなし」の内部も「限り」(A詞)と「なし」(B詞)とからなる。

副詞、連体詞、接続詞、感動詞については分類するならばB詞2に纏められる。その場合には動詞、形容動詞がB詞1をなす。

## 3 「何が何だ」構文

〔A詞〕は格助辞とともにあるA詞1のほかに、述部にもなりうる〔A詞2＝述部でのA詞〕。

何〔A詞1〕が何〔A詞2〕だ〔C辞2〕。

これ〔A詞1〕がハイビスカス〔A詞2〕だ〔C辞2〕。

発明したひとが〔A詞1〕がエンジニアの一人〔A詞2〕です〔C辞2〕。

「だ、です」は口語の助動辞〔C辞2〕で、A詞に下接する。このようなA詞を2とする。名詞文と称してよかろう。

御局は桐壺なり。〔同、一—六〕

〔桐壺更衣の〕御局は桐壺である。

を一文と見なす。単文なのに、いかにも日本語文らしくある。構文が二通り、隠れていたり、出ていたりする。つまり、構文が〝二重〟になっているのではなかろうか。

〔御局〔A詞1〕ガ〔C辞1〕桐壺〔A詞2〕〕である〔C辞2〕。〔第一構文〕

A」C」A」C

のように〈ガ〉があるとすると、この隠れている構文を〝深層〟としよう。この〈ガ〉を押しのけて「は」がはいっ

てくる。▼注2

　御局は桐壺なり。

これが表面に出てきている第二構文で、現代語で示せば「（桐壺更衣の）御局は桐壺である」。これを「御局について言えば桐壺だ」と言い換えてみると、「御局」が主格であることは表層から隠され、「御局は」が主格を代行する。

「（御局について言えば）桐壺（A詞2）」である（C辞2）。（第二構文）

おなじように、

　世のためしにも成りぬべき御もてなし（A詞2）なり（C辞2）。（同、一―四）

　　世上の事例にもなってしまうに違いないご待遇だ。

とあるのは、やはり一文と見なして、「御もてなし」がA詞であり、「なり」を得ることで述部をなす。

## 4　主格の形成

主格は日本語の場合、〈～の、～が〉によって構成される。しかし、〈主格プラス述部〉という構文があればよいのだから、実際の〈～の、～が〉はなくてよい。

　消えあへぬ雪〈の〉花と見ゆらん（『古今集』一、詠み人知らず、七歌）

　　消えることのならない雪が花だと見られているのであろう

思ふどち、ひとりひとり〈が〉恋ひ死なば、誰によそへて藤衣着む（一三、詠み人知らず、六五四歌）

思いあう同士の一人が恋い死にしてもう一人も恋い死にするならば、
だれに寄せて喪服を着ようか（互いに喪服を着るのかしらね）

○

猶おはする物と思ふ〈が〉いとかひなければ、（「桐壺」巻、一―九）

それでも、生きておられる存在と思うのが詮ないから、

松〈の〉思はんことだにはづかしう思うたまへ侍れば、（同、一―一二）

（長寿の）松がどう思うかすら、決まり悪く考えさせていただきますから、

〈ぞ〉や〈や〉など、主格を代行する助辞が多くあるなかに、〈～は〉は差異や取り立て、他の助辞の代行など、用途が広くて、主格をおもにあらわすとはほとんど言えない。

a春来ぬと人〈は〉言へども、（『古今集』一、壬生忠岑、一一歌）

春が来てしまうと他人は言うけれども、

a'宮〈は〉大殿籠りにけり。（「桐壺」巻、一―一三）

宮（光宮）は御寝あそばしておしまいだ。

b春立てど、花も―にほはぬ山里〈は〉―もの憂かる音《ね》に鶯ぞ―鳴く（『古今集』一、在原棟梁、一五歌）

立春になろうと、花も咲かない山里は、
憂鬱げな声で鶯が鳴くぞ

b'「光君」と言ふ名〈は〉高麗人のめできこえてつけたてまつりける、（「桐壺」巻、一―一二八）

「光君」という名は高麗人が賞美し申してさし上げたという、

a文、a'文の「は」はたしかに主格の位置にある。しかし、b文、b'文の「は」は、山里という場所を取り出したり、「光君という名について言うと」というような補語関係をあらわしたりする。〈は〉が主格の位置にあるケースは多数と言えない。主格の代行としてあるに過ぎない。

時枝誠記には時枝その人のその後を躓かせた〝誤り〟があると思う。

山が見える。　汽笛が聞こえる。　話がおもしろい。　犬がこわい。

の、「山、汽笛、話、犬」はすべて主格である。しかるに、時枝は、これらを「対象語格」とする（『国語学原論』二ノ三、『日本文法 口語篇』三）。

彼は算術が出来る。　私は仕事がつらい。

について、時枝は「私、彼」を「主語」と考えて、その結果の「算術、仕事」は対象語だという。そうではあるまい。ここは、

彼は算術が出来る。→　彼について言えば、算術（主格）ができる（述部）。
私は仕事がつらい。→　私に関して、仕事（主格）がつらい（述部）。

と、できるのが算術、つらいのが仕事という、主格／述部構文としてある。この躓きは時枝にとり、小さくない。

## 5　格

日本語は〝無格性〟だ、というのが時枝の言い分だが、たしかに名詞の類の語形変化はほとんどない。しかしながら、日本語の格caseには、第一に、配置と内容とから測知させる場合がある。深層に構文上の要請があろう。

左の大い殿の北の方、むまのはなむけ、さま〴〵、いかめしうしたまふ。（『落窪物語』四、三五〇）

左の大い殿の北の方（＝女君）が（美濃守の）出立のお祝いをさまざまに豪勢になさる。

は、「左の大い殿の北の方〈ガ〉、むまのはなむけ〈ヲ〉」と読み取らせてゆく。構文を辿る読み取りが読み誤りを最小限にする。

ついで、助辞が動員される。

おほやけの選《えら》ひにて、中納言〈の〉、筑紫《つくし》の帥《そち》にてくだる〈が〉、にはかに妻《め》亡せたりける〈を〉聞き給ひて、……（同、三五四）

朝廷の人選によって、中納言が九州の長官になって下向する、その方の、急に妻女が亡くなったというのをお聞きになって、……

みぎの「の」「が」「を」は、かたことならば不可欠でもなかろうが、やはりあってほしい助辞群だ。「の」格、「が」格、「に」格、「を」格、「へ」格、……など、格助辞が中心になって格を表示することを一般に否定し得ない。というより、特徴となる。諸言語で言う曲用 declension を、英語などは表面からほとんど放棄しており、チャールズ・J・フィルモアの論じるように▼注3、深層から読み解く言語学へと移行してきている。日本語では、曲用に代わる格助辞が、発達し切っている。しかも、ラテン語や古典ギリシャ語のようには、曲用による格を持たない日本語にとって、深層の構文を顧慮することが必要な措置だろう。

「の」の働き、「が」の働きなど、個々に論じなければならないことが多くあるといえ、日本語を〝無格性〟だとはなかなか言いがたい。

## 6 性／数、数詞

ジェンダー（gender）が文法用語であることを意図的に忘れようとしているならば、言語学のためにも、社会のためにも、現代は不幸の底にある。男性名詞／女性名詞を有するフランス語において、ジャンル genre と称する。ラテン語での中性名詞はフランス語で男性名詞に吸収され、二元的（男性、女性）になったと言われる。世界の半数の諸言語が文法的性（複数のジェンダー）を有することは、ジェンダーを持たない日本語などの諸言語と〝対立〟すると言われるほかない。

なぜ、男性名詞、女性名詞、中性名詞その他を、多くの諸言語は持ちこらえてきたのだろうか。まったく、容易に知ることのできない史前史のなかでのそれらの発達にその原因がある。〈おとこ・おんな性〉をベースにして、祭祀構造や、社会（イバン・イリイチはヴァナキュラーな領域という[注4]）の意図がからんで、文法的性は生まれるべくして生まれたのだろう。一九七〇～八〇年代から、文法事項であることを忘れるようにして、ジェンダー理論の時節が到来したことはよく知られる[注5]。文法事項であることをやめて、男性性／女性性を奪還しようとした社会学（ないし哲学）が、ジェンダー理論だったように思える。そのような社会学的ジェンダーを〈男女性〉と呼称しよう。性的な交渉を含むセクシュアルな〈おとこ・おんな性〉から分けてみようとする試みだ。

日本語圏では、名詞に男性／女性の区別がないこともあり、文法事項としてならば、見向きされにくい方面に相違ない。文法事項としては、外国語の学修としてのみジェンダーが思い起こされる日本社会だ。主格などの名詞と動態詞とのあいだでの格関係の呼応なども、日本語が不得意第一のことに属する。鈍感にならざるを得ないことには十分な理由がある。日本語の文法書がそれをほとんど取り上げないという状況が続く。

代わりに取り出されるのが、男ことば、女ことばという二分法だ。それでよかったのだろうか。ある実験で、小説のなかの会話文を挙げて、これは男ことばか、女ことばかを問うというのがあった。答えはほぼ全員が男ことばと答えたが、無論、会話主は女性である。つまり、明治期の身分社会において、婦人は下働きの女性に対し、(いまで言うならば)男ことばとしか思われないことば遣いで接していた。そのような階級言語の問題をぬきにして、ジェンダー代わりの男ことば、女ことばを探求しても、興味半ばで終わろう。『風姿花伝』ではないが、能の舞台には、男、女、僧侶(ワキ)、それに子方がいる。特に子方はジェンダーとして独立させるべきではなかろうか。

数 number もまた、日本語はと言えば鈍感でしかない。けれども、文法の主要な領域に数が位置することについて、贅言を要するだろうか。しゃべりだすまえに、単数か複数か、可算か否かを決めるのでなければ、一言も言えない欧米語。対して単数か複数かを考えることなくものを言い出すことのできる日本語を、むしろ特質と見なしてよかろう。数の考え方に、諸言語によっていろいろあるのだと。

アイヌ語では、母熊一匹、子熊二匹が、普通は人間たちを遠巻きに見ているだけで、出てくることがないのに、何かの拍子に子熊が転がり出して、母熊もいっしょに、わっとわれわれの眼前にあらわれたとする。かぞえている精神的余裕があるかどうかは別として、アイヌの人たちはその熊(たち)を単数であらわす。▼注6

ぎょうじゃにんにくを、花籠に一つずつ摘んで、いつしかいっぱいになる。そのような「いっぱい」は単数か複数か。複数なのだという。三匹の熊が単数で、花籠いっぱいのぎょうじゃにんにくが複数であることに、説明するすべはない。諸言語の特質として受け取るしかない。

## 数詞

数詞には、数そのものと、数にかかわる接尾語を込めた言い方と、二通りがある。コンピュータのなかだけを駆け巡っている未知の数詞もあろう。算用数字は表意文字として生きられる。1という字を、〈いち、はな、いー、シネプ、わん one　あん un〉など、ネイティヴごとに勝手に読むので、だれも困らない。

## 7　代名詞

時枝の言うところだと、代名詞は「話し手との関係」においてのみ成り立つという（『日本文法　口語篇』二一）。これは注目すべき考え方だと思う。たしかに、固有名詞から固有性を抜き去ると、むなしい指示性が記号のようにしてのこる。記号詞とも言えるし、さらには関係詞というような見方を採り入れてもかまわない。代名詞は場面での関係概念にのみ依存するというのだから。

はじめより、「我〈代1〉は」と思ひ上がりたまへる御方々、（桐壺更衣ヲ）めざましき物におとしめそねみ給ふ。おなじ程、それ〈代2〉より下臈の更衣たちはまして安からず。（「桐壺」巻、一―四）

（宮仕えの）当初から、「一番は私」と高く構えてお思いのお方々は、（桐壺更衣を）目障りなやつだと低く見くだし嫉妬なさる。同等、（あるいは）それ以下の下臈の更衣たちはまして穏やかでない。

〈代1〉（代＝代名詞）の「我」は「私が一番だ」とプライド高い女性たちが〝話し手〟（会話主）で、〝自身との関係〟から「我」と言う（人称代名詞）。そのことは分かり易い。では〈代2〉の「それ」はどうか。「それ」は桐壺更衣をさす。時枝的に言えば、話し手との関係概念として「それ」と指示する（指示代名詞）。その〝話し手〟とはだれだろうか。物語において「それ」と指示して言うのは〝話し手〟にほかならない。語り手と聞き手（ここでは読者）とのあいだに成り立つ関係とは、物語中の〝場面〟となろう。たしかに、代名詞は話し手のいる場面に依存して生きられる。

冬の池に住む鳰鳥《にほどり》の―連れも―なく―そこ（其処、底）に通ふと、人に知らすな（『古今集』一三、躬恒、六六二歌）

冬の池に住む鳰鳥が、仲間もなく底へ行ったり来たり（と見せかけて）、
其処に（女の許に）に通うと、人に知らせるな

話し手（詠み手）にとっての「そこ」（指示代名詞）であり、聴き手とのあいだで了解される。そのような詠み手の周囲に広がる場面のみが代名詞を成り立たせていることは、動かない。

陸奥《みちのく》のしのぶもぢ摺り。たれゆゑに―乱れむと思ふ。われならなくに（一四、河原左大臣、七二四歌）

東北地方信夫《しのぶ》の名産、ねじりしのぶの乱れ染め。だれのせいで乱れっぱなし、
思いに思って。私（のせい）ではありませぬよ（しのぶ＝忍草）

「たれ」（＝誰）はこの場合、不特定の人を指すと見せかける。詠み手との関係にある人物を特定しないことは、このうたの場面にのみ依拠させる書き方だと言える。

### コソアド

人称、指示、疑問代名詞を統一する、佐久間鼎の探求していたコソアドは、▼注7 場面を分割して話し手（詠み手）からの距離を示す体系であることが分かる。「こいつ〈こやつ〉、そいつ、あいつ、どいつ」「これ、それ、あれ、どれ〈いづれ〉」「ここ、そこ、あそこ、どこ〈いづこ〉」「こ（の）、そ（の）、あ（の）、ど（の）」「こんな（に）、そ

んな（に）、あんな（に）、どんな（に）」などが、他の品詞にわたり観察される。「（こ）の」は連体詞「この」でもあり、「この！」と感動詞としても言え、あるいは「こんなに」を形容動詞あるいは副詞と見ることができる。

## 8 固有称

名詞の成立のもともとは、単に物の名を与えるというような、恣意的な結果でありえない。語が与えられて成立するというだけならば、「うごく」とか「やかましい」とか、動きや状態について、どんどん名づけられていったということになる。そうではなかろう。何万年、何千年もの歳月こそが主役だったろう。いかにも動くさまや騒音ぶりを感知して、語を与えてきた長い時間や、社会的制約、他部族から借り入れというような機制が働いている。

固有称（固有名詞）にしろ、人間関係や自然との交渉がそこに客体化されよう。ただし、出会いや誕生、愛着などの機縁があって、他人が承認することは条件でない。飼っているパンダ（のぬいぐるみ）に「ぽんぽん」と命名する。自分だけのこちょうらんを「星の王子様」と命名する。買ってきた編輯ソフトに「優秀くん」と名を与える。山や川、新生児やペット、商品やゆるキャラや鉄道車両が名まえをもらって生き生きする。阿武隈山系、大堰川、紀三井寺、すさのを神、あんぱんまん列車など。

歌枕の類は、〜山、〜川、〜寺など、地面に貼り付けて名称になる。東京駅、立川市、大和盆地、首里城など、地名は所属とともに言うのが筋だろう。羽田、須磨、上海へ行く、などといつごろからか投げ出して言うようになった。

夕顔の君

夕顔は夕べの光に照らされる男君の顔をもともと言う。見て取った女君が夕顔の花を詠み込んだうたを贈る。そのうたから彼女は「夕顔」と名づけられる。作者の意図するところであったか、分からない。

朧月夜《おぼろづきよ》の君

「朧月夜に似るものぞ―なき」（「朧月夜にしくものぞ―なき」『大江千里集』）と口ずさんでやってくる女君を光源氏はとらえる。このうたから読者は（作者の暗黙のもとに）彼女を「朧月夜」と呼ぶ（「花宴」巻、一―二七六）。

浮舟の君

作歌からすれば、「たち花の小島の色は―変はらじを、このうき舟ぞ――ゆくへ知られぬ」（「浮舟」巻、五―二二三）が名まえの由来。

光源氏

臣籍を得て光源氏となる。高麗人の人相見が名づけたと書かれる（「桐壺」巻、一―二八）。

間違うことはないと思うが、動植物の名称じたいは固有名詞とならない。飼っている雀の子にトトロと名づけて初めて固有称となる。ほととぎす、あきあかね、ひいらぎなんてん、もみのきは固有称にあたらない。弓張月、宵の明星、地上の星（地球）も一般称である。しかし、固有称と一般称との境界が曖昧な場合はいろいろあろう。

## 9 連体関係節と吸着語

話し手を特に取り立てずとも、一文のなかの、前半の部分を場面とするならば、それに依存する関係概念が成立するのではなかろうか。

連体節は欧米語などでの「関係代名詞による節」と違う。と、そのように言われる説明であるけれども、あるところまで非常によく似るとの感触を抑えられない。連体節を受け取る部位に見えない関係詞が潜んでいるように思える。

aうらみを負ふ積りにやありけむ、(「桐壺」巻、一―四)
b世のためしにも成りぬべき御もてなしなり。(同)
c取り立ててはかばかしき後見しなければ、(一―五)
dめづらかなる児《ちご》の御かたちなり。(同)

いずれも連体節や連体句を持つ。

a「うらみを負ふ」という一文は、その一文を先行詞として「積りにやありけむ、……」へ続く。隠れた関係代名詞があると考えてよいのではないか。

b「世のためしにも成りぬべき」も、関係代名詞(の省略)によって「御もてなしなり」に接続される。

c「後見し〈なけれ〉ば」は、「取り立ててはかばかしき〈なし〉」と、〈なけれ〉〈なし〉を一つにしていると考えて、関係詞が隠れているのではなかろうか。関係詞は見た目に連体節の深層に隠れている。英語とはすこし違うにしろ、「なし」を受ける関係形容詞かもしれない。

d「めづらかなる」と「児の御かたちなり」とのあいだにも関係詞が隠されていよう。

吸着語はそのような連体関係節を作り出す。吸着語と言い出したのもまた佐久間鼎だった。▼注8 口語で見ると、〈~こと、~さま、~はず、~わけ、~だけ、~たび、~あげく、~ため、~まま、~点、~ほど〉など無数にあり、連体語を介して名詞句に仕立てる。関係詞が成り立つためには結合子ないし接合子のような微細な因子が深層から働くかもしれない。関係詞としての代名詞(や形容詞、副詞など)は日本語にないことになっている。関係詞というと、諸言語との比較が必要になってくるので、ここではごく単純に結合子(というより接合子)が語と語とを接合するというようにのみ述べておきたい。

これらの形式詞のなかには、〈～なはず、～なわけ〉というような、普通名詞が〈な〉を介して名詞句となる現代語の在り方もあり、注意させられる。この〈な〉は「だ」の連体形と言われる。〈～のゆえ（故）〉のように〈の〉を介することもあり、形式名詞と時枝は言う。

## 10 動態詞の名詞化

動詞が名詞になることは現代語にも広く観察される。〈読み、教え、嗜み、飽き、はずれ、語り、語らい〉などと、連用形が名詞になる。

形容詞の場合には、～み、～さ、といった接尾語を利用して名詞になることができる。〈あまみ、うまみ、かなしみ、あたらしみ、よさ、とてつもなさ、うっとうしさ〉などと。

「かこと負ひぬべきが」（「夕顔」巻、一―一三二）、「すきずきしきが」（同、一―一四四）など、形容詞（や形容詞型の助動辞）の連体形は名詞（節）になる。

動詞が目的格（「を」格）を受ける時の不思議な事例について、時枝に論じるところがある。

かたじけなき御心ばへのたぐひなきを頼みにて、まじらひ給ふ。（「桐壺」巻、一―一四）

「～を頼み」が「述語の資格を持つ動詞として」用いられているとし、しかるに、下に続く語を見ると「～にて」とあるから、この「頼み」は「体言」でなければならない、という（『日本文法 文語篇』二）。▼注9「かたじけなき御心ばへのたぐひなき」を「を」が統一して「客語」となり、述語動詞「頼み」に包摂される、と。その全体が「体言」化されて「にて」に接続する。このような用法に対して「体言相当格」と名づけている。

〔〈かたじけなき御心ばへ〉がたぐいない〕（桐壺帝の愛顧が絶している）。

→〔〈……御心ばへ〉のたぐいない〕ことを（桐壺更衣が）頼む（＝頼みとする）。

→〔……のたぐいない〕ことを頼みとして宮廷社会で交際する。

と、複雑さを見せる。日本語だと、（帝の）愛顧が第一の動作主で、その愛顧を道具として第二の動作主（更衣）が宮廷交際する。二つ、動作主があっては、文として成り立たない理屈だが、〝隠在する〟変化が「頼む（動詞）―頼み（体言）」という深層で起こって（格変動も起きる）、更衣は交際を続けることとなる。

「体言」という言い方には時枝のいささか〝詐術〟が潜むようだから、名詞の類と言い換えるとして、

〜を頼みにて、まじらひ給ふ。

という際の「頼み」は、「「を」格」のみを受けることのできる言い回しであり、とても本格的な名詞の類にはかぞえがたい。すこし〝むちゃ〟を言ってよければ（「愛顧」を道具のように見るのも私の勝手な応用ながら）、〝関係詞の扱い〟を可能にしようとしているのかもしれない。

かたじけなき御心ばへのたぐひなきを頼む
〜を頼みにて、まじらひ給ふ。

関係詞がどこかに〝隠在して〟いて、時に省略されながら語と語とを結合ないし接合させるというような。しかも先行詞「頼む（動詞）」が「名詞」ふうに代わり、「にて」格で受け取る、という〝むちゃ〟が日本語圏で起きているのだと。

〈かたじけなき御心ばへ〉という名詞句を「の」の主格と認定することには、抵抗を示す人がいよう。しかし、

夕附夜《ゆふづくよ》のをかしき程に（同、一―一〇）　夜更け侍りぬべし。（一―一三）　月も入りぬ。（一―一七）

のような自然称を日本語は広範に擁している以上、その延長で「心ばへ」に一つの「称」を与えることも、許容されてしかるべきだろう。きみやわたし、あいつ、母上など、人物が主格になることはいうまでもないこととして、

動植物も、自然現象も、そして心内もまた広く主格になりうるとしたい。

注

（1）時枝誠記『国語学原論』岩波書店、一九四一。引用する場合は、岩波文庫（上・下、二〇〇七、二〇〇八）による。同『日本文法 口語篇』岩波全書、一九五〇〈一九六三第16刷〉。

（2）「は」について、藤井貞和「『は』の主格補語性（上・下）」（『文法的詩学』二・三）に詳述した。

（3）チャールズ・J・フィルモア『格文法の原理』（一九七四序、田中春美・船城道雄訳）、三省堂、一九七五。

（4）I・イリイチ『シャドウ・ワーク』（一九八〇序、玉野井芳郎・栗原彬訳）、岩波書店、一九九八。参照、山本哲士『イバン・イリイチ』文化科学高等研究院出版局、二〇〇九。

（5）文法用語を利用して「文法」をぬきさり、他の用語とすることによって新たな知的シーンが造成された。そのことは論じ方によって、文法を軽視する傾向に拍車をかけたという功罪がのこる。ヴァナキュラーは〈母語的〉とでも言うのか、民俗ないし生活圏のことばを言う。山本哲士らを通してイリイチから学ぶところが大きいということはそれとして、著名な『ジェンダー・トラブル』（ジュディス・バトラー、一九九〇、竹村和子訳、青土社、一九九九）は、ジェンダーがもともと文法用語であったことに一言もふれないばかりか、イリイチ『ジェンダー』一九八二（玉野井芳郎訳、岩波書店、一九八四）を参考文献にすら引かない。争点の道具になることもまた文法用語としてのジェンダーのある種の生き方だ、ということなのだろう。

（6）藤井貞和『日本語と時間』六（岩波新書、二〇一〇）を参照。

（7）佐久間鼎「『こそあど』の定称」ほか（『現代日本語の表現と語法』改訂版、恒星社厚生閣、一九五一）。

（8）佐久間鼎『現代日本語法の研究』（厚生閣、一九四〇）、および『現代日本語の表現と語法』。

（9）時枝、岩波全書、一九五四〈一九五八第2刷〉。あとがきによれば、重版に際して巻末の「注意すべき動詞活用例」は大野晋の補訂により、全面的に加筆している。

# 二章　動く、象《かたど》る――自立語（中）

## 1　諸言語の活用のあるなし

動態詞は、基本構文、

〔A詞プラスB詞〕C辞

のうちの、B詞のなかみを構成する。

〔何（A詞）がどうする（B詞）〕（C辞）。（動詞文）

〔何（A詞）がどんなだ（B詞）〕（C辞）。（形容詞文）

ここを解決させないと、まえへ進めないという関門がある。動態詞にはそれぞれ語幹 stem（D幹）がある（語根、語基とも）。その語幹は活用語尾（E尾）との関係をそれぞれに持つ。語幹と活用語尾との分けられない語群もあって、文法成立前史を垣間見させる。活用 conjugation はB詞のハード部門で成り立つ体系であって、多くの諸言語ごとに保存されている。（ちなみに、活用 conjugation のなかには jugum〈蛾の翅垂〉が隠れていそうだ。活用はなかに翅垂のような連結構造を持つということではなかろうか。）

活用のないとされる諸言語が日本語の近隣にあって（アイヌ語、漢文など）、このことは活用とは何かを考える上でたいせつだろう。活用を前提とする言語観や哲学には、どこかに根本的な限界があろう。活用によって〝過去〟をあらわすといった哲学を世上に見るにつけて、それでよいのだろうか。

アイヌ語や漢文がE尾（活用語尾）を欠くことは、前者が代わって人称接辞その他の接辞を発達させているし（だから活用があると言うことはできる）、後者の場合、豊富な助字を持つ。活用を前提として考察することは、些末で問題にならないことを過大に取り上げて、もっとだいじな現象を隠匿する誤りへとわれわれを導く危険がないか。文法の領域でのたいせつなこととして、時間の観念が諸言語ごとにささやかに相違するというようなことは、もっと取り上げられてよいはずだ。

B詞の主要な構成要素である動態詞にC辞が取りついてくる。

〔B詞〕C辞

その過程で日本語に活用体系らしさが生まれた。高度の活用体系のあることで知られる屈折語でも、基本はおなじことで、B詞とC辞との結びつきが一体化したのに過ぎない。日本語だとその結びつき方がつよい動詞的世界から、比較的ゆるやかな形容詞や形容動詞的世界までが並ぶ。機能語には活用のありそうな助動辞から、活用のないと言ってよい助辞までが並ぶ。

動詞、形容詞、そして形容動詞を一纏めに動態詞とする理由となる。

活用の有無では助動辞が活用語の一類として登録される。英語の「助動詞」とおなじように、もと動詞や形容詞からの転成語として活用を生きる。日本語では動態詞の活用を接辞の附加とも見ることができるから、助動辞についても活用があることじたい、あるいは活用が感じられるという点で重要であるにしろ、助辞との決定的な相違になりにくい。

## 2 動態詞一類の語幹——〈カ変、サ変、下二段〉

動態詞一類（動詞）には、語幹（D幹）と活用語尾（E尾）とを分けられない場合が少なくない。一音語の動詞がそれらだ。二音語以上になっても、語幹と活用語尾とは緊密に結びつくようで、語幹だけ取り出すと、語としての意味を推測すら適わないことが多い。活用型の配列を一音語から二音語以上へと列べてみる。一音語が当然、意味を擁するのに対し、二音語以上は語幹だけだとなかなか意味を把捉しがたい。このことは動詞が本来、語幹と活用語尾とを分けられず、一体で活用語として成立したことを明示する。活用の種類ごとに略述する。

**カ行変格活用**（カ変） く（来）

一音語であり、その一語で意味をなす。

こ　き　く　くる　くれ　こ（こよ）

コ　き　く　くる　くれ　コ　（万葉時代）

「やって来る」ことや、命令形では「来させる」感じまでを含む。

**サ行変格活用**（サ変） す（為）

一音語であり、その一語で意味をなす。

せ　し　す　する　すれ　せ（せよ）

「自然に起こる」意から「行為する」意にまで広がる。

**下二段活用**（下二段）

一音語には、「う（得）、く（消）、ふ（経）」がある。また、助動辞「つ」の原型には「つ」という一音動詞があったろう。これらは一音語であるから、その一語で意味をなす。「う（得）」――

え　え　う　うる　うれ　えよ

「うう（飢）」（二音語）は、

うゑ　うゑ　うう　ううる　ううれ　うゑよ

となる。二音語になると一応、語幹／活用語尾が分かれる。しかし、たとえば「うう（飢）」は、「う」（語幹）だけだと意味をなしようがない。つまり、語幹と活用語尾とに分けることは、文字通り〝意味がない〟。いきなり活用語としてこの世に存在せしめられる。そのことは活用形が同時に発生することを意味する。

## 3　同――〈上一段、ナ変、上二段、ラ変、下一段、四段〉

**上一段活用**（上一段）

語幹／活用語尾が未分化と言われるのは、一音語ということにほかならない。「みる（見）、ミる（廻）、にる（似）、ゐる（居）」など、数は少ない。一音語であるから、「見」が語幹だとしても、そのまま意味をあらわす。「みる（見）」

み　み　みる　みる　みれ　みろ

古く終止形は「み」だったかもしれない（『文法的詩学』十四）。

み　み　み　みる　みれ　みろ

「ヒる（干）」には「ふ（乾）」（上二段活用）があり、「ゐる（居）」にも「う（居）」（同）がある。「みる」にも「む」

という一音語の分岐を想定したい（「こころむ、うしろむ」にのこるか）。

**ナ行変格活用**（ナ変）

「いぬ（往）、しぬ（死）」のほかに、一音動詞「ぬ」があったのではなかろうか（『文法的詩学』九）。いぬ（往）――

いな　いに　いぬ　いぬる　いぬれ　いね

「いぬ」にしても、もともと「い―ぬ」だったろう（同）。ナ行変格活用は古い一音語だったと思われる。意味を求めることができる。

**上二段活用**（上一段）

一音語としては「う（居）」、「ふ（乾）」がある。二音語以上の語になると、語幹によって意味を取ることがむずかしい。「おつ（落）」は「お」だけで落ちる意味を感得できるだろうか。こふ（恋）――

こひ　こひ　こふ　こふる　こふれ　こひよ

上二段活用は再編成されて、現代語ですべて上一段活用となる。「尽く、過ぐ、落つ、閉づ、強ふ、延ぶ、錆ぶ、悔ゆ」が「尽きる、過ぎる、落ちる、閉じる、強いる、延びる、錆びる、悔いる」になる。

**ラ行変格活用**（ラ変）

「あり（有）」の「あ」では意味をなさず、「あり」という一語で初めて意味を持つ。あり（有）――

あら　あり　あり　ある　あれ　あれ

きれいな活用表をなす。「をり」は「う」（居、上二段活用）、「ゐる」（上一段活用）とかかわりあろう。「はべり」

の語源は分からない（「言ひあり」かという説があることはある）。「さり、しかり（然り）」や、形容詞カリ活用の成立をここに含めてもよい。

**下一段活用**（下一段）

古典語「ける（蹴）」はもと「くう（蹴）」（下二段活用）だったと言われる。

け　け　ける　ける　けれ　けよ

**四段活用**（四段。口語では五段活用）

「あふ（逢）」を取り上げると（何を取り上げてもよいのだが）、

あは　あひ　あふ　あふ　あへ（＝乙類）　あへ（＝甲類）

というように、終止形と連体形とが同型で、しかも連体形に「る」を発現しないのはこの四段活用のみ。すべて二音あるいはそれ以上から成る。語幹についての語源説は巷間に行われるけれども、どうだろうか。「ふく（吹）」の「ふ」はたしかに pu！（吹く音）かもしれない。しかし、多くは民間語源説にとどまる。「よむ（数、読）」の「よ」は寿命を意味するとか、「かたる（語）」の「かた」は味方する意味だとか、ごく一部の語について議論されるのみで、絶対多数の四段活用動詞は、語幹だけ取り出した途端、意味不明となる。

以上のように見ると、動態詞一類は語幹が活用語尾と一体になって初めて意味を持ち、活用語として生きる。

〔A詞プラスB詞〕C辞

で言えば、B詞のなかみがD幹E尾一体となる。

B詞＝D幹E尾

## 4 動態詞二類（形容詞）と語幹

形容詞の語幹は、動詞の語幹と異なって、それだけで意味を喚起することができる、また、そのまま、文の成分として用いられ、他の語と複合語を作る時、意味の決定部分となる。つまり二音またはそれ以上の語幹であっても、一音の語幹であっても、動詞と違って意味を負う語たちだ。ク活用の語幹をわずかに挙げると、〈な、よ、あか、あを、おほ、ねた、わか、あやな、いぶせ、うたて、つゆけ、めでた、あきらけ〉などがある。

形容詞の活用語尾「し」はアシ -asi から来たろう。形容辞とでも言うべきこのアシ -asi は古い助動辞と見ることができる。-asi のままで、あるいはa音を落として形容詞の語幹に結びつき、動態詞の一となる。活用形に「き」や「く」が発現するのも古い接辞の類に負うかと思われる。

**ク活用**　とほし（遠）——

| | | | | |
|---|---|---|---|---|
| ○ | とほく | とほし | とほき | とほけれ | ○ |
| トホけ | トホく | トホし | トホき | トホけ | ○（万葉時代） |

ク活用の語幹について見ると、それぞれに意味らしきなかみを有している。語幹だけで名詞に懸かる用法（「あかごま」「ヨゴト」「わかびト」など）や、いわゆる詠嘆もある。

ねた（！）のわざや　　あやな！

なっ！（冷蔵庫をあけて、取っておいたはずのケーキがない時）

形容詞の語幹は果たして名詞の類だろうか、というのが、当面の、きわめて素朴な課題だ。なかには「〜が」「〜を」などと言うことができて、名詞の扱いが可能な語もあろう（色彩関係語など）。しかし、それらはまさに名詞の類なのであって、それら以外の形容詞の語幹は、「〜が」とも「〜を」とも、言うことがむずかしい。名詞でないとすれば、多く意味を備えた態様語というほかない（形容語、または従来から「形状言」と呼ぶ言い方もある）。

B詞＝D幹／E尾　　D幹＝形容語、E尾＝「し」

形容詞はこのB詞のなかにのみ生きる場所を求めている。

## シク活用

シク活用は語幹の認定をさきに考えなければならない。シク活用の形容詞の語幹を挙げようとすると、「し」までを含む。つまり、終止形を例外として、〈あし、をし、いみじ、おなじ、けだし、ゆゆし、ををし、ゑまし、をかし、あさまし、なつかし、むつまし、すさまじ〉というように〈し〉を含めて語幹と見る見方が浮上する。通説と異なるかもしれない。「あたらし、いとどし、いまだし」などは「あたら、いとど、いまだ」という形容語がそのまま副詞になる。

かなし——

| | | | | | | |
|---|---|---|---|---|---|---|
| | ○ | かなしく | かなし | かなしき | かなしけれ | ○ |
| | かなしけ | かなしく | かなし | かなしき | かなしけ | ○（万葉時代） |

シク活用は繰り返すと、終止形以外、「し」まで含めて語幹であるらしく、終止形のみ語幹と活用語尾とが一つとなる。「あし（悪）」——

| | | | | | |
|---|---|---|---|---|---|
| あし・け | あし・く | あし | あし・き | あし・け | ○ |

基本的にク活用と同一となる。

折口信夫は「語根時代」という、最古に近い段階を想定して、〈かなし妹、めぐし子、くはし女、うまし国、かたし磐《いは》、まぐはし児《こ》ロ、トホドホし高志国、うらぐはし山……〉といった「熟語」を摘出する、つまり「し」が語根（＝語幹）に含まれるとする（「形容詞の論——語尾『し』の発生」、一九三三）。[注1] ク活用の、さきに挙げた「あかごま」「ヨゴト」「わかびト」とおなじ用法で、それがシク活用の場合には「し」を含めることになるのだから、語幹（折口は語根と言う）は終止形とおなじかたちになる。

B詞＝D幹／E尾　D幹＝形容語（「し」を含む）、E尾＝「け、く、き」

シク活用もまた、形容語である以上、B詞のなかにのみ生きる場所を求めている。

### カリ活用

カリ活用というのは、連用形語尾「く」にアリ ar-i がくっついたのを言う（ku-ar-i → k（u）-ar-i）。

とほから　とほかり　とほかり　とほかる　とほけれ　とほかれ
かなしから　かなしかり　かなしかり　かなしかる　かなしけれ　かなしかれ

## 5　活用語尾「じ」——〝程度の否定〟

シク活用に含めてきたなかに、「じ・け、じ・く、じ、じ・き、じ・け、◯」を活用とする語群がある。〈いみじ（忌）、おなじ（同）、おやじ（同）、すさまじ〉などが知られる。〈われじ（我）、いへじ（家）、おもじ（母）〉というような古語も宣命文にはあった。折口はいかにもかれらしく、「〜じもの」という「もの」が付いた「熟語」に注意を向ける（同）。「ししじもの（獣）、鹿児《かこ》じもの、馬じもの、犬じもの、鵜じもの、……〉、あるいは〈雄（をとこ）じもの、牀（とこ）じもの〉を挙げる。

折口がこれらを単純に枕詞という理解でよいのかと咎めるのは当然で、おもしろいからすこし随順する。

あをにヨし―ならノはさまに、〈しゝじモノ〉、みづくヘゴモり、みなソゝく―しビノわくごを、あさりづな。ゐノこ（『日本書紀』一六、武烈紀、九五歌謡）

青丹よし（枕詞）奈良山の谷間に、獣ならぬ（いや、獣そっくりに）水びたしで隅っこに（埋められた）、水の飛び散る（枕詞）鮪（という名）の、若いおの子（の屍）を、漁り出すなよ。猪よ

通説には「しゝじモノ」を「みづく」あるいは「ヘゴモり」へ懸かると見る。折口は句を隔てて「あさりづな（ゐノこ）」へ懸かると見ることができないかとする。枕詞の比喩よりもう一つ前代を窺えると折口はするらしい。

……夕には―入り居嘆かひ、腋挟む、児ノ泣く毎、〈雄《をトこ》じモノ〉、負ひみ抱きみ、朝鳥ノ―啼ノミ哭きつつ、恋ふれドモ、効《しるし》を無みト、辞《コト》問はぬ、物には―在れド、吾妹児が、入りにし山を、ヨすかトゾ―念ふ（『万葉集』三、高橋朝臣、四八一歌）

……夕べには（家に）入って座ると嘆き続け、腋に抱く児が泣くたびに、男なのか否か、背負ったりあやしたり、朝鳥みたいに（枕詞）泣いて泣いて、慕うけれども効果はなくて、ことば無き物体ではあるけれど、吾妹児がはいって、行ってしまった山（そのもの）を、形見にと偲ぶことにする

「雄じモノ」を「恋ふれドモ、効を無みト」に懸かるか、とする。通説のような「負ひみ抱きみ」に懸かるのでないとすると、単純な枕詞論では済まされなくなる。折口の書き方だと、「壮士霊《ヲトコジモノ》」という、招魂《コヒ》をする呪詞的な用語例があったと見られる、ということになる。霊の寓《やど》りというところに最古のステージを求めるとは、いかにも折口らしいと言うほかない。

文法から逸脱するかのように見えて、深層に敷かれる呪詞を想定することや、そこからの慣用に継ぐ慣用（省略

や連想を含む）をへて、「文法時代」（折口用語）へと固まってゆくプロセスまでを見通す、これらは霊的文法でも言うか、提供するヒントは小さくない。

私としては、「じ」は「し」の否定であるから（an(i)-si→ji）、程度を否定するのだろうと見る。「忌みどころではない→きわめて忌みだ→いみじい」、「己（おの、自分）どころではない→自分そのものだ→おなじだ」、「おや（親、祖）どころではない→そっくりだ」、「馬どころではない→馬そっくりだ」というような経過が考えられる。「すさまじ」は古く「すさまし」だったか、よく分からない。

## 6　動態詞三類（形容動詞）

形容動詞の場合もまた、語幹の列を眺めれば、これらが名詞の扱いでよいのか、という疑問のあふれてくる語群だ。『古今集』仮名序に、

目に見えぬ鬼神《おに》をも〈あはれ〉と思はせ、　歌の文字も定まらず、〈すなほ〉にして、
この殿は─〈むべ〉も─富みけり。
〈あだ〉なる歌、はかなき言《こと》のみ出で来れば、　〈まめ〉なるところには、花薄、穂に出だすべきことにもあらずなりにたり。
さかし、〈おろか〉なりと、　（小野小町ハ）〈あはれ〉なる様《やう》にて、つよからず。

と見える。

……おひいでくる草の—〈はつか〉に見えし君はも（一一、壬生忠岑、四七八歌）
山ざくら、霞の間より—〈ほのか〉にも……（一一、貫之、四七九歌）
いで我を人なとがめそ。大舟の—〈ゆた〉に〈たゆた〉に……（一一、詠み人知らず、五〇八歌）
思ひやる境《さかひ》〈はるか〉になりや—する。……（同、五二四歌）
涙河、枕流るゝうき寝には—夢も—〈さだか〉に見えずぞ——ありける（同、五二七歌）

これらの語群にふれて、いくつかについて名詞扱いを許容する人もいよう。仮名序の「〈あはれ〉と思はせ」と「〈あはれ〉なる様にて」とを比べると、前者を名詞扱いしてよいのではないかという意見がつねにありうる。名詞か名詞でないかの境界領域には広がりがある。まさにその境界領域にこそ、この課題は生きると言えよう。〈さやか、優、をこ、そら〉〈丁寧、厳重、急、平和、批判的〉〈堂々、遅々〉〈ロマンチック、ナイーヴ〉など、造語力のつよい語群だと思う。〈健康が、親切が、優柔不断を〉のように、「〜が」「〜を」とも言える、だから名詞と言ってよい語もあるにしろ、それらはまさに名詞でもある、あるいは名詞との分岐点を持つ語群なのであって、それらを除く大部分の名容語（と名づけておく）までが名詞であるとは、なかなか認めがたい。かくて、

**ナリ活用**

静か　　静かなり（静かだ）

**タリ活用**

恋々　　恋々たり

について、「静か、恋々」か、「静かなり（静かだ）、恋々たり」か、いずれを形容動詞の語形として認めるかということの判断を求められる。返答としては、いずれをも形容動詞の扱いをするのでよいのではなかろうか（時枝への私の回答でもある）。「静か」や「恋々」を名容語として積極的に位置づけたく思う。

B詞＝D幹―E尾

形容動詞もまたB詞のなかにだけ生きられる場所を持つ。

## 7 E尾とC辞との繋がり

動態詞（B詞）は、語幹（D幹）と活用語尾（E尾）とからなる。なぜ、雄大な（と私には感じられる）活用体系があり、しかもそれらは、日本語の場合、どのようにE尾（活用語尾）として発達するのだろうか。言ってしまえば、C辞（助動辞や助辞）から活用語尾（E尾）へ手がさしのべられ、またE尾からC辞へ繋がろうとする、相互の関係がそこにあったろう。どうにも比喩的な言い方しかできないにしろ、阿吽の呼吸があって、助動辞や助辞の性格が活用語尾の成長を促したろうと感じられる。E尾とC辞とのあいだに場のエネルギーを考想することも可だろう。

### 未然形

E尾からC辞への繋がりが緊密なのは未然形だろう。助動辞や助辞からのアピールがつよくて、未然形の成長を促したと考えられる。

秋の田の穂（―秀）にこそ―人を〈恋ひ〉〈ざら〉め。などか―心に忘れしも―〈せ〉む（『古今集』一一、詠み人知らず、五四七歌）

秋の田の穂みたいに、ほの字をおもてに出してまで、あなたを慕いは

せぬつもり。でもでも、心にはどうして忘れなどしようかいの

「恋ひ」「ざら」「せ」と三か所に未然形があって、それぞれ、「ざら」（否定）、「め」（推量あるいは意志）、「む」（同）が下接する。

「寝《い》こそ—寝〈られ〉ね」（六〇五歌）、「覚め〈ざら〉ましを」（五五二歌）、「数は—〈まさら〉じ」（五九〇歌）、「離《か》れ〈な〉であまの」（六二三歌）、「声を〈きか〉—ばや」（一三八歌）、「うつゝ〈なら〉なむ」（五五八歌）、「楽しくを〈有ら〉な」（『万葉集』三、三四九歌）、「汝が名〈告らさ〉ね」（同、九、一七二六歌）というように、未然形を見いだす。

機能をかぞえると、推量（意志）、自然勢、否定、希望、誂え、使役、仮定、仮想にわたって広く未然形が発現する。（〈未だ然らず〉とはうまい命名だ。）

未然形が成立する場合に、四段活用（およびナ変、ラ変）には am- ar- as- aph- ani- などが後続したために、「泣か」「譲ら」「死な」「あら」などが現出した。下二段活用などでは「載せ」「流れ」などが成立しており、それらに（a）m-（a）r-（a）s-（a）ph-（a）ni- が後続して、接辞が着脱し、固溶化していったろう。

四段活用、ナ変、ラ変

なか　nak-am-u（「泣か」む）　かが　kag-ar-u（「嗅が」る）

こさ　kos-as-u（「越さ」す）　トば　töb-am-pha-ya（「飛ば」ばや）

ふま　phum-ani-su（「踏ま」ず）

しな　sin-am-u（「死な」む）　あら　ar-am-u（「あら」む）

下二段活用

のせ　nose-（a）m-u（「載せ」む）　まぜ　maze-（r）ar-u（「交ぜ」らる）

コたへ kötaphë- (s) as-u（「答へ」さす）
ながれ nagare- (a) m-pha-ya（「流れ」ばや）
すゑ suwe- (a) ni-su（「据ゑ」ず）

上一段活用、上二段活用、変格活用（カ変、サ変）もおなじ。

み mi- (a) m-u（「見」む）　ヨキ yökï- (a) m-u（「避き」む）
はぢ phadi (r) ar-u（「恥ぢ」らる）　うらミ uramï- (s) as-u（「恨み」さす）
コ kö- (a) m-pha-ya（「来」ばや）　信ぜ sin-zi- (a) ni-su（「信ぜ」ず）

ク活用、シク活用

ヨけ yöki-am-u（「ヨけ」む）　をしけ wosiki-am-pha（「惜しけ」ば）

## 連用形

二連動詞は、（1）先行動詞と後ろ動詞とが対等である場合、（2）先行動詞が接頭語化する場合、そして（3）後ろ動詞が助動辞化する場合、という三ケースに分かれる。

（1）

わがせこが衣のすそを〈吹き／返し〉―うらめづらしき秋の初風（四、詠み人知らず、一七一歌）

わが背の君の衣のすそを吹き返し、目新しい裏地を見せる、（そのように）心のうらの目新しい、最初の秋風よ

「吹き／返し」は、あとに「うらめづらし」（形容詞）の来るのを予想して「返し」が連用形となる。「吹き／返し」は二連動詞（複合動詞）の例で、先行動詞「吹き」もまた連用形をなす。

（2）

女郎花《をみなへし》、秋の野風に〈うちなびき〉、心一つをたれに寄すらむ（四、左大臣〈時平〉、二三〇歌）

　おみなえしは、秋の野風にちょいと靡き、（また靡き……）
　心は一つ（でしょう？　その心）をだれに寄せているのだろう

「うち」が軽くなり、接頭語化して「なびき」にウェイトがかかって下へ繋がる。

（3）

春日野の飛ぶ火の野守、出で〈て〉見よ。いま幾日《いくか》あり〈て〉若菜摘みてん（一、詠み人知らず、一九歌）

　春日野の飛ぶ火野の番人よ、出番です、見ておくれ。
　あと何日が経って、若菜を摘んでしまってよいのかと

「出で」のあとの「て」、「いま幾日あり」のあとにある「て」は本来、助動辞「つ」であり、そのもとは一音語の動詞だったろう。

　動詞「つ」→助動辞「て」→助辞「て」

というように固溶化していった。連用形接続の助動辞や助辞が下文へ懸かる。書き換えると、B詞を構成する〔D幹プラスE尾〕のうち、E尾が語形変化してC辞（助動辞や助辞）へ繋がろうとしている。

ゆき　yuki-na-m-u（「行き」なむ）　まじへ　majiphë-te（「交じへ」て）
いに　ini-ki（「往に」き）　をり　wori-keri（「居り」けり）
に　ni-tari（「似」たり）　くい　kuyi-nu（「悔い」ぬ）
き　ki-tutu（「来」つつ）　ものし　monosi-tu（「ものし」つ）

連用は〈用言に連接する〉の意。（ただし本書では用言という術語を用いない。）

### 終止形（現前形）

「うつろひ〈ぬ〉らん」（一、貫之、四五歌）、「消えずは―〈有り〉とも」（一、業平朝臣、六三歌）のように、終止形接続の活用語を従えるほか、「闇は―〈あやなし〉」（一、躬恒、四一歌）、「宿貸す人も―〈あらじ〉とぞ―思ふ」（九、紀有常、四一九歌）など、終止形で止まる。

「猶うとまれ〈ぬ〉」（三、詠み人知らず、一四七歌）や、「かれ〈ぬ〉と思へば」（六、源宗于朝臣、三一五歌）の「ぬ」は終止形接続のそれであって、古人ならば誤用するはずもなかった。

「春立てば、花とや―見らむ」（一、素性法師、六歌）の「見」は古く「らむ」が連用形接続、あるいはこの場合の「見」を終止形だったと見るのも可である。

終止形と言っても活用形の一つであって、これに下接する助動辞は少なくない。けっして断止することが目的のかたちではないので、〈現前形〉と名づけるのが至当だ。

たつ　tatu-bësi（「立つ」べし）　いづ　idu-ramu（「出づ」らむ）
いぬ　inu-meri（「往ぬ」めり）　くゆ　ku-yu-maji（「悔ゆ」まじ）
く　ku-nari（「来」なり）

### 連体形

梅が枝《え》にきゐるうぐひす（一、詠み人知らず、五歌）
花なき里も―花ぞ―散りける（一、紀貫之、九歌）

「きゐる」と「うぐひす」とのあいだ、「なき」と「里」とのあいだには、活用体系から要請される関係詞があるとすると（つねに省略されるとしても）、そこを懸かりに連体句や連体語となる。接合子としておく。

きゐる―接合子―うぐひす

花なき―接合子―里も

「こほれるを」(一、紀貫之、二歌)、「たてるや―いづこ」(一、三歌)、「雪となるぞ―わびしき」(一、文屋康秀、八歌)などの「こほれる」「たてる」「なる」は、連体形が連体句や連体語になる場合で、用法として口語に見られない。吸着語の省略による用法かと見られる。

「春や―とき、花や―おそきと」(一、藤原言直、一〇歌)、「昔の人の袖の香ぞ―する」(三、詠み人知らず、一三九歌)など、連体形で結ぶ係り結びがあることは言うまでもない。

かふ　kaphu-toki(「買ふ」時)　　そびゆる　sobiyuru-nari(「聳ゆる」なり)

いぬる　inuru-wo(「往ぬる」を)　　ある　aru-ka(「ある」か)

ひる　phiru(「干る」潟)　　こるる　koruru(ぞ〜「懲るる」)

くる　kuru(か〜「来る」)　　する　suru(なむ〜「する」)

〈体言に連接する〉意。体言とは名詞の類を言う。

**已然形**

「ば」や「ど」への接続(「〈憂けれ〉ば」〈二、詠み人知らず、七一歌〉、「〈あだなれ〉ど」〈二、藤原興風、一〇一歌〉)のほかに、「けふこそ―桜、折らば折りて〈め〉」(一、詠み人知らず、六四歌)のように「こそ」の係り結びは已然形となる。

已然は〈已《すで》に然り〉の意。口語文法では仮定形と言われる。

**命令形**

「われに〈をしへよ〉(われに教へよ)」(二、素性法師、七六歌)、「よきて〈ふけ〉(避きて吹け)」(二、藤原好風、八五歌）など、命令形がそれじたいのかたちを持つことは、日本語として誇れることではなかろうか。欧米語のGo!やAllez!は、格の制約から解放されるとしても、かたちの上で他の活用形の転用としてある。

上代語の四段活用では「噛め」（「め」甲類）、「蒔け」（「け」甲類）と、已然形の乙類「メ、ケ」と音韻が異なる。動詞四段、カ変、サ変、ナ変の連用形にアリ ar-i が付くと、

かみ（噛）プラス ar-i → kami-ar-i → kamer-i（噛めり）
き（来）プラス ar-i → ki-ar-i → ker-i（来《け》り）
し（為）プラス ar-i → si-ar-i → ser-i（せり）
いに（往）プラス ar-i → ini-ar-i → iner-i（往ねり）

となる。「噛めり」の「め」、「来《け》り」の「け」は、それぞれ上代音甲類（上代特殊かな遣い甲類）となって、助動辞「り」（アリ ar-i におなじ）が現象的に命令形に下接するように見える。ナ変の用例が実際に見つかるかどうかは保留したい。

## 8 接合子のちから

構文は、日本語の場合、つねに、

〔A詞プラスB詞〕（C辞）

である。B詞は動作や状態をあらわすために、言語活動がこの世に始まった当初から働き始める。A詞（名詞の類）とともに古い。

B詞は動態詞（動詞、形容詞、形容動詞）で、D幹（語幹）とE尾（活用語尾）とからなる。

〔A詞プラスB詞（D幹プラスE尾）〕（C辞）

動態詞一類（動詞）

はやくぞ―人を思ひ初めてし（一一、紀貫之、四七一歌）

〔……ぞ―〈思ひ初〉（D幹）め（E尾）〕てし（C辞）

動態詞二類（形容詞）

目に見ぬひとも―恋しかりけり（一一、貫之、四七五歌）

「眼前にいない人が恋しくてある」とは、私にとって恋しい人（彼女）が主格をなす。「恋しかり」は「恋しくアリ」に分解する。

〔ひと（A詞）も―〈恋し〉（D幹）くアリ（E尾）〕けり（C辞）

動態詞三類（形容動詞）

夢の直路は―うつつならなむ（一二、藤原敏行朝臣、五五八歌）

〔直路（A詞）は（＝ガ）〈うつつ〉（D幹）なら（E尾）〕なむ（C辞）

D幹（語幹）とE尾（活用語尾）との結びつきは、動詞、形容詞、形容動詞の違いによって、程度を異にする。
D幹とE尾とが、分けられないぐらい一体である状態から、ゆるやかにD幹が分離する状態まで並ぶ。

B詞＝D幹E尾

B詞＝D幹／E尾

B詞＝D幹―E尾

D幹に貼りつくE尾（活用語尾）がいろいろなかたちを取るのは、C辞が手をさしのべて、B詞と結びつこうとするためだ。具体的にE尾（活用語尾）を動かして結びつく。それが大きな活用体系を産み出した。活用体系が脳内に、そして社会的在り方として獲得されるに至れば、ハード機関として働き続けることだろう。E尾とC辞とのあいだには結びつける力がつねにあって、場をそこに作り出している。何かそういう場のエネルギーが自立語と非自立語とのあいだに積極的に働くことを見つめたい。

〈思ひ初〉（D幹）め（E尾）―接合子―てし（C辞）

〈恋し〉（D幹）くアリ（＝かり）（E尾）―接合子―けり（C辞）

〈うつつ〉（D幹）なら（E尾）―接合子―なむ（C辞）

かくて、「(思ひ初)めてし」「(こひしか)りけり」「(うつつな)らなむ」のような、「めてし」「りけり」「らなむ」というブロックが成立する。意味語と機能語との結合は、意味と機能とがかたく、あるいはゆるやかに結びついて相互浸透し、意味を持ちかつ機能を有して、一体感により働き始める。意味が働き出すとはそういうことだ。

いわゆる陳述の副詞について。「おそらく雨だろう」の「おそらく」が、時枝のいわゆる詞にでなく、辞に懸かる（＝辞を修飾する）と言われることは、「う」（推量）に懸かる（＝推量を修飾する）というより、「雨だろう」という一体へ懸かる（「雨だろう」を修飾する）というように考えたい。「決して言わない」の「決して」は「ない」（否定）という辞のみに懸かるのでなく、「言わない」という一体を修飾する。

## 9　音便と活用形

ここで必要から音便（音便形）にすこしふれる。名詞の類にも見られるにしろ、ここでは動態詞について見ると、テクストの異同にかかわる調査を伴うから、判断に迷うことが多い。

いとかく思ひたまへましかば。（「桐壺」巻、一―八）
たいそう、そのように、思わせていただいてよかったならば。

と、桐壺更衣のセリフには「かく」「思ひ」などと正形が見られる。「かう」「思う」（ウ音便）にならない。詩歌のなかも特殊な場合を除き、音便形にならない。

わりなく思ほしながらまかでさせ〈給う〉つ。（同）ウ音便
げにえ耐ふまじく〈泣い〉たまふ。（一―一二）イ音便
すべてにぎははしきに寄るべき〈なむ〉なり。（「帚木」巻、一―三七）撥音便
定まり給へるこそ〈さう〴〵しかむ〉めれ。（同、六三）同

みぎの「なむなり」は、ナリナリ、ナッナリ、ナンナリという変化のなかで、表記に「む」（＝「ん」）をのこした。表記は「む、ん、も」あるいは無表記が一般である。「さう〴〵しかむめれ」は、……カリメレ、カッメレ、カンメレという流れを背景に、「かむめれ」という表記が出てきたのではなかろうか。▼注2 実際にn音は発音されたろう。促音を「ん」などと書くこともあったかもしれない。

いまさりとも七年《ななとせ》あまりがほどにおぼし知り〈はべ〉なん。（同、五三）
いまに、そうは言っても、七年余の間に存知なさることでござろう。

の「はべなん」は、ハベリナン、ハベッナンの「ッ」の無表記。ハベンナンと発音したかもしれない。促音やn音系を「つ」と表記することもあったろう。表記生成途上を平安かなテクストは垣間見させる。

ここでの問題は以上のことともやや異なる。現代語で言うと、「呼んだ名まえ」「咲いた花」など、かならず音便形となる。共通語の場合、「呼びた名まえ」「咲きた花」とは言わない。そうすると、「呼ん」「咲い」などを活用形と

して認めるとか、いやそれらを認めることは不自然だとか、不満が噴出してきて、解決を求めるいろんな考え方が出てくる。「呼んだ」「咲いた」を一語と考え、「だ」や「た」を接尾語とする考え方もまた行われる。便宜主義の解決法で、滑稽な考え方と思えるものの、教育方面ではわりあい見かける。

時枝は「尖った帽子」「沈んだ顔」の「尖った」「沈んだ」を連体詞と認定する（『日本文法 口語篇』三）。これも「尖った」「沈んだ」を活用しなくなっていると認定して一語と見なす考え方で（「た」「だ」を接尾語とする）、時枝らしいといえば時枝らしい。

それらの一語という考え方は、じつを言うと音便を文法上、認めないという考え方の変形である。たしかに、現代語のいわば欠陥問題であって、昨日咲いた花であることをも、いま咲いている花であることをも「咲いた花」と言い表す。「尖っている帽子」とはなかなか言わず、慣用的に「尖った帽子」と言ってしまう。現代語の在り方を固定した上で解決を求めると一語説が有力になる。

なぜ、古典語の知識をここに応用しないのだろうか。通時と共時とは楯の両面のはずだ。共時的にのみ説明するのでなく、通時的な説明を導入する柔軟さが求められていよう。古代から発達してきた音便という現象によって説明し去ることが可能なのではなかろうか。音便はことばの運用をスムーズにし、ときに乱暴にし、ひいては現代語を成立させ、また崩してめちゃくちゃにもする。

わかんない！（「わからない」の転）　こんにゃろ！（「この野郎」の転）

思うに、「咲き（咲い）」と「た」とが接合子を通路にして、詞から辞へ、あるいは辞から詞へ、相互乗り入れする日本語の特徴を勘案しなければならない。「咲き」の音便系「咲い」が「た」と接合すると、「た」のなかの〝辞〟性が「咲い」にはいり込み、また「咲い」の持つ意味が「た」にまで延びてきて、そこに「咲いた」という、意味と機能とを兼ね備える一語性が、固有の場所、文脈のなかで一回的に成立する。一般に「咲いた」という一語があるわけではない。

繰り返して言えば、音便形を活用に組み入れてしまうような学校文法があるとするならば、疑問をいだいてもよいはずだ。

**注**

(1) 折口、『金澤博士還暦記念 東洋語学の研究』(三省堂、一九三三)。『折口信夫全集』新12、旧19。

(2) 疑問例として「若紫」巻に(僧都の言)「~なむ齢の末に思ひ給へ侍るめる」(一―一六三)がある。連体形に下接する例で、にわかに誤用ともなしがたい。同様に「若紫」巻や「須磨」巻にある「侍るなり」のいくつかは伝聞内容をあらわすと見えても、安易に誤用とは言いがたいはずで、現代語でも推測や伝え聞きをあえて断定的に語ることがけっして少なくない。

# 三章　飾る、接ぐ、嘆じる——自立語（下）

## 1　副詞（作用詞、擬態詞、作態詞）

副詞をおもに『源氏物語索引』（新大系、一九九九、二刷、二〇〇〇）[注1]に見ることにする。自立語に間違いないものの、助動辞や助辞を従えることがあまりない。「〜に、〜と、〜て」など、「に、と、て」を従える場合には、それらを含めて副詞としてきた。副詞と言う代わりに、作用詞、擬態詞、作態詞といろんな言い方を考想してよい。おもに単独で修飾語となる。

（1）つぎのような語群プラス「に」の固まり。

「固まり」とは、活用語となる可能性があったかもしれないとしても、動きを喪って副詞になることを言う。三分の一の副詞はこれに所属する。

あてあて　一向　いま　おしあて　おもひおもひ　かたみ
かはりがはり　げ　心あて　こころみ　ことごと　ことなしび
くちぐち　こりずま　さしぐみ　しのび　たちまち　つぎつぎ

つね　つひ　ひしひし　ひたみち　ひときは　ひとごと
一筋　ひとへ　ひとわたり　ひねもす　まこと　不意
なほさら　なまじひ　もろとも　ゆる　よととも　われかしこ
われさかし　世　まだき　さら　とさまかうざま　とみ
べち　朦朦　物ごと　をりふしごと

など。これらは形容動詞の語幹ないし一部によく似通う。『源氏物語索引』には「なり」を付けた用例と併存する、つぎのような副詞も挙げられている。

いくばく　いささか　さすが　たえだえ　ただ　なかなか　むべ

見てきた形容動詞に倣って、これらも名容語に位置づけよう。実際の形容動詞に見る名容語と、かさなるのがあまりない理由ははっきりしていよう。つまり、形容動詞とこれらの副詞とで語を分け合っているからに違いない。これらの語が形容動詞になって行ってもよいし、逆であってもよい。事実上、分け合うことで、これらは連用語として固溶化していった。

をりをりごとに
春秋ごとに　ひごとに　ゆふぐれごとに　そのままに　てごとに
ままに　ついでごとに

（2）擬態語を「と」で受けた固まり。擬音語も少なくない。

うらうらと　おぼおぼと　からからと　きはきはと　きらきらと
こほこほと　さと　さはさはと　さらさらと　しづしづと
しめじめと　そよそよと　つれづれと　たをたをと　つくづくと
つぶつぶと　はるばると　ながながと　ねうねうと　ふと　ほのぼのと

ほろほろと　はなばなと　はらはらと　むむと　ゆらゆらと
ゆるゆると　よよと　わざと

これらの語群はonomatopoeia　擬態語ないし擬音語であると認定できる。タリ活用の形容動詞を髣髴させる。なかには形容詞の語幹に通じるのもあるようだ。いうまでもなく、現代語にも、トントン叩く、ドンドン進める、ガラガラ崩れるなど、ノイズ起源の副詞は多い。

ごぼごぼと　びちびちと　いうと

のような濁音や、「いうと」からはhi音も推定できそうである（『落窪物語』二、一七六）。「いう」は馬の嘶きで、ヒヒンだろう（二八一頁、参照）。

（3）形容詞の語幹（態様語）にかかわりそうな副詞をさらに挙げる。

あたら（あたらし）　いとど（いとどし）　いまだ（いまだし）
うたて（うたてし）　すこし　早う（早く）　おほし（凡し）　もし

（4）動詞の連用形を「て」で受けた固まり。

おしなべて　かけて　かさねて　かねて　からうして　さしはへて
さだめて　さて　しひて　すべて　たえて　なべて　はじめて
まして　わきて　まいて

動詞の連用形に由来する副詞（「ふりはへ」など）は多くない。「え……ず」（「できない」の意）の「え」は「う（得）」の連用形だったろう。

（5）その他、副詞を挙げてみると、名容語近辺に位置する語が多い。

あまた　いかで　いさ　いはむや　いや　いよいよ　いと
うたた　おのおの　おのがじし　かう（かく）　かつ

かつがつ　かならず　ここら　しばし　それぞれ　つゆ
なぞ　など　なほ　ほとほと　また　まづ　みちすがら
もとより　やうやう　やや　やがて　やをら　ゆめ
よし　夜な夜な

（6）『源氏物語索引』はさらに「名詞か副詞かの判定に困難な場合のある語」を挙げる。雑多ながら、時刻に関する語が多いようである。

いつ　いつのほど　いつのま　いにしへ　いま　いろいろ
おのがどち　かたがた　きのふ　きのふけふ　けさ　けふ

ただし、山田孝雄は「いつ」「いま」また「昔」など、主語になりうるとして「名詞的」とする（『日本文法論』▼注2一ノ二）。

こうして見てくると、形容詞の態様語、形容動詞の名容語と、副詞を構成する語群の多くとは、本来おなじ性質の存在であったのが、分岐してきた。ある語は形容詞に所属し、ある語は形容動詞に所属し、またある語は固溶化して副詞になって行ったと見ることができる。

代名詞と副詞とを分け切れない語例をも『源氏物語索引』は挙げている。

さ　なに　なにか　なにくれ

活用語連用形は副詞的用法と見て副詞から除外する。しかし、なぜ除外するのか、納得できる説明から遠い。折口は副詞表情▼注3という術語で古語の発生状態での修飾語になりうる用法を広く考察する。この方面からの探求はこれからだろう。保留させていただく。

## 2 連体詞（冠体詞）

連体詞（冠体詞とも）は一般に「ある、さる、きたる、あくる（翌）、かかる、させる、いはゆる、あらゆる、さんぬる、くだん（件）の、故、各」などが挙例されてきた。

自立語という判断でよいものの、すべて他の語（複合語を含む）からの転用と言われる。多く「さ―ある」「いは―ゆる」「くだん（件）―の」というように、分解が可能だ。しかし、固溶化という考え方を使うならば、転用を認めて連体詞を立てるのでよい。

『源氏物語索引』の挙げる「この、させる、たが、わが」は、「させる」を除き、「この、たが、わが」について、「こ（代名詞）―の（助辞）」「た（代名詞）―が（助辞）」などと、学校文法では代名詞と助辞とに分けるようだ（現代語は連体詞とする）。『万葉集』などに見る「吾（が）君」「汝妹《なにも》」では、熟していると見るのが自然かと感じられるので、「この、たが、わが」をいずれも連体詞と見るほうに一票を投じたい。

〈させる〉ことなき限りは聞こえうけ給はらず。（「若菜上」巻、三―二七六）
特別の案件がない限りは（手紙を）さし上げたりお受けしたりしませぬ。

明石入道の長文の一節を取り上げると、「させる」（連体詞）は修飾語と言われるからには、「こと」（名詞の類）に懸かると一般に認識される。否定をあとに従える連体詞と言われる。「させる」は「さ―し―アル」の転で、「さ」は代名詞ないし副詞。

連体詞が名詞（句、節）に懸かるということは大きな特徴で、冠体詞というのも可だろう。字句を隔てて懸かることもある。
御夜中《よなか》、あか月のことも知らでや（『落窪物語』三、二八四）
というように。「御（夜中、あか月の）こと」と、「こと」へ懸かる。
前章に述べたように、時枝は現代語について、「〈とんだ〉災難、〈大きな〉家、〈曲った〉道」を連体詞として挙例する。しかし、どうだろうか。「とんだ」は活用性をのこしており、程度否定の助動辞「ない」を付けると「とんでもない」と言える。〈大きな〉は中世に「大きい」ができたために、「大きなる」から出てきた「大きな」が孤立し、連体詞として成立する。「曲った」は「曲って」とも言えるから、連体詞と認定するには躊躇させられる。

## 3　接続詞

接続詞を認めるか否か、山田孝雄が「西洋文典」を丸呑みする「洋癖家」たちを批判した一つだ（『日本文法論』一ノ二）。たしかに、If（I were〜）の“If”（conjunction〈接続詞〉）を「もし（〜ったならば）」と訳すのはよいとして、この日本語「もし」について接続詞とは認定しがたいだろう（一般に副詞とすることだろう）。しかし、「もしは」「もしくは」となると、接続詞らしさが窺える。こうした微妙さはどこからくるのだろうか。

「あるいは笛を吹き、あるいは歌をうたひ、あるいは唱歌をし、あるいはうそを吹き」（『竹取物語』「貴公子たちの求婚」）のような、並列させる「あるいは」を、副詞とも、接続詞とも、なかなか判定できない。

時枝は接続詞を詞として認めるかどうかについて、「辞の一般的性質とも関連させて考へる必要がある」（『日本文法 文語篇』四）とする。

雨が降る。風が吹く。とても外へは出られない。

という（三文から成る）文は、意味の脈絡から連続として表現され、また理解される。風雨が激しくて外出できないという、文の群団化や相互関係は、ただ文脈において、あるいは「言外の余白」において感じ取るだけだと言う。「雨が降る。風が吹く。それだから〜」と言うのとおなじで、「それだから」が接続詞だという。「言外の余白」が表面に起きてきた、という論旨だろう。「雨が降り、風が吹くから」とも言えるので、「それだから」は「から」（=「助詞」）と同様の語の性質だとする。よって時枝は接続詞を「言外の表現」、すなわち文脈や「助詞」や活用形と併行して考える必要があるとする。詞という品詞の問題でなく、辞とのかかわりで説くべきだということだろう。

「〈さらば〉、その子なりけり」とおぼしあはせつ。（「若紫」巻、一―一六二）

「それならば、その（亡くなった娘の）子だったのだ」と、ようやく納得してしまわれる。

源氏の君は、当初、紫上を尼君の娘かと思った。そうでなく、先行する僧都の言から、実際には尼君の孫娘だとここで悟る。紫上の母は「十余年」まえに死去しており、したがって紫上の年齢が十余歳、まあ十二、三歳か、それ以上であることもまたピーンと分かってしまう（実年齢より幼く見えたに過ぎない、と）。

時枝によれば、「さらば」は先行文である僧都の会話文を総括して、源氏の考える「その子なりけり」（心内）を起こす。会話のあいての文脈を取り入れており、物語の地の文と無関係に接続させる、ということになる。

時枝の論じ方に随順してゆくと、接続詞はじつのところ辞であり、接続辞とでもいうのが自然というなりゆきになる。はたしてそれでよいのであろうか。時枝の言うところが成り立つためには、「言外の余白」を辞（零記号）と見なければならない。「言外の余白」とは何だろうか。ことばが意味を中心として、意味の周辺の広がりから豊かな表現を獲得してくる、無限の沃野こそは「言外の余白」ではなかろうか。ことばと「言外」との関係を言ってしまえば、多様な表現の課題、つまり意味と意味との格闘であり、辞という主体的表現には属さない。辞は具体的に助動辞や助辞にあり、あるいは零記号による意志表示や、主体的努力でこそあれ、「言外」に置かれているわけでない。「それだから」を選ぶか、「されば」を選ぶか、それとも言わない（零を選ぶ）か、そういう選択に辞的意志は働くにせよ、それを「言外」とは言うことができない。

接続詞はだいたい他の語句からの転成としてある。

かれ（か―あれ）、かくて、あるいは、および

〔「かれ」は「故」と書かれ、『古事記』に多く見える。〕

代名詞を取り込む。

さて、されど、しかして、さうして（「そして」＝口語）

〔「さ」「しか」を先行文を受ける代名詞と見る。〕

口語では従属節の助動辞や接続助辞が転成したり、

だが、だけど、けれども、がしかし、ですが、で

順接や逆接にかかわったりする。

されば、それで、しかし、しかしながら

なかなか複雑な文としての役割に従事する。とても辞に所属するとは断定しがたいのではなかろうか。

## 4 感動詞（間投詞）

山田は「西洋文典」のいわゆる感動詞 interjection を「間投詞」とした上で、「あいよ」「はれ」「あはれ」「たんな、たんな、たりや、らんな、たりちきら」「はあ」「えゝゝゝ」を挙げる（囃し詞）。いわゆる感動詞――「あな」「いざ」「さても」「そよ」など――は副詞と見るようだ（『日本文法論』一ノ二）。

時枝は『国語学原論』（二ノ三）において、端的に感歎詞と称し、言語主体の判断や情緒や欲求が、概念過程を

へずに直接に音声へと表現されるとする。「ああ、おや、ねえ、よう」を挙げる。つまり、これらは辞にほかならないとして、「暑いね」「遊ぼうよ」の「ね」「よ」と密接な関係にある、とする。辞ならば、感投辞、感動辞と言った言い換えがあってよい。

別のところ（『日本文法 文語篇』四）では、これを〝辞の性質を持つと同時に、それだけで「文」として取り扱うことができる性質を持つ〟とする。

ああ、悲しいかな。　あら、面白の歌や。

の、「ああ」や「あら」は後続の文と同格だと言う。後続の文は、感動詞の内容を、分析して叙述したものである、と。小侍従の心内に、

〈いで〉、さりとも、それにはあらじ、いといみじく、さることはありなむや、隠いたまひてけむ……（「若菜下」巻、三―三八二）

いや、いくらなんでも、柏木の手紙ではあるまい、（そうだったら）えらくたいへんで、そんなことがあるなんて、（女三宮は）きっとお隠しになってしまったろう……

とあえて思う。「いで」は小侍従が驚くきもちを反転させる役割を持つ。「さりとも、それにはあらじ」は「いで」を分析叙述したものと言う。文としての独立的性質を説明しようとする意見だろう。

感動詞は辞なのだろうか。時枝の説明では、言語としての音声と叫びとの区別が明瞭でない。どうだろうか、叫びすら、場面に於いて意味を表現しているのではないか。

きゃー　　あれー

は、暴漢に襲われたときに、実際に言うか言わないかを別として、「きゃー」という叫びが用意されている。「あれー」

は代名詞「あれ」から来ており、危険を遠ざける遠称の表現なのだと言われる。反対に、近くにある何かを指して「この！」と、叱りたい時は近称を利用して表現する。

はい、はあ、へえ、あい、いいえ、いえいえ、いえ、ええ、うん、ううん、うう！　ん？　いな、いでと、イエスやノウのさまざまな段階での応答にメッセージ性がある。辞でなく詞と見たい。

「いづら、この近江の君、こなたに」と召せば、「を」と、いとけざやかに聞こえて出で来たり。（「行幸」巻、三―八三）

「さあ、こちらの近江の君よ、こちらへ」と召すと、「はい」と言語明瞭、返辞し申して出てくる。

**注**

（1）新大系の『源氏物語索引』第1刷には一部欠落があり、補遺によって利用するか、第2刷を利用することになる。
（2）山田孝雄『日本文法論』宝文館、一九〇八、五版、一九二九。
（3）折口信夫「副詞表情の発生」（『国文学論究』、一九三四）、『全集』新12、旧19。

# 四章　論理上の文法と表出する文法

## 1　平安テクストの成立

折口信夫「副詞表情の発生」からのだいじなヒントの一つに、▼注1〈連想による省略〉があらたな形容詞や形容動詞の用法を成立させるということがある。文法時代の到来と折口は言う。「あはれ」という語は、ほとんどことごとく「おもしろし」にも、「かなし」にも、「うれし」にも、何にでも付くことを予想して、すべてを省略して「あはれなる」「あはれの」などと用いられる、と。

「あはれ」という語の含蓄が広いように見られて、「あはれ」独自の用語例とみな考えているのは、そうじゃないのだと折口は言う。「あさましく」という「副詞形」においても、みなその下に来る叙述語を省いて、「……あさまし」と文を約める。「たまげるほど……だ」という気分には、悲しさもあり、情けなさもあり、醜さもあり、うれしさもある。それがだんだん「情けなさ」をあらわす傾向に、用語例が統一せられてきたのだ、と。下の叙述語を省いて、それをじかに気分的に思わせる習慣になって、ついにはそれ自身に意義が加わり、固定するほうに傾く、と。

これはじつに平安時代テクスト成立の機微を穿つ折口だろう。

私にも学習時代にここの折口から受けさせられた衝撃をいまに忘れない。古文はそうした深層文を文の下面に省きに省きながら、あらたに局面のテクストを表層化するのだという。『万葉集』の、

道（に）相《あ》ひて、咲《ゑ》まし し柄に、零《ふ》る雪ノ―消《け》なば消ぬかに、恋ふ（ト）云ふ我妹《わぎも》（四、御製歌、六二四歌）

「道で逢って、（帝ガ）微笑みをおかけになった、それだけなのに、零る雪みたいに、
消えるなら消えてしまいそうに、恋しく思う」というあなた

は雪だが、露もあれば霧もある。「消ぬかに」は「消ぬべく」もある（「かに」は折口に従う）。そして「消なば」が消え、「白露ノ―消ぬかにモトな」（白露之消蟹本名）（四―五九四歌）と「消ぬかに」だけになる。そうした積み上げの上に、「露」と「消ぬ」との交渉が忘られて、

秋就けば、水草《みくさ》（ノ）花ノ―あえぬかに、思ふト知らじ。直《ただ》に相在《あはざ》れば（一〇、花に寄す、二二七二歌）

秋になると水草の花が散り落ちそう、（私はいまにも）散り落ちそうな
思いでいると、分からないでしょう。じかにお逢いしてないのだから

と、「かに」があらたな結びつきを見せながら過去の制約にも捉えられていると。

言へばえに、言はねば胸のさわがれて、心一つになげくころかな（『伊勢物語』三十四段）

言おうとして言えない、言わないと胸のうちがざわざわ、
（自分の）心一つで歎く（ばかりの）このごろなのかなあ

「言へば言ひえに」がもとにあったろうと言う。それが「言ひえに」から、さらに「えに」そして「艶に」となる、と。

淡雪の拾へばかてに—砕けつつ、わが物思ひのしげきころかな（『古今集』一一、五五〇歌、新大系「たまれば（第二句）」）

淡雪が、手に掬おうとすると怺えきれずに砕け砕けする、
砕け散るわが物思いが、絶え間ないこのごろよなあ

は（難解歌ながら）、〈拾おうとすれば「拾ひ不敢（カテニ）」〉のかたちが、一つ「拾ひ」を振り落としたのであろう、と。

にほドりノ「おきながかはは—たえぬトモ」（『万葉集』二〇、四四五八歌）↑ 絶えぬとも絶ゆることなく
君座まさず〔不座〕トモ（二、一七二歌）↑ 君座まさずとも在すが如くして

というように。

このような分厚い積み上げのすえに、われわれの平安テクストがあるのだと言う、折口の問題提起を繰り返していると、「意味とは何だろうか」という疑問が湧いてくる。「いみじ」というような語はその最たる場合だろう。「いみじくも悲し、いみじくもうれし、いみじくも楽し」というような言い方が、慣用のあいだに「いみじ」一つに纏められてしまうとするならば、「いみじ」の意味内容には「悲し」や「うれし」や「楽し」をかぞえるのがよいのだろうか。古語辞典にはそのようにして〝意味〟がつぎつぎに登録され、広がってゆく。

あるいは「かなし」。辞書に見ると、悲しい場合から、愛《いと》しい場合までが、一通り説明されている。もとは「かぬ」

（できない、不足だ）から生じた形容詞だったかと言われる。非充足の思いが悲しさから愛しさまでに広がる。これらは「かなし」じたいにそういう意味が内在するということでなく、「言外の余白」に意味が広がるということでよいとして、そのような広がりはやはり意味論の範囲内で検討されるべきだろう。

しかし、時代を（平安時代などと）区切った発展史観や後退史観へ括る必要はないわけで、これらをもっとことばの本質として捉え直してかまわない。

## 2 意味はどこにあるか

時枝によると、「意味の本質は、実にこれら素材に対する把握の仕方即ち客体に対する主体の意味作用そのものでなければならない」（『国語学原論』二ノ四）。「意味作用」とは術語ながら、素材じたいに意味があるのでなく、あくまで言語主体を起点とする考え方を言う。

素材ということについて、時枝を復唱するまでもない。具体的な一個の椅子を指して、「椅子におかけなさい」という場合と、「椅子は家具である」といった場合とでは、一方が具体的な事物であり、一方が概念であるという相違があるとしても、言語表象の素材であるということに相違はない、と時枝は言う。それらはいずれも、「言語」の存在条件の一つだとしても、構成要素のそとにある、と。意味はけっしてそのような内容的、素材的なことでなく、素材に対する言語主体の把握の仕方だ、と時枝は考える。それを意味作用とかれは名づけた。

これはなかなか創意ある〝意味の考え方〟であって、十分に検討に値する。山に遊んで昼食を取ろうとした時、傍らに手頃な石があると、それを指して「このテーブルの上で食べましょう」と言うことができる。疲れた山道で一本の木の枝を折って、「いい杖ができた」と言う。『万葉集』、

天（ノ）原、振り離《さ》ケ見れば、白真弓《しらまゆみ》、張りて懸け有《た》り。夜路は―吉けむ（三、間人大浦、二八九歌）

天の原を振り仰いで遠く見やると、白真弓を張って懸けてある。
夜みちはだいじょうぶでしょう

の、「白真弓」の素材は月（の概念）で、その月に対する話者の把握の仕方によって「白真弓」と表現する。

従来は一般に、意味と音声との結びつきで、したがって意味は「言語なるもの」の内在物だと考えたために、「月」が「白真弓」に言い換えられているとし、それを感情的意味などと称してきた。ソシュール言語学では、「杖」という言語 langue が言 parole において限定されて一本の木の枝を指すと考えられた。「そうではなかろう」と時枝は言う。一本の木の枝は、折られた瞬間に「杖」と認識されたのである。「杖ができた」という表現は主体的意味作用の段階なくして成立しえない、と。

無論、ソシュール学からの反論はつねにありうる。「杖」という語が前提としてあるから、「手に掴んで身体を支えながら前進するための棒状のもの」が「杖」なのだと。このような「言語」認識は強固であり、一般共通としてある。時枝はつまり感情的意味の発生をあげつらっているのではないかという反論だ。

どうだろうか。時枝は、いわば意味が生成する現場でことばをとらえようとした。意味作用という言い方は有効だと思える。しかし、「木の枝」にしろ、「杖」にしろ、既成の語であることは動かない。生成の終わったあとで、社会的、個人的に語彙というレベルで意味を附与された語としてある。語彙というレベルでの〝意味〟をまぬがれない。

生成的にとらえるか、生成後的にとらえるか、ここには深い対立がある。われわれは意味作用をたずさえ、表現活動すべく、しかも社会的、個人的に意味を湛えられてある〝ことばの海〟に投げ出されて覚醒するしかない。

## 3　「心」は意味か

「意味」という語じたいを追いかけることにする。日本社会では十七世紀になって広まった語であるらしい。それ以前にあった何らかの語に取って代わり使われ出したということはないのだろうか。なかなかそこを突き止めることがかなわない。

『沖縄語辞典』に見ると、chimee（チムエー）が「意味、わけ、理由」で、

クヌ　クトゥバヌ　チムエーヌ　ワカラン。（このことばの意味が分からない。）

チムエーヤ　ネーン。（無意味である、理由がない。）

というようにある。チムは肝で、沖縄語の心をさす。チムそのものが「意味、理由」をさす事例はないようで、チムエーのエーがついて「意味、理由」となる。エーは意味合いなどという際の「合い、相」に相当するのだろうか。

日本語の「こころ」という語には、「意味」か、あるいは「理由」という語義かがあるかどうか。古語辞典などに、1、心臓、2、精神、3、意志、4、気分、5、感情、6、誠意・愛情などずっと列べられたすえに、判断、注意、正気、記憶、中心などとともに、意味、事情といった語義が引かれる。

青海原、振りさけ見れば、春日なる三笠の山に、いでし月かも

とぞ詠めりける。かの国人《くにひと》、聞き知るまじく思ほえたれども、言《こと》の心を、男文字にさまを書きいだして、ここのことば伝へたる人に言ひ知らせければ、心をや聞きえたりけむ、……　（土佐日記、一月二十日）

「青海原…」という、うたの「心」について、漢字で様子を書き出して、日本語を伝えている通訳に知らせたという。内容が伝わって思いのほかに褒められた、とあとに続く。「言《こと》の心」とは人間に心があるように、物事にも、また言語にも「心」があるといった、派生的な語義で成立してきた用法であるらしい。『古今集』仮名序にも「言の心わきがたかりけらし」という、事例が知られる。

　ある雲客の、「竹、湘浦に斑《まだら》あり」といふ朗詠をせられたりければ、この大納言、立ち聞きして、（……）ぬきあしして逃げ出《い》でられぬ。たとへば、この朗詠の心は、昔、堯の御門に、……　（『平家物語』六、祇園女御）

とある「心」の事例は辞書に引かれる。「（この朗詠の）意味するところは」ということだろう。「竹、湘浦に斑あり」という朗詠の詩句のうちに、人間が心を持つのとおなじように心が籠っているということから、意味という語義が成立する。

「意味」という語じたいは十七世紀からよく見かける。ことばの含蓄というような語意で、「心」の持つ広いはばを勘案しても、なかなか意味と心とがかさなってこない。中世以前には漢文以外に見ることのない語のようで、初出を知らない。「心」とかさならない理由は簡単なことで、「心」に対応するのは「意味」という二字語のうちの「意」に関してであり、何と言っても「味」を加えてその翳りを産み出す漢語らしさに到達できないということだろう。

## 4　言外の意味

「意味」という語（の意味）は端的に言って、

言葉の外に意味ふかし。（『常盤屋之句合』第十七、一六八〇）

とあるような、言外の広がりに味わいがあるとする感じ方のうちに生きられる。辞書類によって検索すると、

……人をして泣かしめ、人に心をつく。万竅怒号、響き替りて、句毎の意味各別也。（「歌仙の辞」『芭蕉文集』、大系、一三六頁、天和年間）

発句は言外の意味をふくむをよしとす。（『宇陀法師』巻頭併俳諧一巻抄汰、一七〇二）

音声しめやかに、調子はひくきかたよし。その分際に応ぜざる調子にては、意味うたひがたし。（『松の葉』五・歌音声、一七〇三）

発句長《たけ》たかく、意味すくなからず。（『去来抄』先師評、一七〇二―一七〇五）

さればこの里に来ぬが通者なりといひけん金言を意味すべし。（『麓の色』、一七六八）

右のおいらんが煙草の火でむすこの顔を見しは、源氏蛍の巻の意味ありて奥ゆかし。（『傾城買四十八手』、一七九〇）

意味も無い外部の美、それを内部のと混同して、愧《はづ》かしいかな。（二葉亭四迷『浮雲』第十六回、一八八九）

などがある。

従来皆論語を以て徒に平易近情、意味親切なりと為て、（『童子問』巻上、一七〇七刊）

あるは風姿の幽艶なる、あるは意味の深長なる、あるは景色のみるがごときなど、（『国歌八論』歌源論、

一七四二）

など、いずれも言の内外に味わいがあり、深みを感じさせるなどの用法としてある。

現代言語学での用例とは微妙にそれこそ意味のずれを感じないか。現代の「辞書的意味」や、あるいは「意味論」などと言う際の言外の広がりを遮断する、定義という語の語義に近い使い方のほかに、在来の、みぎに見てきたような、含蓄を意味する語感も、つい近世以来、引きずってきた語である以上、りっぱに生きているはずだ。もう一度言うと、現代語での「意味」という語は、含蓄を許さないという限定的意味と、かえって含蓄に意味の翳りを求める意味との、双方から成っている。

それでは非厳密だと哲学者は嘆くことだろうか。ことばとは、概してそうした生き方を普通とすると答えるほかない。外国語だって、時代とともにmeaningにしろ、sensにしろ、在来のニュアンスよりは厳密な位相が必要になってきたと見るので不都合があろうか。semanticという語について、それこそ辞書的説明として「言外の意味」を指摘する辞書もあることはある。

## 5　意味を働かせるキー

自立語は意味の広がりを、語そのものにも、言外にも持ちながら、豊かに文を構成する。名詞の類（汎名詞、A詞）には直接に助辞（C辞1）が下支えにはいる。

〔A詞〕C辞1

一方、動態詞（B詞）は活用語尾（E尾）が助動辞（C辞2）／助辞と緊密に、あるいはゆるやかに結びつく。助動辞や助辞は非自立語として、自立語の意味世界を支えるのに、それぞれの機能を以てする。だから、機能語（C

辞）は意味を持たず、豊かな広がりを持たない。

Ｂ詞（Ｄ幹プラスＥ尾）―接合子―Ｃ辞

接合子をなかに置いて結びつくとは、意味（動態詞）と機能（助動辞／助辞）とが、手をさしのべあうさまをもたらす。意味が働く、とはそういうことだろう。小松光三の言う「意味機能」[注2]という術語を使うのをもし容認するとならば、意味と機能というまったく違う両者が結びつく、その機構をさして言うのがよかろう。

自立語（意味語）は、名詞の類、動態詞、それに副詞や連体詞などを含めて、意味の競演、あるいは饗宴というべきか、表層から見えない奥にまで、言わんとする思いや、もどかしい表現の苦心や歓びが広がりやまない。

自立語＝意味が言外にまで広がる

明瞭な、厳密な、定義に近い用法もあろうし、その一方で、絶えず「言外の意味」があり、そこから表現が紡ぎ出されてくることもあろう。日本語はそのような自立語をさき立てて、表現の海を操舵する。あるいは山ならば、植生の複雑なことばの森に縦横にさ迷い続ける。

自立語が豊かさの広がりだということは、曖昧さや難解さをも含み持つということであって、それは言ってみれば、われわれの生活じたいの日々刻々が、豊かであるはずなのに難問の山、曖昧の野であることをまさに〝意味〟する。

社会は個人に対してさまざまな解決を求めてやまないだろう。そこに、言語行為をわれわれにとり放擲できない理由が存するはずだ。

自立語と非自立語とが日本語だと交互にあらわれる。非自立語（機能語）は、助動辞および助辞をさす。

非自立語＝機能を限定する

非自立語はつまり、意味を有さない。自立語が、言外も含めて、豊かな意味の蓄積であるのに対して、助動辞や助辞は、原則として一つの助動辞に一つの機能、一つの助辞に一つの機能と、機能が備えられているに過ぎない。

限定する語だと言い換えてもよい。それらを豊かさ、とか、言外の広がり、とか言うべきではなかろう。意味をすべて自立語に託して、非自立語はそれらの意味を下支えする機能の明瞭さに徹する。

日本語の文が、

〔名詞〕助辞プラス〔動態詞〕助動辞／助辞

を基本にするとは、自立語プラス非自立語プラス自立語プラス非自立語プラス自立語プラス非自立語……という連鎖をずっと辿り進むことを結果する。それは、

意味プラス機能プラス意味プラス機能プラス意味プラス機能……

という連鎖を辿り進むことにおなじだ。意味にA詞あるいはB詞、機能にC辞を適宜配置してみると、

A」C」B」C」A」C」B」C」A……

というように模式化される。

強調してし過ぎることのないこととして、繰り返しになるけれども、機能語（助動辞や助辞）は意味の曖昧さと無関係にある。意味の豊かさとも関係がない。意味を下から支える機能に徹する役割が非自立語のすべてだろう。機能語は働きを求めるファンクション・キーだ。意味を働かせるキーが〝押された〟。すると、意味が動き出す。意味と機能とを混同するのがわれわれの習性だとしたらば、互いに別のことだと強調されてしかるべきだ。機能と言うのがよく、その機能への名づけとして、過去とか、完了とか、推量とか、言ってみる。名づけがかならず正確な範囲をカバーしているか、心許ないとは絶えざる嘆きとしてある。

非自立（自立しない）とは、（1）自立語に対して非自立だ、ということと、（2）機能語（非自立語）同士が互いに機能を決めるので、それじたいは自立しない、という、二面からなる。（1）は分かり易い。（2）はたとえば肯定と否定とが互いに規定する。否定がある（オフボタンを押す）から肯定（押さない、オンボタンを押す、二回押すなど）がある。過去と現在とは、過去に対して現在であり、現在に対して過去となる。断定と推量となど、機

能は自立しえない。中間項はつねにあり、動的であり、移行過程にあって、カーソル状のボタン、スイッチをなす。

## 6　論理上の主格と表出する主格

A詞からB詞へ辿ると、一文の趣旨が論理的に一貫する。主格の場合、「何が何する」「何がどんなだ」「何が何だ」という、三つのパターンがあるとは、よく言われるところであって、いずれもA詞とB詞との関係を辿ると、論理上の整合性がある。

（a）A詞がB詞する　　（動詞文）
（b）A詞がB詞のようだ　　（形容詞文）
（c）A詞がB詞だ　　（名詞文）

という関係にある。B詞にとってA詞が主格であるとは、これを論理上の主格として認定したい。

（a）北山になむなにがし寺といふ所にかしこきおこなひ人侍る。（「若紫」巻、一―一五二）
北山にのう、何某寺という所に霊験あらたかな行人がおじゃる。

これを書き改めると、
かしこきおこなひ人（A詞）〔ガ（C辞＝零記号）〕侍る（B詞）（C辞＝零記号）。
となる。

（b）かの国の前の守、新発意《しぼち》の、むすめかしづきたる家いといたしかし。（同、一―一五四）

あの（播磨）国の前国司で在家の人が、娘を愛育している、（そういう）家がえらく羽振りのよいこと、よいこと。

おなじく、

かしづきたる家（A詞）〔ガ〕いといたし（B詞）かし（C辞1）。

と分析できる。

（c）海竜王の后になるべきいつきむすめななり。（同、一―一五五）

海竜王の后になるはずの函入り娘という噂です。

省略されているA詞を補うと、

（明石ノ君〈A詞〉ガ）……になるべきいつきむすめ（B詞）ななり（C辞2）。

となろう。「ななり」は「なり（断定）なり（伝聞）」。従来、「な（る）―なり」と考えられてきたことは、誤りと見たい。

以上のように、論理上の主格が述部を従えるという基本の構文を見せる。

もう一つの構文が深層を下支えしているのではなかろうか。つまり、C辞1からC辞2へと辿って、主体的表現を見いだすことができる。（a）～（c）文ともに、語り手が主体として提示したことをC辞1～C辞2で締め括る。語り手の現在に所属するC辞1からC辞2への流れという、もう一つの文法がここにある。

構文はかくして、A詞からB詞へと論理的に流れる一筋と、それを支えるもう一つのC辞1からC辞2への主体的な流れという、表層／深層の関係になっている。

A詞 → B詞　論理上の流れ

C辞1 → C辞2 主体的な流れ

このことは、あまりにも当然のことだと言って済ましてよいことだろうか。詩歌には懸け詞という技法がある。懸け詞は文の論理上の一貫性を裏切る技法ではあるまいか。あるいは、序詞という詩歌の技法が知られている。やはり、論理的な文の纏まりに破綻を呼び入れる技法にほかならない。このことを文法的にどう説明すればよいのだろうか。枕詞についても議論が進展しそうだ。

C辞1〜C辞2と辿る深層の構文には、それを表出する語り手がつねに存在する。A詞からB詞へと流れる統一性を論理の上で破綻させる意志は、じつに語り手に発する。その点で、C辞1からC辞2への流れを積極的に支える語り手もまた文法上の人格でなければならない。もう一人の主格とでも言うべき、この語り手を表出する主格と名づけよう。真に文法の担い手である人格とは、C辞1からC辞2への流れのうちにいる、その人ではないのだろうか。

**注**

（1）折口、→前章注（3）

（2）小松光三『国語助動詞意味論』笠間書院、一九八〇。

# 二部　機能語の詩学

助動辞（助動詞）や助辞（助詞）について、従来、さかんに、そして安易に「助動詞の意味、助詞の意味」と書かれることには、少なからぬ違和感がある。助動辞や助辞は意味を働かせるためにあるので、それらを機能語と呼びたい。

意味語……意味を持つ、名詞や動詞、自立語

機能語……意味を働かせる、非自立語

助辞類は最初期の古代歌謡以来、『万葉集』などに無数に用例が広がる。適宜、それらを参照するとともに、ここでは『源氏物語』「桐壺」巻ほかをおもに取り上げて考察する。時枝の言う辞――主体的表現――の定義に従うならば、「助詞」を〝助辞〟という名で呼ぶことにしよう。

いくつもの助辞が、格助辞（格助詞）、副助辞（副助詞）、係助辞（係助詞）、終助辞（終助詞）、間投助辞（間投助詞）〈遊離助辞とも呼びたい〉、そして接続助辞（接続助詞）と分類されるにもかかわらず、二つあるいは三つに跨って顔を出して、分類し切れない場合がある。そのために「助詞」論は、便宜的な分類論や用法の列挙で終わってしまう時がありがちだ。分類以前の一つ一つの助辞と付き合ってみる必要がある。

助辞は英語などに類推すれば、前置詞 preposition（前置辞）ということになる。

prepositionは名詞のまえに置かれるように思われて「前置」とされる。しかし、～for ～with ～aroundなど、語例をいくつか思い浮かべるまでもなく「後置」でもあって、日本語の助辞がまぎれもない後置辞であることに等しい。

「助動詞」も辞であるから、〝助動辞〟という名で呼ぶことにする。前著『文法的詩学』で比較的詳しく考察した。助動辞は成立以前に自立語だったとしても、それらが本来の〝意味〟を希薄にし、喪うと、機能語になる。英語のcan shall would mightなども、もとが動詞であり、「活用」するなどの振る舞いは日本語の助動辞におなじで、ただし日本語は時間や推量や否定を助動辞によって附加することが英語と違う。

# 五章　「あけがたには」の詩学

## 1　文法と詩学

難渋しそうな、この『文法的詩学その動態』を、すこしずつでも推し進めるために、短い一章を差し入れることを許してほしい。文法と詩学とがなぜ私のなかでほとんど直結するのか。時枝学派の国語学者、永野賢の名をここに引用することから書き出す。

氏は、東京学芸大学教授。国語教育の中心地の一つである一国立大学で、時枝から受け渡された文章論の構想について、氏がどのような理論的装いでその後の活路をひらこうとしていたか、私もまた昭和五十四年（一九七九）より、その国語教育学科に奉職して、古典文学の担当だったとは言え、若造ながら同僚として、身近なところから、まさに悪戦苦闘する氏の実験場を覗き見る日ごろだった。時枝の『文章研究序説』▼注1のあとを、永野がどう受け継ぎ、切り拓こうとしていたか、断片的と言え、談話をいろいろ伺えたことは、いまにおき忘れ得ない。

その永野さんから、ある時、廊下で、興奮気味に話しかけられた。数日まえに私が朝日新聞に発表した、ある詩作品についてだ。発表媒体が著名な新聞だったこともあり、朝刊に眼を通されると、氏にはある衝撃が走ることになったらしい。面はゆいけれども、引用する。

あけがたには

夜汽車のなかを風が吹いていました
ふしぎな車内放送が風をつたって聞こえます
……よこはまには、二十三時五十三分
とつかが、零時五分
おおふな、零時十二分
ふじさわは、零時十七分
つじどうに、零時二十一分
ちがさきへ、零時二十五分
ひらつかで、零時三十一分
おおいそを、零時三十五分
にのみやでは、零時四十一分
こうづちゃく、零時四十五分
かものみやが、零時四十九分
おだわらを、零時五十三分
…………

ああ、この乗務車掌さんはわたしだ、日本語を

苦しんでいる、いや、日本語で苦しんでいる
日本語が、苦しんでいる
わたくしは眼を抑えてちいさくなっていました
あけがたには、なごやにつきます
（のちに『ピューリファイ！』所収▼注2）

私としては、永野さんの受けた衝撃というのを、真に理解できるまでに数年を要した計算ながら、この「あけがたには」が、時枝言語学の〈詞と辞〉の考え方をそのまま伝える内容であり、あわせて乗務車掌さんの〝苦しみ〟（あるいは遊び心）を、時枝学派の研究者のそれにかさねることができると、いまにして納得する。

横浜には、戸塚が、大船、藤沢は、辻堂に、茅ヶ崎へ、平塚で、大磯を……と、〝列車が何時にどこどこの駅に着く〟というだけのことなのに、助辞をどうとでも使い分けて、いろいろ言えることに私はびっくりして、そのままに書いた。主体的表現の苦心が辞（ここでは助辞）にあるということを、この作品は示したということになる。私としても〈文法〉と〈詩学〉とが結びつく事始めとなった。当時、東海道本線に、東京駅始発、大垣行き夜行列車が運行されていた。

この作品はそのあとも、国語教育界でかなり知られ、ついには国語教科書に採用されることとなり、何年も、ずっとあとになってまで、大学生になった若者から、「あれ？　藤井先生の『あけがたには』を学んだことがある」と、声を掛けられることになった。永野さんの引き回しかなとひそかに思っている。

## 2 〈言語態〉学の一環

もう一人、山中桂一の名を出したい。氏の『和歌の詩学』（二〇〇三）▼注3は、詩学という光の当て方で日本詩歌を解明する、ほかにちょっとない希有な成果だろう。ヤーコブソン学者、山中は、駒場（東京大学総合文化研究科）の言語情報科学専攻を立ち上げた一人であり、〈言語態〉学が日本詩歌と出会うとはこれかと納得させられた。貴重な水準をわれわれのために用意して、今後を導こうとしている。

氏の取り上げる一箇所をここでも取り出してみよう。「藤波ノ」のような「ノ」は、古典詩歌でごく親しげに見かける。しかも「思いが藤波のようにまつわる」のか、それとも隠喩的に藤波の思いとして受け取るか、「ノ」の奥行きを理解することは容易でない。

式嶋ノ―山跡《やまト》ノ土《くに》に、人多《さは》に満ちて有れドモ、藤波ノ―思ひ纏《まつ》はり（「纏《モトホ》り」）、若草ノ―思ひ就きにし、君（が）目に恋ヒや―明かさむ。長き此（ノ）夜を（『万葉集』一三、三二四八歌）

しきしまの（枕詞）（この）大和の国に、人が仰山、生存しているけれども、〈藤波の〉思いがこぐらかり、若草の（ごとく）思いが附着してしまいし、あなたに一目、恋うだけで明かすのではと。長いこの夜を

一般に、この「藤波ノ」を枕詞のように受け取る理解が行き渡っているかもしれない。それでは、隠喩的な理解でよいかというと、

山川（ノ）水陰（に）生ふる山草《すゲ》（ノ）―止まずも―妹《いも》（は―）念ほゆるかも（一二、二八六二歌）

　山川の水陰に生える山すげ。その、
　止まず（いつまで）も妹は心を離れないのか、ああ

の「山草《すゲ》」と「止まず」とは「ノ」で繋がっているとしても（「ノ」補読）、同音で連続して、しかもけっして直喩の関係にならない。

　塩満てば、水沫《みなわ》に浮かぶ細砂（に）も―吾は―生けるか。恋ヒは―死なずて（一二、二七三四歌）
　　潮が満ちると、水沫に浮かぶいさご。（そのいさご）みたいにも私は
　　ただ生きている（だけなの）か。恋い死にしないぎりぎり

○

　わが恋は―あまの刈る藻に―乱れつつ、かわく時なき浪の下草（『千載集』一三、俊忠、七九三歌）
　　私の恋はあまの刈る藻（みたい）に乱れに乱れ、
　　乾燥するひまのない浪の下草よ

は、「ノ」の有無が枝葉末節であることを教える。しかもそれを欠くと、「水沫に浮かぶ細砂」や「あまの刈る藻」といった名詞節や名詞句が、主格や主題の提示というような文法を見えなくさせられ、うたの成立条件として全体の構造や述語の統語性だけに依存することになる。かえって比喩的、象徴的な解釈の空間はひらける。叱責されることを承知で、山中の意見をパラフレーズしてみるならば、以上のように「ノ」一つ取っても、いわゆる修辞法のような解釈は後退して、文法が前面に出てくると分かる。助辞「ノ」という、極小の一点一画なのに、まさに詩歌の本性を衝くという機微をつよく教えられた。

## 3 『国語学原論』の主語格、述語格

時枝から接近してみるのは私のいつも辿る捷径だ。A詞の中心部に位置する名詞の類（汎名詞）はその場合、格caseをなす、つまり位置関係にあると言える。

〔A詞〕C辞

を見ると、C辞のなかみはA詞が主格ならば「の」か「が」か、それらを代行する助辞（たとえば「は」）か、または「の」も「が」も代行する語もはいってこない（他の語もはいってこない）場合もある。時枝が『国語学原論』（二ノ三）で、主語格、述語格、あるいは独立格その他の「格」を認定しようとするのは、構文からそれを認定しようとする立場であり、優れた考え方と見られる。日本語だと性／数の呼応や語じたいの格変動がはっきりしないから、構文によって、およびいくつかの格助辞によって主格や目的格を指し示すほかに、とりたてて有効な方法がない。

みぎに述べたように、「の」あるいは「が」がなければならないということではないから、「の」格や「が」格をいきなり設定するのは憚られる。「の」や「が」が文中に出てきた場合に、それらを所有格または主格として認定することは必要な手続きである。その手続きを経て、「の」や「が」は格助辞だと確実に言える。

時枝は「主格」と「主語」とを明瞭に区別しないから（しなくともよいのだが）、彼の言う主語格を主格とおなじと見ることにする。氏は、

走る。　短い。　人だ。

という〝文〟について、「走る」「短い」「人」をすべて述語格だとする。主格（氏の言う主語格）はどこにあるかというと、述語格のなかに含まれている。含まれているのであって、けっして主語格の存在を無視したわけではな

い、と言う。埋もれているのであって、けっして「主語の省略」ではない、と『日本文法 文語篇』のほうでも強調する。

氏がさらに言うところの、主語〈＝主格〉がおもてに出てくる場合に修飾語（格）になるという点については、よいのだろうか。これは橋本進吉の考え方に基づくらしい。反論を用意するまでもなく、おもてに出てきた主格は主格であって、それ以外でありえない。

格助辞は、ほかに「に」「を」「へ」「より」「から」「と」とかぞえて行って、「ながら」「まで」「など」はどうしようか。その決着はまだ着いていないと思う。

曖昧な境界領域が広がると言え、格助辞らしさ、副助辞らしさの区別が生まれている日本語を、曖昧だからと言って過小評価しては言語学的にもったいない。格という限定を越えて、副助辞はA詞近くにもB詞近くにも発現しそうな勢いにある。係助辞にも副助辞らしさがある。助辞の有無ということにまで広がってよければ、時枝のいう独立格も、絶対格というのか、視野にはいってこよう。

助辞は英語などの前置辞（前置詞）に類推すれば、後置辞でもあって、go for～ go around～というように、実際にはgo（動詞）のあとにくることに比較される。英語で言うと、格を喪ってきたとも、深層の構文から格が決定されるとも言えるけれども、ある種の格の提示には前置辞が必要だ。日本語でも、「より」格や、あるいは「ながら」など、助辞を後置することで格形成を果たす。

## 4 「対象語格」とは

また、時枝は、

色が赤い。　　川が深い。（甲）

の「色、川」が「主語」で、

水がほしい。　母が恋しい。（乙）

の「水、母」は「対象語格」だと言う。しかし、どちらも主格でよいはずだ。

甲の「色、川」が「赤い、深い」の「主語とすることは当然である」と時枝は言う。これを主語でなく「主格」と言い換えたい。ついで、乙の「水」や「母」が「ほしい、恋しい」の主格であるかどうかが問題点となる。時枝によると、「ほしい、恋しい」は感情的な情意の表現で、その「主語」は「私」か「彼」かだという。

そうだろうか。時枝理論に即しても、「ほしい、恋しい」と思い、希求する感情の主体が〝私〟あるいは〝彼〟であって、論理上の主格は〝私〟あるいは〝彼〟と別に求められなければならない。〝私〟〝彼〟が「〜したい」「感じられる」という主体的表現であることと、「ほしい、恋しい」の論理上の主格として「水が、母が」要求されることとの、分別とかさなりとがここにある。

私にはこの本がおもしろい。

は、「この本が（主格）どんなだ（述部）」に対し、「この本が（主格）おもしろい（述部）」と答えているのであって、「私には」を補語と見たい。▼注4「私には」を崩して「私は」とも言えるにしろ、これを「主語」と認定する時枝は、そこで躓いていると言われても仕方がない。まして、「この本が」を対象語（格）と見ることは、時枝理論に基づいても当たっていないと思われる。

注

（1）『文章研究序説』（時枝、山田書院、一九六五）は時枝晩年に至り、文から文章へ展開させる試みだった。国語学の赴くところであり、それじたいに異論はない。ただし、その領域は文法的な基礎を超えることだと私には思え、文法に関してならば〝文〟に踏みとどまりたいように思う。〝文章〟はテクスト論として提起されるべきだろう。またはテクスト文法とでも言うべき領域を構想するならばよい。永野には『文章論総説』（朝倉書店、一九八六）ほかがある。

（2）書肆山田、一九八四。現代詩文庫一〇四、思潮社、一九九二。「あけがたには」の初出、朝日新聞、一九八二・二・一。

（3）山中、大修館書店。

（4）『文法的詩学』三「「は」の主格補語性（下）」。

# 六章　助辞の言語態

## a　格助辞のグループ

格助辞は語と語との基本的関係を引き受ける。副助辞とかさなるところがあるのは、それでもできるだけ格助辞と副助辞との分離を試みたい。

### 1　「の」格を認定する

「の」を「桐壺」巻の冒頭ページから数行、拾うだけでも（一―四）、

いづれ〈の〉御時にか、女御、更衣あまたさぶらひ給ひける中に、
それよりげらふ（下臈）〈の〉更衣たちはまして安からず。
朝夕〈の〉宮仕へにつけても人〈の〉心をのみ動かし、
人〈の〉譏りをもえ憚らせ給はず、

世〈の〉ためしにも成りぬべき御もてなしなり。

と、いくつも見られる。

下臈が更衣たちであり、朝夕が宮仕えの時であり、人がその心の持ち主であり、人が譏るのであり、世がためしとなる、というように、「の」の下には「の」の上の語の支配するエリアが示される。▼注1

続けて（同）、

いとまばゆき人〈の〉御おぼえなり、
人〈の〉もてなやみ種《ぐさ》に成りて、
楊貴妃〈の〉ためしも引き出でつべくなり行くに、
かたじけなき御心ばへ〈の〉たぐひなきを頼みにてまじらひ給ふ。
母北の方なんいにしへの人〈の〉よしあるにて、

と並べていっても、「の」が単純に上の語と下の語とをくっつけるボンドでないことは分かる。まばゆいばかりその方がご評判だ、人々が頭をなやます材料だ、楊貴妃が事例だ、かたじけないお心ばえが類例ない、古風な母親が由緒正しい、と、上接語が〈の〉の下の語に対して支配関係にある。

ボンドと言うことだけならば、「の」がなくて二語連接すればよいので、また主格じたいならば上接語だけを投げ出して、「の」を付けなくてよい。表現者が「の」を必要とする積極性ということがあると思う。

「坊にもようせずはこの御子〈の〉ゐたまふべきなめり」と、一の御子の女御は覚《おぼ》し疑へり。（同、一―五〜六）

「皇太子位にもひょっとするとこの御子がお就きになるに違いなく見られる」と、弘徽殿女御は思い疑いなさっている。

光宮が春宮位に就くかもしれない、というので、「この御子」と「ゐたまふべきなめり」とは主格と述部との関係にある。

いとにほひやかにうつくしげなる人〈の〉、いたう面痩せて、「いとあはれ」と物を思ひしみながら、言《こと》に出でても聞こえやらず、あるかなきかに消え入りつつものしたまふを御覧ずるに、（一―七）

まことに匂わしくいかにも美形の人が、えらく面痩せて、「たいそう悲しい」と何かと思いに沈みつつ、ことばに出しても申し伝えず、生きているかいないかの状態に消え入りながら何しなさるさまをご覧になって、

桐壺更衣が死期の迫る様相にある。主格と述部との関係で、特に句や節を受けるのに「の」を必要とする、というところかもしれない。主格そのものの提示だけならば、日本語の性格として「の」をおもてに出さなくてよかろう。「うつくしげなる人、いたう面痩す」でよいのだから、句や節などの入り込むテクストのなかで「の」が必要になったという局面はあろう。

上の語と下の語との関係には、主格的、所有格的、修飾語的と、機能上の分類が可能であるようでも、中心に「の」格を認めて「主格～所有格」で一括するのでよかろう。主格は述部を所有するので、日本語の場合、主格と所有格とのあいだにしっかりした境界がない。「の」について、同格や並立といった説明の便宜は学校文法での在り方としてならば、あってよい。

物などもきこしめさず、朝がれひ〈の〉けしきばかりふれさせたまひて、（一―一八）

食べ物などお上がりあそばさず、朝ご飯をほんの一口ふれあそばして、

の「の」は、現代語に訳す時、「朝ご飯を」と「を」になりそうな、「の」の一角を占める用法だろう。朝飯がのどを通らない帝について言う。

『日本文法 文語篇』（二ノ二）で時枝の出した事例に、

鶏が鳴く―東（ノ）国に、高山は―さはに有れドモ、朋神ノ、貴き山〈ノ〉、儕《な》み立ちノ、見がほし山ト、神代より、人ノ言ひ嗣ぎ、国見為る、築羽《つくは》ノ山を、……（『万葉集』三、丹比国人、三八二歌）

鶏が鳴く（枕詞）東国に、高山はたくさんあるけれども、二神の貴い山が、並び立ちが（いつまでも）見ていたい山であると、神代から、人が言い伝え、国見する、筑波の山を、……

が挙げられて、「の」には「（指定の）助動詞」に所属させる場合があるとする。「貴き山〈ノ〉」は「見がほし山ト」と並んで、「述語『言ひ嗣ぎ』の連用修飾格である」と言う。「尊い山だと人が言い継ぐ」というように時枝は取る。しかし、筑波山という「二神の貴い山」が、いちばん目にしたい山だと言い継ぐ、というようにも読めるので、これをもって「助動詞『の』」を論じることは差し控える。

## つ

「つ」は最古の助辞で、断片化された状態で、「が」や「の」以前にあった助辞だろう。発音は tu（とぅ）のようで、「と」音に近いかもしれない。「さのつトり」（『古事記』上）、「高つ鳥（ノ）災」（六月晦大祓）、「ゆつ磐村」

(『万葉集』一、二二歌)、「かひつ物」(「須磨」巻、二―四二。名義抄に「カヒツ物」)というように、上代文献ほかに見つかる。しかし、正確に主格の例を知らないから、ここに挙げてよいか分からない。。

**な**

古い「な」は「の」と交替する。「た〈な〉すゑノ調《みつぎ》〔手末調〕」(『日本書紀』五、崇神紀)、「ぬ〈な〉ト」(『古事記』上)、「ま〈な〉かひ」(『万葉集』五、八〇二歌)、「神〈な〉がら〔神随〕」(二、一九九歌)など、手(た)、瓊(ぬ)、目(ま)、神(かむ)は、いずれも単独で使われない語ばかりであり、不思議だ。

## 2 「が」格(主格〜所有格)

「が」格(あるいは「が格」)という纏め方は、分かりやすいにしても検討が必要だと思う。考察は古典のテクストじたいに見いだされる「が」によって縛られる。「が」としてあらわれる限りにおいて、たしかに主格(ないし所有格)だ。しかし、けっして主格を提示する際に「が」が要り用なのでなく、逆に言えば主格は「が」をかならずしも必要としない。「が」が主格をあらわすといっても、日本語は構文によって(「が」がなくとも)主格と述部との関係をあらわせるのだから、「が」の出てくる必要性を主格であることじたいに求めてもしようがない。

「桐壺」巻の〈が〉の語例を書き出してみよう。

1いづれの御時にか、……いとやんごとなき際にはあらぬ〈が〉すぐれてときめき給ふ有りけり。(一―四)

2我(わ〈が〉)身はかよわく物はかなき有りさまにて、(一―六)

3むなしき御骸《から》を見る／＼、猶おはする物と思ふ〈が〉いとかひなければ、「灰になり給はんを見たてまつりて、

……」と、さかしうのたまへれど、車よりも落ちぬべう……（一―九）

4いままでとまり侍る〈が〉いとうきを、か丶る御使の蓬生の露分け入り給ふにつけても、いとはづかしうなん」とて、（一―一一）

5宮城野の露吹き結ぶ、風の音に、小萩〈が〉本《もと》を思ひこそ―やれ（一―一二）

宮城野の露が吹き結ぶ、風の音に、
小萩のもと（幼児）を思いやってほしくて

6我（わ〈が〉）御心ながら、あながちに人目おどろくばかりおぼされしも、（一―一四）

7荒き風ふせぎし蔭の、枯れしより、小萩〈が〉うへぞ―しづ心なき（一―一六）

荒々しい風を（以前は）防いだ、その蔭（庇護）が枯れたときから、
小萩の身の上について（不安で）心が安まりませぬよ

と、まことに寥々としている。

1は、〈いとやんごとなき際にはあらぬ〉が名詞節で、それを主格として「が」は要請される。桐壺更衣が高貴な身分でないと纏め上げる。高貴な身分でない女性が栄えている、という因果関係に、この物語の最初に設定するシチュエイションは焦点化される。

3は、〈猶おはする物と思ふ〉というのが名詞節で、母君の思いが取り出されて、それをむなしいとする。取り出した箇所を焦点として、効ないことだと嘆く。

4は、〈いままでとまり侍る〉が名詞節で、それを積極的に受けてつらいとする。

所有格のように一見、見られるのが、2の「我（わ〈が〉）身」と、6の「我（わ〈が〉）御心」の「我（わ〈が〉）」とで、〈私が持つ〉の意。所有格へ転成しているとも、「わが」という固溶化した言い方（連体詞）とも見られる。

「我（わ〈が〉）御心」は〈私が持つ御心〉で、命婦の言なので「私」＝帝であっても「御」がはいる。

5「小萩〈が〉本《もと》」、7「小萩〈が〉うへ」は、〈小萩が（持つ）本《もと》〉〈小萩が（持つ）うへ〉と、「が」の上接語と下接語とが所有関係にあり、「小萩」は主格をなす。小萩という愛らしい歌語を話題にする。

## 3　「が」格（続）

「帚木」巻をも覗くと、

8わづかなる声聞くばかり言ひ寄れど、息の下に引き入れ、言少ななる〈が〉いとよくもて隠すなりけり。（一—三九）
9こと〈が〉なかに（一—四〇）
10……これ一つやは—君〈が〉うきふし（左馬頭の歌、一—四八）
……この（指）一つがあなたの辛い節目なのでは
11……こや—君〈が〉手をわかるべきをり（女の歌、同）
……これはあなたの手を離れなければならない機会
12いまさりとも七年あまり〈が〉ほどにおぼし知りはべなん。（一—五三）
13なにがし〈が〉いやしき諫めにて、すきたわめらむ女に心おかせ給へ。（同）
14さゝがにの—ふるまひしるき夕暮れに、「ひるま過ぐせ」と言ふ〈が〉あやなさ（藤式部丞の歌、一—五八）
蜘蛛の振る舞いが鮮やかな夕暮に、「昼間という、にんにくの匂いのする期間をやり過ごしなさい」というのがわけの分からないこと

15なほさて待ちつけきこえさせん事のまばゆければ、小君〈が〉出でて去ぬるほどに、「いとけ近ければ、かたはらいたし。……」とて、（一—七五）

というように、やはり数が少ない。

8の〈言少なる〉（名詞節）は、「（……）引き入れ、言少ななる」という、上から懸かる長い名詞節と見てもよい。

13の「なにがし〈が〉……諫め」は、「何某の諫言」ということでは所有格の〈が〉という理解も成り立つかもしれない。しかし「何某がする諫言」という意図のなかにある、何某という自卑的な言い回しが「が」を要請したのだろう。

14は〈「ひるま過ぐせ」と言ふ〉が名詞節で、そのことが取り出され、「〈が〉あやなし」で受ける。うたのなかで「あやなし」を「あやなさ」と名詞化する。

みぎに取り出した「～〈が〉」は「～の」と言い換えることができない。上接語を名詞節として取り出したために、それの動作や状態で下接する。あるいは動作主が卑下や低い人間として取り立てられるために「が」が持ってこられる、とわかる。

15の「～が」は現代語とおなじように名詞を受けて主格となると見られる。小君が物語のなかで卑小な存在として位置づけられ、「が」を求める。

なお、学校文法でしばしば取り上げられる「接続助詞の『が』」については、本書ですべて格助辞として扱えると考える。次章、一三〇頁以下を参照されよ。

## 4 「に」格と「にて、で」

「に」(助辞)は上接語が名詞(句、節)からなる場合に、場所、時間、対象などの領域で広く活躍する。「に」は不可欠で、他の助辞と置き換えようがなく、格をあらわしている。

女御、更衣あまたさぶらひ給ひける中〈に〉、いとやんごとなき際にはあらぬが、(「桐壺」巻、一―四)
めざましき物〈に〉おとしめそねみ給ふ。(同)
朝夕の宮仕へ〈に〉つけても人の心をのみ動かし、(同)

「女御、更衣あまたさぶらひ給ひける中」(名詞句)は漠然と場所の広がりを持つ。「めざましき物」は漠然とした対象であり、「朝夕の宮仕へ」は時間で示されるしごとをあらわして、「に」で受けられる。「に」格を認定できる。
動態詞の連体形は名詞節を構成して「に」を下接する。

楊貴妃のためしも引き出でつべくなり行く〈に〉、いとはしたなきこと多かれど、(同)
急ぎまゐらせて御覧ずる〈に〉、めづらかなる児の御かたちなり。(同、一―五)
一の宮のたてまつりし〈に〉おとらず、(一―六)
御使ひの行きかふ程もなき〈に〉、猶いぶせさを限りなくのたまはせつるを、(一―八)

いずれも「に」格をなす。

形容動詞の語幹（名容語）に「に」が付くのも視野にはいってくる。

いとあづしくなりゆき、物心ぼそげ〈に〉里がちなるを、（一―四）
うちかへしつつ御しほたれがち〈に〉のみおはします。（一―一四）

「に」はまた、さまざまな助辞と二連し、あるいは三連する。

いづれの御時〈にか〉、女御、更衣あまたさぶらひ給ひける中に、（一―四）
いとやんごとなき際〈には〉あらぬが……（同）
うらみを生ふ積り〈にや〉ありけむ、いとあづしくなりゆき、（同）
世のためし〈にも〉成りぬべき御もてなしなり。（同）
やうやう思ひしづまる〈にしも〉、さむべき方なく耐へがたきは……（一―一一）

これらのように、「に」プラス係助辞など無数にある。
いわゆる「接続助詞の『に』」、連体節のあとに来る「に」は古文において特に認めなくてよかろう。口語の終止形接続の成立（古文における連体形から成立する）に伴い、古文に「接続助詞の『に』」があるかのように感じられた、というに過ぎない。

## にて

「にて」は無数に用例がある。出所は「に」プラス接続助辞「て」と考えられる。

いにしへの人のよしある〈にて〉、親うち具し……（一―四）

一の御子は右大臣の女御の御腹〈にて〉、寄せ重く、（一―五）

おほかたのやむごとなき御思ひ〈にて〉、（同）

無品の親王の外戚の寄せなき〈にては〉たゞよはさじ。（一―二一）

「にて」はのちに現代語の格助辞「で」にまで至る。そのせいか、格助辞と認定してよい「にて」があるのではないかとされる。一般に「にて」という格助辞を学校文法でも認める。しかし、みぎの事例で言うと、どれが「に」プラス接続助辞「て」で、どれが格助辞の「にて」として認定できるのか（「にては」もある）、判定はなかなかむずかしい。その上、「に」プラス接続助辞「て」を本性とすると言う場合、その「に」には助動辞らしさがどうしても感じられてくる。「に」が動作や視点を獲得して助動辞化する道筋は十分に考えられる（『文法的詩学』五）。n音が·i音を獲得して助辞にも助動辞にもなりうる発生機の状態を想定してもよい。そのn音はまた助動辞アリar-iと結合して助動辞「なり」を生成させる。

## で

「で」はn音が·i音を獲得することなく「て」と結合して「で」となったと考えられる。

おなじ遊び女《め》とならば、誰《タレ》もみなあのやう〈で〉こそありたけれ。（『平家物語』一「祇王」）

さいはひはただ前世《ぜんぜ》の生まれつき〈で〉こそあんなれ。（同）

現代語の「で」は格助辞として発達する。

## 5 「に」は「助動詞」か

「に」の助動辞性については、時枝が『日本文法 文語篇』（二ノ二）で「助詞」と別に（指定の）「助動詞としての陳述性が認められる」場合があるとし（連用形しかないとする）、「世のためし〈に〉も成りぬべき」（「桐壺」巻、一―四）、「かかる事の起こり〈に〉こそ世も乱れあしかりけれ」（同）、「御心ざしひとつの浅からぬ〈に〉」（「夕顔」巻、一―一一七）などを「助動詞」として挙げる。この「に」に「あり」（時枝は「指定の助動詞」とする）が結合した「なり」も一種の「助動詞」であるとする（「静かなり」「いかなりけむ」など）。時や所をあらわす「に」は「助詞」と解すべきであるものの、「指定の助動詞」としても解しうると、はなはだ歯切れが悪い。

「あり」に「に」が上接し結合して「なり」を造る、という考え方は一般に行われるところかもしれない。その場合の「あり」は「助動詞」だと氏は言う。「に・あり」の約だという便利な説明が行われる。その場合の「に」は何なのか、「助動詞」だという理解は一般にあって、いわゆる断定の助動詞「なり」の連用形として「に」を認める考え方に連なる。『古典基礎語辞典』[▼注2]は「格助詞ニに、ラ変動詞アリ（有り）が付いたニアリが約まってできた語（niari→nari）」とする。これが一般的説明かもしれない。

しかしながら、

うらみを負ふ積りにやありけむ（ni-ya-ari-kemu）、（一―四）

は、「や」ya を消すと「なり（nari）けむ」になるだろうか。

物心ぼそげに里がちなるを（～naruwo）、（同）

は、「に」を独立させて「に―あるを」（ni-aru-wo）と復元するだけでよいのだろうか。その場合の「ある」は何なのか。

私の前著『文法的詩学』（五）ではn音プラス「アリar-i」（助動辞）を考えることで（ナリn-ar-i）、ni-ariからニャリになることを避けようとした。ネリneriになること避ける措置でもある。n音では日本語にならないから、i音を迎えてニni（助辞）が生じる。語素としてのn音を前提とすることになる。「に」は「の」に似るから、何らかのエリアを指し、その場にある状態をあらわす。その語素であるn音から助動辞「なり」が生じ、おなじくn音から地点としての場が指定される、という説明になる。

「うらみを負ふ積りにやありけむ」のような「あり」は動詞の扱いとしたい。「に」は助辞として扱うので不都合がないといえ、ここには助動辞生成の機微が覗いている。歯切れの悪い時枝に同情を禁じ得ないので、助動辞／辞辞の絶妙な交錯状態に立ち向かう時枝に対して評価を惜しみたくない。

## 6 「を」格

「を」は以下のように対象を指しており、目的格として成立していると認められる。対象格とも言い換えられる。

a人の心〈を〉のみ動かし、うらみ〈を〉負ふ積りにやありけむ、（一—四）

b人の識り〈を〉え憚らせ給はず、世のためしにも成りぬべき御もてなしなり。（同）

cかたじけなき御心ばへのたぐひなき〈を〉頼みにてまじらひ給ふ。（同）

a「人の心」を対象にして、それを動かす。「負ふ」の対象が「うらみ」となる。b「人の識り」を遠慮することができない。cは一章10「動態詞の名詞化」で扱った事例で、名詞節を引き受ける。

物心ぼそげに里がちなる〈を〉、いよいよあかずあはれなる物に思ほして、（同）

おのづからかろき方にも見えし〈を〉、この御子生まれ給ひて後は、（一—五）

「何かと心ぼそげで里がちであるのに対して」「自然と軽い身分にも見られたのに対して」と、「〜に対して」を補ってみる。いずれも名詞節を引き受けて対象格をなす。

係助辞とは連接しやすい。

この君〈をば〉わたくし物に思ほしかしづき給ふこと限りなし。（一—五）

何事の儀式〈をも〉もてなし給ひけれど、（同）

「を」は、対象をあらわす用法として無数に詩歌や物語に見いだされる以上、格助辞としての「を」と間投助辞（遊離助辞）との境目は最初からあったはずだ。もとは一つであったか、そのようにしばしば論じられるにしろ、史前史段階に属することであり、不明というほかない。

いわゆる「接続助詞の『を』」、つまり連体節のあとに来る「を」を古文において接続助辞だと、特に認めなくてよかろう。口語の終止形接続の成立（古文における連体形から成立する）に伴い、古文に「接続助詞の『を』」があったと感じられた、ということだろう。

## 7 「へ」格

「へ」は語例を「桐壺」巻に見かけない。「帚木」巻に「へと」一例、「空蝉」巻に「へ」一例……、というように、語例がきわめて少ない。

方ふたげて引きたがへ「ほかざま〈へ〉」とおぼさんはいとほしきなるべし。(「帚木」巻、一―六二)

「「……〈へ〉」の事例は「～へ(ゆく)」の「ゆく」という移動動詞の省略である。

「夜中に、こはなぞとありかせ給ふ」とさかしがりて外《と》ざま〈へ〉来。(「空蝉」巻、一―九二)

昨日、山〈へ〉まかりのぼりにけり。(「夕顔」巻、一―一二七)

はや御馬にて二条院〈へ〉おはしまさん。(同、一―一二八)

○

手にうち入れて家〈へ〉持ちて来ぬ。(『竹取物語』「かぐや姫の生い立ち」)

移動動詞を含む「来、まかりのぼりにけり、おはしまさん、持ちて来ぬ」によって受けられる。「へ」は方向性を持ち、「外ざま、山、二条院、家」と、すべて到着点を示す。「へ」の機能はじつにはっきりしている。古典では「へ」格というのを明瞭に認めることができる。

『万葉集』にも「へ」(甲類)はめったに見かけないものの、助辞として成立していた。「早く日本《やまと》へ(＝辺)」(一、六三歌）、「木方《へ》往く君が」（九、一六八〇歌）〔紀伊へ行くあなたが〕、「みやこへ（＝敝）ノボる」（二〇、四四七二歌）など、行く先を明示する。

吾（が）せこを倭へ（＝辺）遣るト、さ夜深けて、鶏鳴露《あかトきつゆ》に、吾（が）立ち霑れし（二、大伯皇女、一〇五歌）

私の兄を大和へ出立させる、ということで、夜が更けて、明け方の露に（見送る）私が立ち濡れたことは……

桜田へ（＝部）鶴鳴き渡る。年魚市方《あゆちがた》。塩干にけらし。鶴鳴き渡る（二、高市黒人、二七一歌）

桜田へ鶴が鳴き渡る。年魚市潟よ。干潮になったと見られる。鶴が鳴き渡る

倭、桜田は、到着点をさす。「鳴き渡る」は移動動詞で、「遣る」もそれに準じてよい。「行方知らずも」（二、一六七歌）という時の「ゆくへ」や、いづへ、いにしへ、うみへ、しりへ、などの「へ」（甲類）は助辞「へ」と同源と見られる。『古事記』歌謡の事例は「くにへくだらす」（下、仁徳記、五二歌謡）、一例が知られる。

## 8 より、から

### より

「より」の〝基本的機能〟は〈時や動作の起点〉や経路をあらわすと、どの辞書類にもある。しかし「桐壺」巻をひらくと、なかなかそのような〝基本〟の用法に出会わない。

はじめ〈より〉「我は」と思ひ上がりたまへる御方〴〵、（「桐壺」巻、一―四）
同じほど、それ〈より〉げらふの更衣たちはまして安からず、（同）
人〈より〉さきにまゐり給ひて、（一―六）
もと〈より〉さぶらひ給ふ更衣の曹司をほかに移させ給ひて、（同）

みぎを検討してゆくと、辞書類（たとえば『新潮国語辞典現代語／古語』）に、①時や動作の起点、②動作の行われる地点や経路、③動作の方法、手段、④理由、とあるのは、これらの諸例に当たらない。⑤比較の基準、⑥一定の範囲の限定、あるいは⑦「ただちに」「すぐに」をあらわす（『徒然草』の例）というような（派生的な？）項目に至って、ようやく「はじめより」「それより」「常よりも」「もとより」の説明に近づく。

門引き入るゝ〈より〉けはひあはれなり。（一―一一）

車を門内に引き入れる時刻や動作が、けはいのあわれを引き起こすと、たしかにそうだとしても、スイッチを押すと機械が動く、時刻が来るとスイッチがはいる、というような因果関係ではない。邸内はずっと以前からあわれをきわめていたのであり、「門引き入るゝ」という動作はいよいよそこに至る行為としてある。

荒き風ふせぎし陰の、枯れし〈より〉、小萩がうへぞ―しづ心なき（一―一六）

「より」は以前の状態とそれ以後との比較を言う。〝～からあと、～以来〟。

かく心ぼそくておはしまさむ〈より〉は、内住みせさせ給ひて御心も慰むべく、など思しなりて、まゐらせたてまつり給へり。(一―二二)

心ぼそい現状であるのに対して、藤壺を入内させるほうを選ぶ、というので、比較するとベターなほうがあとに続く。単純に時や動作の〝起点〟ではあるまい。現代語の「より」だと時や動作の〝起点〟を「から」にだいたい譲って、「より」は「比較の基準」「一定の範囲の限定」としてだけ使われる。『万葉集』に見られる漢文の助字は「従」や「自」で、後者ならば〝起点〟でよいかもしれないが、前者ならばある事態からつぎの事態が附随して起きるという語感となろう。

## ゆり、よ、ゆ

かしこきや―みコトかがふり、あす〈ゆり〉や―かえがむたねむ。いむなしにして(『万葉集』二〇、四三二一歌)

かしこくも、命令をいただいて、明日のさきは萱と一緒に寝るのでは。妹のいないままで

あるいは「さゐかはよ」(『古事記』中、二〇歌謡)、「田子ノ浦ゆ(従)」(『万葉集』三、山部赤人、三一八歌)というように、「より」の交替形の「ゆり」や、「り」を取り去った「よ」「ゆ」という交替形があることは不思議だ。「ゆり」の語源説は、

さゆり花—ゆりも—相は（む）ト、したはふるココロし—なくは—今日も—へメやも（一八、大伴家持、四一一五歌）

さゆり花（枕詞）の「ゆり」ではないが、後にきっと逢おうぞと、
秘めて思い詰める心がないならば、今日の日だって我慢できるかよ

という自立語（名詞の類）の「ゆり」が「後」とも書かれるところに求められる（「路辺《みちノへ》（ノ）草深《くさふか》百合《ゆり》ノ後《ゆり》（にト）云ふ」〈一一、二四六七歌〉、など）。「後」字は「ゆり」の語源を暗示するかもしれない。

## から

多くは、わが心も、見る人〈から〉をさまりもすべし。（「帚木」巻、一—四三）

「たいていは、こちらのきもちにしても、相手の女しだいで収拾もすることでしょう」と、原因を受けて結果を導く。結果を予想する。

「など、みかどの御子ならん〈から〉に、見ん人さへかたほならず物ほめがちなる」と、……（「夕顔」巻、一—一四六）

「〜ゆゑ」は一般に名詞という扱いながら、「から」に近い。「つらつき、まみなどはいとよう似たりしゆゑ」（「桐壺」巻、一—一二三）、「又この宮とも御仲そば〳〵しきゆゑ」（同）など、「から」と言い換えられるかもしれない。

## 9 「と」格の認定

「と」は格助辞だろうか。格助辞になるまえがありそうだし、「に」とおなじように助動辞／助辞の交錯する状態も認められる。上接する語句や節を引用し、その再説、再起動、繰り返し、代行、およびその添加、敷衍、あるいは省略に従事する。いわゆる引用の「と」が圧倒的に多いから、引用格とでもいうべき格を特化する必要がある、ということだろう。副助辞という扱いも可能だと思う。

はじめより「我は」〈と〉思ひ上がりたまへる御方〴〵、めざましき物におとしめそねみ給ふ。(「桐壺」巻、一―四)

宮仕えの当初から「わたしは(一番なのだ)」、そう誇りを持っておられる女性たちは、桐壺更衣を目障りなやつであると見下し嫉妬なさる。「我は」を受けて〈と〉が再起動を促す。

一の御子は……、疑ひなき儲の君〈と〉、世にもてかしづききこゆれど、(一―五)

第一皇子は疑念を持ちようのない儲君である、そうそのようにこの上なくたいせつにお育て申すけれど、と続く。申し分のない世継ぎであり、たいせつにお守りする。

「坊にもようせずはこの御子のゐたまふべきなめり」〈と〉一の御子の女御は覚し疑へり。(一―五)

春宮坊にどうもへたするならばこの御子がお就きになりそうだと見える、そう弘徽殿女御は思い疑いなさっている。

上接する語句（「心内」などの名詞節）を引用する限りでは、直接話法であろうと、間接話法であろうと、「と」は要らない。現代語訳の場合に「〜と」と振って何ら差し支えないと思えるにせよ、現代の関西弁ならば出て来ない「と」だろう。

「うちが一番や」、言《ゆ》うてはる。

などとなる。

語源は「ともかくも」「とばかり」などの「と」（副詞）と言われる。

ひぐらしの鳴きつるなへに日は―暮れぬ。〈と〉思ふは―山の陰にぞ―ありける（『古今集』四、詠み人知らず、二〇四歌）

ひぐらしが鳴いたばかりの同時刻、日は暮れてしまう。
と思うと山の陰にええ、おりましたことよ

という場合、第四句の「と」は句頭にあるから、これを辞と取ることができない。▼注3「と」を含む「など、なんど」（「何と」の転）も副詞から副助辞へと転成した語で、同一の機制が感じられる。

## 並列の「と」

「と」（格助辞）を並列させる場合がある。「行く〈と〉来〈と〉せきとめがたき」（「関屋」巻、二―一六〇）、「絵のさまも唐土《もろこし》〈と〉日本《やまと》〈と〉を取り並べて」(「絵合」巻、二―一七七)、「当代の御母后と聞こえし〈と〉、この姫君〔明石姫君〕の御かたち〈と〉をなむ、よき人とは……おぼゆる」(「玉鬘」巻、二―三五二)と、用例は多い。

並列という考え方はいろんな語にあって、「〜も〜も」「〜や〜や」あるいは「〜なり〜なり」(口語)など見える。ことばに限らず、並列は思考のごく基本にあることで、特に並立助辞を設定する必要を感じない。▼注4

## 「と」は「助動詞」か

一方で、「と」の一部を「助動詞」として認定する意見がある。時枝は『日本文法 文語篇』に連用形のみを持つ「指定の助動詞」を認める。「あるじも肴《さかな》求む〈と〉こゆるぎのいそぎありくほど」(「帚木」巻、一―六二)や、「堂々と」「人とあらず」「とて」「として」、また会話文/引用を受ける「と」までもが、氏に拠れば「助動詞」扱いになるから、ひっくり返して言えば、氏は「と」の「格助詞」性をほとんど認めないということになろう。

時枝に従うと、ほとんどの「と」が「助動詞」扱いとなる一方で、わずかに「耳梨〈与〉相諍競《あらそ》ひき」(『万葉集』一、一三歌)、「童べ〈と〉腹立ち給へるか」(「若紫」巻、一―一五七)、「もろこし〈と〉この国〈と〉は」(『土佐日記』一月二十日)を、氏は「共同作用の目標、それとの並列」などをあらわす「助詞」として挙げる(『日本文法 文語篇』二ノ二)。しかし、耳梨と争う、子どもたちと喧嘩をするのが「助詞」で、他の語例は「助動詞」だという分け方がよく分からない。

氏の挙げるのは「断定たり」の連用形「と」を広範囲に認めるということだろう。私としては、その場合でも、「と・あり」が「たり」になる前に、t音プラス「アリ ar-i」を考えたい(『文法的詩学』五)。t音では日本語にならないからö音を伴って「ト tö」になる。「たり」の活用体系に組み入れて助動辞「と」とするか、助辞の扱いでよいか。やや迷うとしても、その本性は助辞の助動辞化だろう。

### とて、とても

限り〈とて〉わかるゝ道のかなしきに、いかまほしきは――命なりけり（「桐壺」巻、一―八）

一期として別れる、（生死を）分かたれる、（死出の）道が悲しいのにつけて、

生きたいのは命であったことだ。死出の道に行きたいのでなく

「限り〈と〉」に「て」が付いた。こういう「と」があるから原型に「助動詞」性のそれを認めたくなるということだろう。「て」は接続助辞と見よう。

「とても」は「ものゝけとても」（「葵」巻、一―三〇一）、「古歌《ふるうた》とても」（「蓬生」巻、二―一三六）など、下に否定や逆接を伴う。「と」だけで逆接になる例が『源氏物語』にあるかどうか、うまく見つからない。

現代語の「～すると、」というような接続助辞は近代語だと言われる。

英語の with に相当するかもしれない。『万葉集』の助字は「与」「共」。

## 10　擬格助辞一括――「まで」その他

### まで

「まで」については副助辞という認定が一般かもしれない。

a 御かたち、心ばへ、有りがたくめづらしき〈まで〉見え給ふを、（「桐壺」巻、一―七）

b 亡き後〈まで〉人の胸あくまじかりける人の御おぼえかな。（一―一〇）

c 故大納言、いまはとなる〈まで〉、（一―一三）

d身にあまる〈まで〉の御心ざしのよろづにかたじけなきに、（同）

acdは活用語の連体形に、bは名詞を受ける。格助辞に入れてよいかと思われ、ここにかぞえておく。山田孝雄は最終的に「副助詞」説に同意するものの（『日本文法論』一ノ三ノ四）、歯切れがよくない。

かたみとぞ―見るにつけては―朝露の―所せき〈まで〉ぬるる袖かな（「東屋」巻、五―一八〇）

（亡き大君の）形見として、（浮舟を）見るにつけては、
朝露があふれるほど、（涙に）濡れる袖か、ああ

『万葉集』からあり、「みやこまで」（空間、五、八七六歌）、「いづれノ日まで」（時間、一五、三七四二歌）、「珠ト見るまで」（範囲、一七、三九一三歌）と、分かり易い。

## して

門あけて惟光の朝臣出で来たる〈して〉たてまつらす。（「夕顔」巻、一―一〇一）
ありつる御随身〈して〉遣はす。（一―一〇四）

名詞や名詞節を受ける「して」は格助辞扱いでよいのではなかろうか。

動詞の「し（て）」や接続助辞の「して」もあるようで、「大空の星の光をたらひの水に映したる心ちして、……」（「蓬生」巻、二―一三二）、「君（紫上）は男君のおはせずなど〈して〉、さう〴〵しき夕暮れなどばかりぞ……」（「若紫」巻、一―一九七）などは動詞の場合か。接続助辞の例は一二九頁、参照。

もて

大方の御家居も、ありしよりもけにあさましけれど、わが心〈もて〉、はかなき御調度どもなども取り失はせ給はず、(「蓬生」巻、二―一四〇)

「心もて」の「もて」はモッテ(以て)と読むのだろう。一般には「……をもちて」という漢文訓読語として知られる。『万葉集』には「なにモノ〈もて〉か」(一五、三七三三歌)や「もち」の例(「みコト〈もち〉」〈一七、四〇〇六歌〉)がある。

## b 副助辞／係助辞／終助辞／間投助辞

副助辞類は語関係にさまざまなニュアンスのラインを引く。現代語で言うと、「くらい(ぐらい)」、ほど、ばし、だけ、きり(ぎり)、まで、でも、しか、やら、なりと」など、かず多くある。格助辞と分け切れない場合もあるけれども、名詞の類のあと以外にも、さまざまな語に添加されて、意味を厳密にしたり曖昧にしたりする。限界や範囲の線引きを行って、ときに逸脱もある。精神活動の微妙感を引き受ける。

係助辞の特徴は無論、係り結びにある。古代歌謡以来、良好に見られる現象だから、史前史の段階でもう発達を終えている。したがって、その成立じたいを用例などから説明するすべがない。その特徴である、文節を越えて文ぜんたいを大きく縛るという統括機能は、現代語でも「は」(や「も」)のなかに生きている。

終助辞は、係助辞とほぼおなじ根から生まれたそれらが一角を占めて、文中にあれば係助辞となり、文末に来ると終助辞となる。纏めてしまうことは一案としてある。
間投助辞（遊離助辞）は独立的で、〝囃し詞〟由来や感動詞（感投詞）その他からの発生が考えられる。終助辞のあるものとは接近している。

## 1　ばかり、のみ、さへ、だに、すら、づつ

**ばかり**

くれまどふ心の闇も耐へがたき片端をだに晴るく〈ばかり〉に聞こえまほしう侍るを、（「桐壺」巻、一―一三）

たゞかの遺言をたがへじと〈ばかり〉に出だし立て侍りしを、（同）

なべて世のあはれ〈ばかり〉を問ふからに、誓ひしことと神や―いさめむ（「朝顔」巻、二―二五六）

一通り世間の悲しみ程度を見舞う（という理由）で、（かつて）誓ったことば（に背く）と（賀茂の）神が咎めるのでは

と、広い使用が認められる。「晴るく〈ばかり〉に」は終止形接続の「ばかり」で、鬱屈した思いを晴らすことができそうな程度に、と推量のきもちがこもる。「程度」とは、ラインを越えない程度に、の意。「……と〈ばかり〉に」は「ばかりに」という連語で、限界内というより、むしろラインからの逸脱を含むかもしれない。朝顔の君のうたは源氏への返歌として詠まれた。

時〳〵思ひ分かぬ〈ばかり〉の心にては、よしばみなさけだたざらむなんめやすかるべき。（「帚木」巻、一―

六〇）
（小君ハ）いとあさましくつらしと思ひて、「いかにかひなしとおぼさむ」と、泣きぬ〈ばかり〉言へば、（一―七五）

と、連体形接続、終止形接続、両方のあるのがおもしろい。前者（連体形接続）は「時宜をわきまえない、その程度の浅い思慮」という、至らなさのニュアンスを「ばかり」であらわす。後者（終止形接続）は姉（空蝉）のつらいしうちに泣いてしまいそうになる。実際に泣かなかったものの、泣きそうになるという〝逸脱〟直前を含む。微妙に終止形接続の感じをあらわしていると見られる。

「ぬ」の下接だと、「……花のたよりに過ぎぬ〈ばかり〉か」（「蓬生」巻、二―一五一）のように、完了の「ぬ」（終止形）か否定の「ぬ」（連体形）か、よく分からないこともある。

『万葉集』では万葉がなのほか、「広瀬川、袖衝く〈許《ばかり》〉」（七、一三八一歌）のようにほとんどが「許」字で、「量」字がわずかにある（一一、二三七二歌）。

## のみ、ノミ

人の心を〈のみ〉動かし、うらみを負ふ積りにやありけむ、（「桐壺」巻、一―四）
それにつけても世の譏り〈のみ〉多かれど、（一―七）
「猶しばし心みよ」と〈のみ〉のたまはするに、（同）
秋風にしばしとまらぬ露の世を、たれか―草葉の上と〈のみ〉見ん（「御法」巻、四―一七一）
　秋風に少しもとどまらない（はかない）露の世を、
　だれが草葉の上のこととだけ見ようか

と、種々の語に付き、取り立てて他を排除する言い方を特徴とする（明石中宮のうた）。「〜の身」と言われる語源説は、上代に類似する表現を知らない。

『万葉集』ではかな書きか「耳」字かをもっぱらとする。

神山《みわやま》ノ山辺真そ木綿《ゆふ》、短木綿―如此《かく》〈耳《ノミ》〉故に長くト思ひき（二、高市皇子、一五七歌）

三輪山の山辺の麻の木綿は短木綿だ。
かくも短くあったのに長（い命）と思いました

## さへ、さへ

先の世にも御契りや深かりけむ、世になくきよらなる玉のをの子御子〈さへ〉生まれ給ひぬ。（「桐壺」巻、一―五）

初瀬川―はやくのことは―知らねども、けふのあふ瀬に身〈さへ〉流れぬ（「玉鬘」巻、二―三五四）

初瀬川の流れが速い、そのように早くのことはわからないけれど、
今日の再会に、（泣けて泣けて涙で）身までもが流れてしまう

「世になくきよらなる玉のをの子御子〈さへ〉」は、契りの深さの上に、さらに玉の男子誕生が加わる。玉鬘の作歌は涙に流れる（泣かれる）ことに身が流れることを添える。さらに、さらなる、新たに、かさねて、という添加を言う。添加といっても事態の持つキャパシティが拡大するのだから、生じる変化は大きい。「添へ」だから「さへ」という、語呂合わせのような説明はやめることにしよう。

『万葉集』の助字に見ると、「共」「并」「兼」に対し、「副」字が多い。

我（が）情《ココロ》〈副《さへ》〉（四、五一四歌）

心も―身〈副《さへ》〉縁《よ》りにしモノを（四、五四七歌）

借高《かりたか》ノ野辺〈副《さへ》〉清く照る月夜かも（七、一〇七〇歌）

## だに

御覧じ〈だに〉送らぬおぼつかなさを言ふ方なくおぼさる。（「桐壺」巻、一―七）

よろしきことに〈だに〉かかる別れの悲しからぬはなきを、まして哀に言ふかひなし。（一―九）

女御と〈だに〉言はせずなりぬる、飽かずくちをしうおぼさるれば、いま一きざみの位を〈だに〉、と送らせ給ふなりけり。（同）

心から春待つそのは―わがやどのもみぢを風のつてに〈だに〉見よ（「少女」巻、二―三二五）

心底から春を待つ苑（紫上がたの庭）は、こちらの住まいの紅葉を、せめて風（が運ぶ）便りとでもご覧あそばせ

「御覧じ〈だに〉送らぬ」は重態の桐壺更衣が退出するのを、引き止めることはできなくとも、せめて見送りはしたい。その見送りすら帝には十分に許されない。神聖な、タブーのかかっている帝には病人を十分に見送ることもならない。

「よろしきこと」は、帝と光宮との通常の別れを言う。それすら悲しいのに、光宮が退出すると、もう会えないかもしれない厳しい別れだ。

「女御と〈だに〉」は、むずかしくても女御位に就かせることぐらい、不可能でなかったかもしれない。いや、実

際にはそれすら適わなくて更衣のままで死なせた。

「心から」のうたは美しい紅葉のさかりを見に来れずとも、せめてそちらへ散りゆく葉っぱだけでも賞味なされ、という春秋争い。（うたに敬語は出ない。）

実現不可能性と、現実や現状とのあいだで、せめて……だけでも、と願う。実現できたり、それすら実現できなかったりする。『万葉集』例は、

三輪山を然《しか》も—隠すか。雲〈だに（＝谷）〉も—情《ココロ》有らなも。かくさふべし哉《や》（一、一八歌）

　三輪山をそんなにも隠すのか。（せめて）雲だけでも
　思い遣ってほしいよな。あんなに隠しおおせてよいのかな

## すら

一重ノミ、妹が結ふらむ帯を〈尚《すら》〉、三重（に）結ふべく吾が身は—成り（ぬ）（『万葉集』四、七四二歌）

　一重だけにして妹が結んでいるはず。その帯でさえ、
　三重に結ぶことができる。げっそりぼくのからだは痩せちまう

焱り干す人も—在れやも—家人（ノ）春雨〈すら〉を間使《まづか》ひに為る（九、一六九八歌）

　あぶり乾かす人なんているのかしらと、うちの奥さんが
　春雨でさえ（心配して）使いの者を寄越しまする

『源氏物語』に見えない語で、『万葉集』や漢文訓読に出てくる。

**づつ**

二の町の心やすきなるべし、片端〈づつ〉見るに、「よくさまざまなるものどもこそ侍りけれ」とて、心あてにそれかかれか……（「帚木」巻、一―三四）

一つ二つという時の「つ」をかさねる。それならば「つつ」あるいは「つづ」でよいが、「つつ」が上接の語から語から連濁して「づつ」となった。『万葉集』には見られない。

## 2 ながら、など（なんど）

**ながら**

我（が）御心〈ながら〉、あながちに人目おどろくばかりおぼされしも、（「桐壺」巻、一―一四）

琴の音も―月も―えならぬ宿〈ながら〉、つれなき人を引きや―とめける（「帚木」巻、一―五二）

琴の音も月も、ことばになりません、満点の宿舎なのに、（だから尤もだろうが）薄情な男を（「弾き」じゃないけど）引きとめたということ（ではないの？）

結果を予想することから、逆接を含む接続に重点が移る。

動詞の連用形や「かく」などに付く場合には接続助辞になる。

**など、なんど**

さう〲しくて（＝ちょっぴりさびしくて）、中納言の君、中務〈など〉やうのおしなべたらぬ若人どもにたはぶれ事（＝言）などの給ひつつ、（「帚木」巻、一—六一）

葵上付きの若女房から二人、例示的に取り上げる。彼女たちは将来、召人（手つきの女性）になってゆくのだろう。

「……中についても、女の宿世はいと浮かびたるなんあはれに侍る」〈なんど〉聞こえさす。（一—六五）

括弧のなかは紀伊守の言で、それを引用して「なんど」が受ける。「など、なんど」は「何《なに》〈と〉」の転で、「など」とあってもナンドと訓むらしい。副詞の「など」とかかわり深いと見られる。副詞の例は、

かく数ならぬ身を見も放たで、など（＝副詞）かくしも思ふらむ、と心ぐるしきをり〳〵も侍りて、（一—四六）

とある。「などか見ざらん」〈同、四〇〉、「などてかくはかなき宿りは取りつるぞ」〈「夕顔」巻、一—一二六〉というような副詞的言い回しもあって、副詞「など」と助辞「なんど、など」との関係は副詞「と」と助辞「と」との関係にたいへんよく似る。

『万葉集』にはまだ見えない。

## 3　し、しも、しぞ、い

### し、しも、しぞ、しゾ

結びつる心も―深き元結ひに、濃き紫の色〈し〉―あせずは（「桐壺」巻、一―二五）

結んだばかりの思いも深く、祈り込めてある元結いに、（その）濃紫色が褪せない限りは

やう〳〵思ひしづまるに〈しも〉、さむべき方なく耐へがたきは、（一―一一）

ひとりしてなづるは―袖のほどなきに、覆ふばかりのかげを〈しぞ〉―待つ（「澪標」巻、二―一〇四）

一人で（姫君を）撫で育てるにはちいさな私の袖なので、（それこそ）覆わんばかりの（大きなあなたの袖の）かげを待ちまするよ

『万葉集』にも多く見られる。「ソコ〈し〉―恨めし」（一、一六歌）、「倭〈し〉―所念《おモホゆ》」（同、六四歌）、「みやこ〈しゾ〉―もふ」（五、八四三歌）、「ももか〈しも〉―ゆかぬまつらぢ」（同、八七〇歌）など。「しゾ」「しも」というように、係助辞「ゾ」「も」と結びつき易い助辞だと分かる。「し」には多分に係助辞性があって、文末や文のあとへ力を貯めて懸かってゆくと感じられる。大野晋『係り結びの研究』▼注5は係助辞について、「は―も」「なむ―ぞ」「や―か」とペアであるのに対し、「こそ」にもペアになる語があるのでないかを探して、「し」に到達していった。注目すべき意見かと思う。

### い

ひらかたゆ、ふえふきノボる。あふみノや―ケなノわくご〈い〉―ふえふきノボる（『日本書紀』一七、継体紀、九八歌謡）

枚方より、笛を吹いて上京する。近江のよう、
けなの若い衆がええ、笛を吹いて上京する

名詞の下に付いて、副助辞扱いでよいにしても、文末に向かって勢いをつける、多分に係助辞性があると感じられる。古代歌謡などに見られる古めかしい助辞。

## 4　係り結びを持つ助辞群

大野『係り結びの研究』によって、

疑問詞を承けない
（主部で）は・こそ　（述部で）なむ・や
疑問詞を承ける
（主部で）も・（し）　（述部で）ぞ・か

という、たいへん厳しい法則が明らかとなる。大野は「こそ」に対応する空白部分に「し」を入れると提案する。よって、八種の「係助詞」がみごとな配置をなす。従来は一緒くたにされてきた「や」と「か」とを決定的に分離させるなど、この表のあらわすなかみはあまりにも濃い。

## は、も、モ

「は」と「も」とについては私にも『文法的詩学』二・三に詳細にふれた。「は」は差異を、「も」は同化をさしあらわす、と結論づけてある。「こそは、には、をば」など、「は」は他の助辞と併用されるのに、「が」とはさしあうようで、「がは」とも「はが」とも言われない。このことは「は」の持つつよいパワーが「が」の主格性を押しのけてしまうためではないかと論じた。「も」も、「もが」「がも」とは言いにくいようで、「は」に準じて考えてよいかもしれない。それらの力づよさは、文節を越えて文ぜんたいの統括機能を持つからだとすると、「は」や「も」を係助辞という性格に押し込めるに足る。

活用型の「終止形」は、終止というからには言い切りの原型のように思われるかもしれない。動詞で言えば特定の助動辞（「伝聞なり」「らむ」「べし」……など）を下接させるように、立派に未然形／連用形などに並ぶ〝活用形であるから、名づけてよければ〝現前形〟と言いたい。「は」と「も」とは、係助辞だとすると、終止形＝現前形の係り結び文末を期待しているということなのではなかろうか。

## か（疑問）

泣く〳〵も―けふは―わが結ふ下紐を、いづれの世に〈か〉―とけて見るべき（「夕顔」巻、一―一四四）

泣きながらも（それでも）本日は自分で結ぶ下紐。（今生、後世）どちらの世界で（その紐が）解けて（あなたに）逢うことができるのか

〇

わぎもこが、いかにおもへ〈か〉―ぬばたまノ、ひトよもおちず、いメにし―みゆる（『万葉集』一五、三六四七歌）

わたしの女がね、どんなに（深く）思ってくれるからなのかね、ぬばたまノ（枕詞）、

一晩もかかさず夢にええ、出てくるのさ

大野の言うように、「か」の上には疑問詞が来て文末を連体形で結ぶ。「や」の場合には、原則として疑問詞が上に来ることがない。

**や**（懐疑）

琴の音も―月も―えならぬ宿ながら、つれなき人を引き〈や〉―とめける（「帚木」巻、一―五二）

○

安（ノ）野に独《ひとり》〈哉《や》〉―飲まむ。友無しにして（『万葉集』四、五五五歌）

天地ノ神は―无かれ〈や〉―愛しき吾（が）妻離《さか》る。……（一九、四二三六歌、已然形に下接）

といった感じの、「～ということでは？ ～かしらん！」と現代語で言えばよいか、「か」がなお現代に生き延びているの対し、「や」はいまに雲散霧というに近い。滅んだ古語を正確には復元できない以上、「か」と「や」との差別はわれわれの最も学修しづらい暗部にさし放たれている。已然形接続の場合は接続助辞に近づく。

**かは**（反語、詠嘆）、**やは**（反語）

あしわかの浦にみるめは―かたくとも、こは―たちながら返る波〈かは〉（「若紫」巻、一―一八四）

葦の芽ぶく和歌の浦に、みるめ（海藻）は生えにくくとも、お会いしがたくとも、
これは（寄せてただちに）返る波か（私は）

いづれの御方も、「我、人におとらん」とおぼいたる〈やは〉ある。（「桐壺」巻、一―二二）

どなたさんも、「私って、人よりだめねえ」とお思いになっている方なんているかしらん。

「やは」「かは」はほぼ反語で、反意を籠めてつよい感動や希望をあらわすことができる。「か」と「や」との区分がここでも微妙に生きているように思われる。

**ぞ、ソ、ゾ**

御子をばとゞめたてまつりて、忍びて〈ぞ〉出でたまふ。(「桐壺」巻、一―七)

○

焼く塩ノ―念ひ〈ソ(曾)〉―焼くる。吾(が)下情《したゴコロ》(『万葉集』一、五歌)
如是許《かくばかり》、な姉《ね》が恋ふれ〈ソ〉(恋〈曾〉)―夢に見えける(四、七二四歌)
百石城ノ―大宮人〈ゾ(叙)〉―立ち易はりける(六、一〇六一歌)

係り結びをする場合、連体形文末が期待される。種々の語や活用形に下接する。文中に投入されるや、前後を緊張させ、文末で係り結びを発生させる。

**なむ(なん)、なモ、なも**

勅使来てその宣命読む〈なん〉、かなしき事成りける。(「桐壺」巻、一―九)

○

食国の法も傾く事無く動く事無く渡り去かむと〈なモ〉思ほしめさくと詔りたまふ命を(三詔、七〇七・四)
何時は〈なも〉―恋ひず有りトは―有らねドモ、うたて比来《コノゴロ》、恋し―繁しも(『万葉集』一二、二八七七歌)

宣命に「となモ」「てなモ」「みなモ」というように出てくる。『万葉集』の一例〈なも〉〔奈毛〕は、諸本一致して異同がないにもかかわらず、新大系が「しも」と改訂する。「なむ」「なも」はたしかに詩歌に見ることがなく、平安和歌にもあるかどうか、見られないと思う。その理由を明確にしえない。会話文に多いと言われる一方で、『源氏物語』の地の文にいくらも見ることができる。

「なむ」は、

まゐりてはいとゞ心ぐるしう、心肝も尽くるやうに〈なん〉と内侍の典侍《すけ》の奏し給ひしを、（「桐壺」巻、一―一一）

のように、気を遣う場面でも会話文の文末に非常に多く見られる。終助辞という扱いが穏当だろう。

係り結びをする場合、連体形文末が期待される。

**こそ、コソ**

係り結びをする場合、已然形文末が期待される。『文法的詩学』（四）に詳しく述べたように、史前史の段階で「コソ」の成長は止まっている。概して史前史において発達を遂げた文法事項は、文献以後の資料を駆使しても変遷を追うことがむずかしい。

**な**（禁止）

「〈な〉……」「〈な〉……そ」「〈な〉……そね」の「な」は、係助辞という扱いをされて不都合がない。「そ、そね」が来る場合以外では連用形文末の係り結びが期待される。

かう心憂くなおはせそ。（「若紫」巻、一―一九五）

吾（が）大王、物《モノ》莫《な》御念《おモホし》。（『万葉集』一、七七歌）

## 5　文末の助辞群

活用形にしっかり下接する終助辞と、種々の語から比較的離れて置かれる終助辞と、二種あるように見られる。

未然形に下接する。

**なむ**（他者希望）　惟光とくまゐら〈なん〉とおぼす。（「夕顔」巻、一―一二六）

**ばや**（自己希望）　なづさひ見たてまつら〈ばや〉。（「桐壺」巻、一―一二三）

**な、ね**（期待）　今は―コぎ乞《い》で〈な〉（『万葉集』一、八歌）　名告らさ〈ね〉。（一、一歌）

連用形に下接する。

**そ**（な〈禁止〉の呼応）　手な残い給ひ〈そ〉。（「帚木」巻、一―五二）

**なむ**（会話文などの文末）　心肝も尽くるやうに〈なん〉。（「桐壺」巻、一―一一）

事例が非常に多いので、終助辞とみなしておく。

**こそ、コソ**　よるノいメにを、つぎてみえ〈コソ〉（『万葉集』五、八〇七歌）

終止形に下接する。

**や**（詠嘆）　言ふかひなし〈や〉。（「桐壺」巻、一―一六）

……もはかなし〈や〉。（「若紫」巻、一―一九五）

**や**（懐疑、反語）　すゞろなる人はかうはありなむ〈や〉。（同）

**な**（詠嘆）　げにいづれか狐なるらん〈な〉。（「夕顔」巻、一―一一五）

**な**（禁止）　くちをしう思ひくづほる〈な〉。（「桐壺」巻、一―一三）

連体形に下接する。

**か、かも**（疑問、詠嘆）　紀伊《き》の守《かみ》のいもうともこなたにある〈か〉。（「空蝉」巻、一―八八）
水激く―瀧ノ宮こは―見れド飽かぬ〈かも〉（『万葉集』一、三六歌）

已然形に下接する。

**やも**（疑念）　亦も相はメ〈やも〉（『万葉集』一、三一歌）

名詞の類に接続し、また独立性のつよい終助辞がある。例せば――

**は**　濃き紫の色し―あせず〈は〉（「桐壺」巻、一―二五）

**も**　百礒城ノ―大宮処、見れば悲し〈も〉（『万葉集』一、二九歌）

**かな**　人の御おぼえ〈かな〉。（「桐壺」巻、一―一〇）

**かも、か**　依りて奉《つか》ふる神ノ御代〈かも〉（『万葉集』一、三八歌）

**よ**　行く末かねて頼みがたさ〈よ〉（「夕顔」巻、一―一一八）

**もがな、ともがな、にもが（も）な**
尋ねゆくまぼろし〈もがな〉（「桐壺」巻、一―一六）
やがてまぎるゝわが身〈ともがな〉（「若紫」巻、一―一七六）
常〈にも冀《がも》な〉（『万葉集』一、二二歌）

**な**　げに入りはててものたまへかし〈な〉。（「賢木」巻、一―三八七）

**ぞよ**　いまはさは大殿籠るまじき〈ぞよ〉。（「若紫」巻、一―一九四）

**ぞ、ソ、ゾ**　かれは誰が〈ぞ〉。（「賢木」巻、一―三八八）

**（に）こそは**　さもありぬべきありさまにこそは。（「夕顔」巻、一―一二一）

**かし**　さはおもひつ〈かし〉、と（「桐壺」巻、一―九）

「かし」は念を押す感じ。

**にしかな、てしかな**

「にしかな、てしかな」のような複合語を終助辞にかぞえる考え方もしばしば行われる。

## 6 投げ入れる助辞群

終助辞とまぎらわしい場合があるのは仕方がない。間投助辞（遊離助辞）に配属させる。

**を**

うしろやすくのどけき所だに強くは、うはべのなさけはおのづからもてつけつべきわざ〈を〉や。（「帚木」巻、一―四一）

君の心はあはれなりけるもの〈を〉。あたら御身〈を〉。（同、四二）

さりとも、あこはわが子にて〈を〉あれよ。（同、七三）

なやましければ、忍びてうちたゝかせなどせむに、ほど離れて〈を〉。（同、七五）

**わ、ゑ**

かづきせな〈わ〉（『古事記』中、三八歌謡）

えくるし〈ゑ〉（『日本書紀』二七、天智紀、一二六歌謡）

**や、よ**

「や」はもともと歌謡などに間投する（投げ入れる）囃し詞の類ではなかったかと見る見方がある。係助辞や終助辞として文法体系へ取り込まれてゆく。

「よ」も、囃し詞の類からやってきた間投助辞で、詠嘆用の終助辞へと展開したと考えられる。

**ら、ロ**

荒野〈等《ら》〉に、里は—有れドモ、大王ノ敷《し》き座《ま》す時は—京師ト成りぬ（『万葉集』六、九二九歌）

くさかえノ、いりえノはちす、はなばちす、ミノさかりびト、トモしき〈ロ〉かモ（『古事記』下、九五歌謡）

**わし**

新羅斧、堕《おと》し入れ〈わし〉（『万葉集』一六、三八七八歌）

## c 接続助辞のグループ

活用語の活用形に固有の接続をする類のみを接続助辞と認めて一括りにする。

### 1 活用型に下接する助辞群

**ば**

未然形に下接する。

心よりほかに散りもせ〈ば〉、（「帚木」巻、一—七四）

「ば」のなかに -am が籠る。（si-am-pha（は）→ se-ba（せば））

**で**

なめしとおぼさ〈で〉らうたうしたまへ。（「桐壺」巻、一—二三）

折ら〈で〉過ぎうきけさの朝顔（「夕顔」巻、一—一一〇）

**ながら**

連用形に下接する。

思ひたまへ〈ながら〉、（「桐壺」巻、一—一三）

**つつ**

あやしきわざをし〈つつ〉、（「桐壺」巻、一—六）

**がてら、がてり**

いかがおもへるとけしきも見〈がてら〉、（「帚木」巻、一—四八）

山（ノ）辺ノ御井を見〈がてり〉、（『万葉集』一、八一歌）

**も**

うき身を覚めぬ夢になして〈も〉（「若紫」巻、一—一七六）

うたの文末だが、接続助辞と見たい。

**して**

穂に出でぬもの思ふらし。しのすすき。招くたもとの露しげく〈して〉（「宿木」巻、五—九四）

**て**

いよ〳〵あかずあはれなる物に思ほし〈て〉、（「桐壺」巻、一—一四）

「つ」の連用形が固溶化して接続助辞になった。ただし、「ずて、べくて、などて、かうて、とて、にて」などをどう説明するか、未解決である。

**なへ、なへに**

宜し〈なへ（名倍）〉、神さビ立有り（『万葉集』一、五二歌）

念ほす〈なへに（奈戸二）〉（同、五〇歌）

**とも**

終止形に接する。

あたかたきなり〈とも〉、（「桐壺」巻、一—一九）

**ものゆゑ（に）、ものから（に）、ものの、ものを**

連体形に下接する。

さりとて人に添はぬ〈ものゆゑ〉（『古今集』一一、五二八歌）

月は有り明けにて、光をさまれる〈ものから〉、（「帚木」巻、一—七一）

つれなくねたき〈ものの〉、（「夕顔」巻、一—一〇八）

已然形に下接する。

**ば**

　取り立ててはかぐ〴〵しき後見しなけれ〈ば〉、（「桐壺」巻、一―五）

古い接続助辞「は」があり、文中で濁音化したろう。

**ど、ども**

　いとはしたなきこと多かれ〈ど〉、（「桐壺」巻、一―四）

## 2　格助辞の「接続助詞」化問題

シャルル・アグノエルの論じる、だいじな局面がある。▼注6「格助詞『が』」から「接続助詞『が』」が生じたと、よく言われるところについて、氏の意見に耳を傾けよう。「文語」の世界にあって、そのような無理に「接続助詞」と言われるような「が」はついになかったのではないか、と氏は言う。

　むすめ二人ありける〈が〉、姉は人の妻《め》にてありける、（『宇治拾遺物語』三ノ一五）

のような「が」を「接続助詞」とせず、「むすめ二人が（なかの）姉」と氏は見る。「が」を格助辞と見る理解でよい、と。

なぜ今日の古文の勉強で、「……が」というのを「接続助辞」と見るような教授法が成立するのだろうか。近代語の成長に伴い、終止形が連体形に取って代わられると、口語で「～するのが」という言い方が成立する。それまでの「～するが」（文語）の持っていた再提示の機能が喪われる。「～するが」が口語として再利用される時に、現在の「接続助詞」としての「が」（逆接や保留）という理解が生じたという意見だ。

氏の言う「再提示」というのは、みぎの文例で言うと、上の「ありける」が「むすめ二人」を再提示している。次の要素である「姉」は、その「が」の働きで「むすめ二人」に帰属的に結びつく。つまり格助辞の働きということになろう。近代語というのは、国語史上において室町時代に全面的に浮上する口語で、よく知られるように、文語の連体形が発達して、口語の終止形になる。これに伴って「連体形プラス「が」」の持っていた「再提示」の機能が、まったく口語の世界から喪われる、と。たとえば「するが」（＝「することが」）は、「するのが」（「の」＝補欠法と氏は言う）という言い方が成立すると、別の接続形式の口語となって、「〜するが」「〜したが」というように自由に発達してきたという。

思わず復唱してしまったが、要はもともとの文語文の「ありけるが」や、「するが」や、長めの名詞節を受ける「が」を、われわれが近代語の自由に発達した感覚で、接続助辞のように受け取っている、ということへの警鐘だろう。氏の問題提起として受けとめたい。

いわゆる「接続助詞の『に』」も、「接続助詞の『を』」も、口語の終止形接続の成立（古文における連体形が終止形に取って代わる）に伴い、古文に「接続助詞の『に』」「接続助詞の『を』」があるかのように感じられた、ということだろう。

楊貴妃のためしも引き出でつべくなり行く〈に〉、（「桐壺」巻、一―四）
いとあづしくなりゆき、物心ぼそげに里がちなる〈を〉、（同）

『源氏物語』に見る限りで、これらの「に」「を」は格助辞扱いだろう。ところが、時代のさがる古文になると、同様の「に」や「を」であるはずなのに「接続助詞」と見なす教室での扱いとなる。たしかに終止形と連体形との区別が消滅し出したことも早くからであり、格助辞らしさが崩れる機運はそれに連動したろう。しかし、古文の段階で「接続助詞」が成立したとまでは言い切らなくてよいのではないか。

## 3 助辞、助動辞の相互の関係

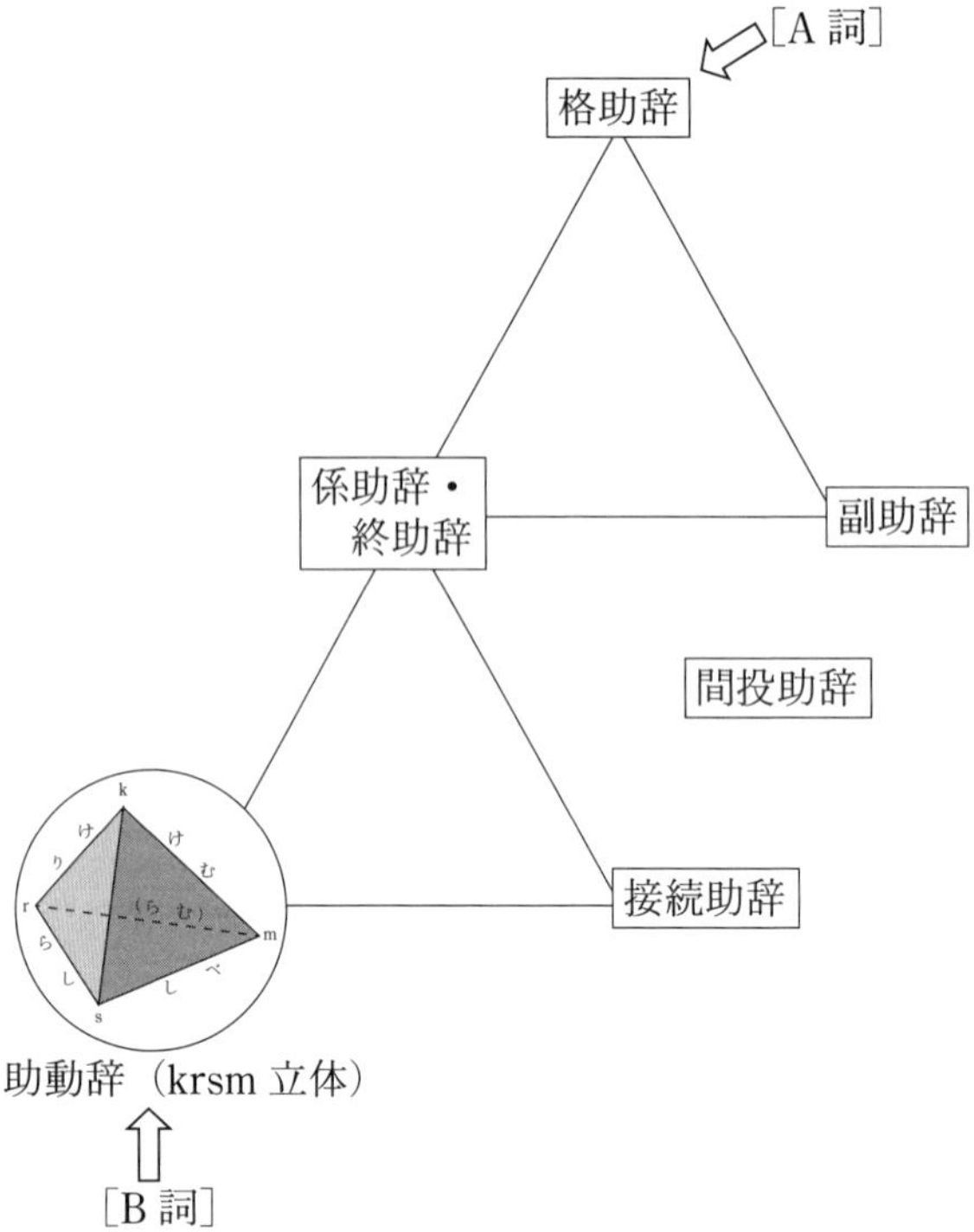


この助辞／助動辞図が、助動辞の krsm 四辺形とともに、遺伝子情報の解析図とよく似ることに驚かなくてよいのだろうか。しかり、人類を人類たらしめている、遺伝子情報と言語情報と、さらには素粒子論のもたらす分析と

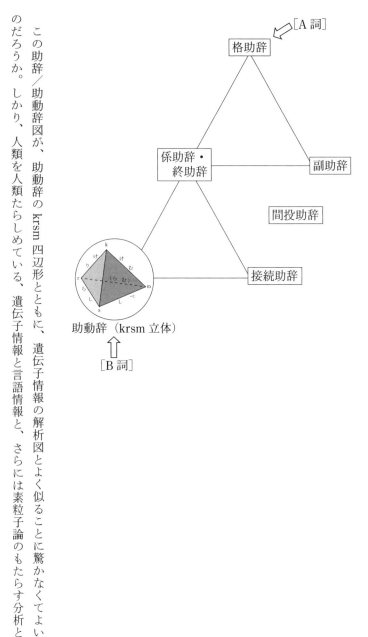

は、まさに双生児ないし三つ子ではないか。社会は言語活動を個人個人と共有しながら、人類を突き動かしているのであり、われわれが原子に支配され、あるいは遺伝子がそうしているのと、三大分野を分かち合う。

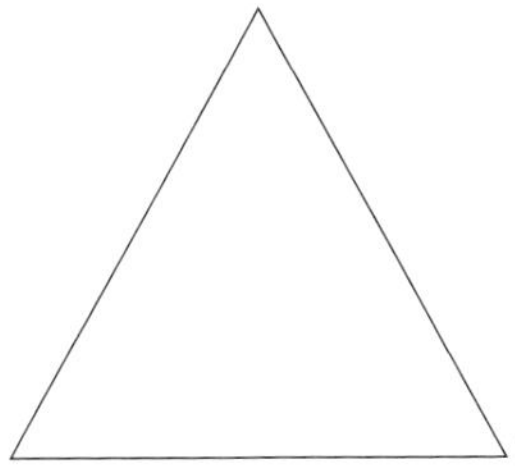


**注**

(1) アイヌ語に見ると、a kor itak は人(= a)の話(= itak)であり、「人が持つ話」でもあって、kor(の、〜が持つ)は動詞とも、所有関係をあらわす助辞とも受け止めることができる　アイヌ語からの類推で、「の」が所有格性を主格性とともに持つ理由を想像してみると、古く「〜が持つ」という「の」に由来するかと思われる。アイヌ語を考慮に入れるからには、「わが手、わが姉」などの所属形と、kor を使う「私の犬」(犬=概念形)との区別が日本語にもないかどうか、「の」と「が」との差異にわずかに観察されると感じられる。

(2) 大野晋編『古典基礎語辞典』角川学芸出版、二〇一一。大野から受ける恩恵は最新の本辞典にあってもなお尽きることがない。
（3）藤井『文法的詩学』九章（一八七頁）では引用の「と」と見なした。
（4）並立助辞（並立助詞）を『古文の読みかた』（岩波ジュニア新書、一九八四）で独立させたものの、今回は取り上げないことにする。
（5）大野、岩波書店、一九九三。
（6）シャルル・アグノエル「文語における助詞「が」のはたらきについて」（『早稲田大学大学院研究科紀要』一〇、一九六四・一二）。氏は琉球史資料の研究者としても著名な碩学。一九五九年には『源氏物語』「桐壺」巻のフランス語訳がある。（括弧）を多用するなどして、日本語の古文をこの上なく適確に翻訳しようとする試みで、私には研究語訳を推し進める上で教えられるところが大きい。寺田澄江「源氏物語の和文——シャルル・アグノエルの眼を通して」（『アナホリッシュ國文學』四、二〇一三・九）は、アグノエルの示唆が今日に貴重であり続けていることをつよく教える。

# 七章　助動辞の言語態

## 1　krsm 四辺形　krsm 立体

『文法的詩学』に四辺形および立体が姿を見せた。このkrsm 四辺形、krsm 立体は未完の生物体である。未完とはいえ、助動辞たちをばらばらで暗記させられる科目から解き放ち、高校生たちの古文の「時間」に楽しさを導入するための一環になるのではないかと思う。

機能語群は孤立すると生きられず、相互に依存して各個の存在を主張するから、一つに纏められたキーボードを叩きながら、それらの構造を想像して理解するようになると、もうつらい暗記科目でなくなる。

助動辞たちは脳内をうごめきやまない動態をなす。めまぐるしく回転し、時間域が前面に出て来たり、推量域が前面に出て来たりする。諸言語を使用するひとびと同士が分かり合える、あるいは翻訳や通訳によって理解し合えるのは、互いにその立体（日本語の場合、krsm 立体）を頭のなかに持っているからではないか。諸言語ごとにずいぶんそのかたちは違うから、通じ合えないもどかしさがあるのはつねとして、言語活動は人類としての共通遺産であるはずだ。ことばを尽くして理解に到達する努力をわれわれはやめることができない。この立体は催眠時になると静かに回転の速度をゆるめ、眠りに就くに違いない。

krsm 四辺形

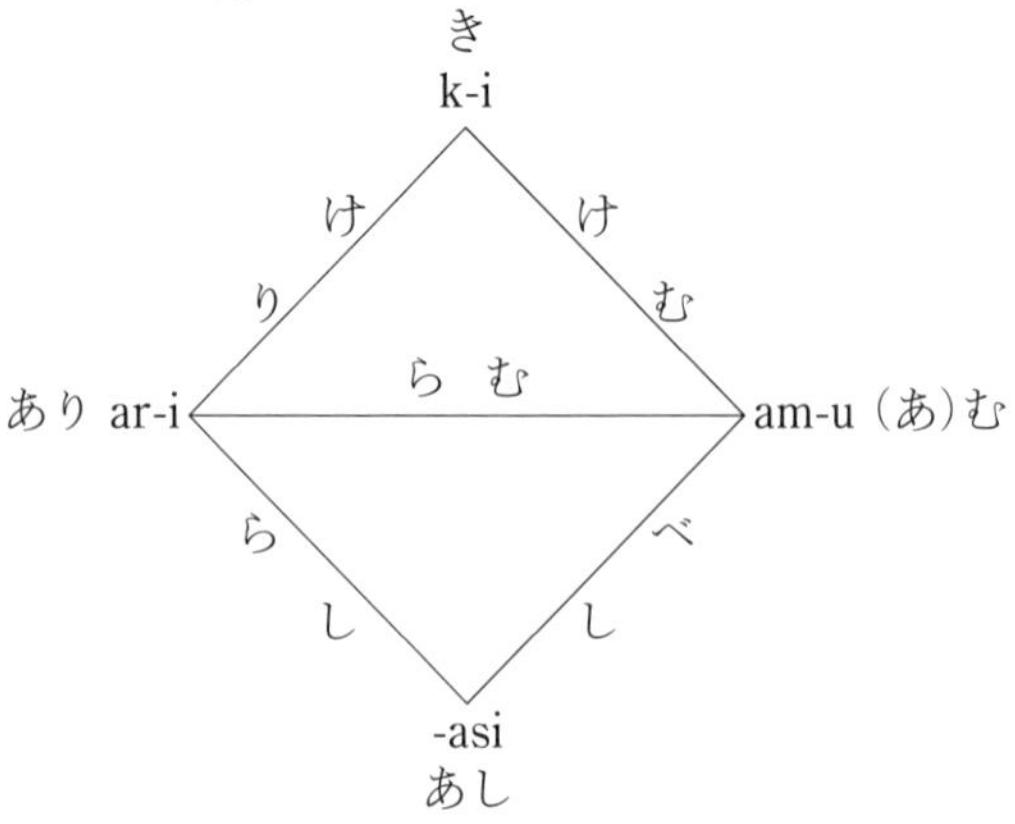


krsm 立体

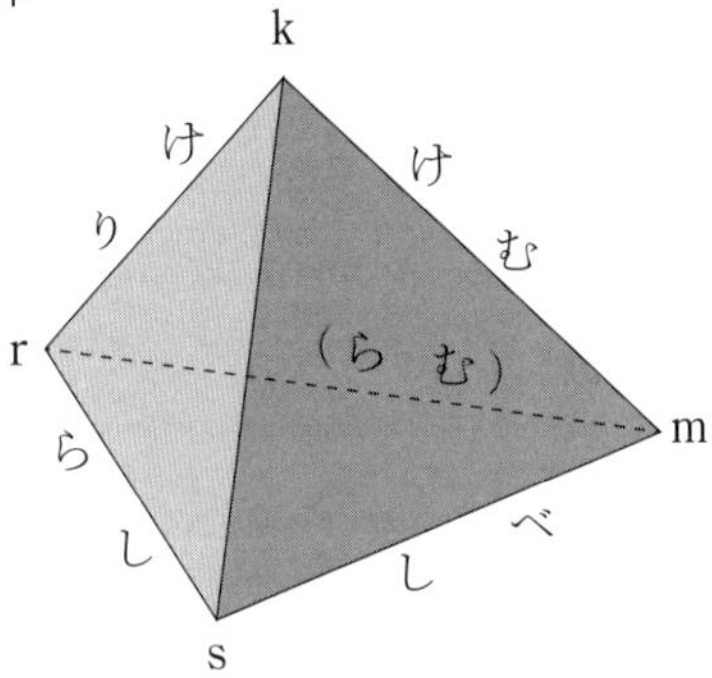


繰り返すと、機能語の一つ一つ、それらじたいでは成立せず、つねにテクストのなかで隣接する別の機能語、助動辞や助辞と依存しあう。ペアを作る。そのペアは傍らに別のペアを作るから、あたかもコンピュータのキーボード上のように広がる。

壁のスイッチを思い浮かべてもよい。点灯というボタンをオンにすれば点灯する。オフを押すと消灯する。あるいは点灯を二回押すと消灯する。点灯／消灯はつねにペアとしてある。

断定／推量　過去／現在　作働／形容　見る／聞く　肯定／否定

などのペアを思い浮かべることができる。実際にそのペアで脳内がon／offになっているか、テクスト読解を通してシミュレーションを繰り返してきた、私なりの意見であり、訂正をつねに提出しつつ進める作業としてある。ペアとペアとを組み合わせてゆけば、広がり続けて複雑な平面体や立体になってゆく。それじたいが時間的な次元を持つその立体はさらにCG（コンピュータ・グラフィック）による動態を思い浮かべていただく。

『文法的詩学』にふれた通り、小松光三『国語助動詞意味論』三「助動詞の意味と展開」に描かれた四辺形▼注1は、左右を逆にすると言え、私なりに構想してきたkrsm四辺形ないしkrsm立体と驚くばかり近似する。氏による文法への接近は氏なりの〝哲学〟へのつよい関心の結果だろうと思われる。なお、私は氏の言う「助動詞」＝助動辞を機能語としてのみ評価することにした。

以下、助動辞について、『文法的詩学』と繰り返しになる部位は簡潔に、あるいは省略を旨とする。詳細な考察はそれに拠っていただきたい。

## 2　アリ ar-i

### アリ ar-i

「あり」というような自立語がさきにあって、使い回されながらアリ ar-iを成立させたのか、その逆にアリ ar-iという造語成分を持つ古日本語だったのか、史前史状態にすべては隠されている。ともあれ、アリ ar-iを語の造語成分と見なして、カタカナ（あるいは音声〈ローマ字〉）で書くことにする。

アリ ar-iは助動辞「り」を始めとして、〈断定なり、連体たり、けり、たり、ざり、べら（べらなりの「べら」）、べかり、めり、伝聞なり〉といった助動辞のなかにあり、それらを成立させる。アリ ar-iをも助動辞扱いすることが見通しとしてある。

形容詞カリ活用に見る「かり」にもアリ ar-i ははいる。形容詞カリ活用の「かり」を助動辞扱いすることが視野にあろう。

これらの持つ、要素としての語や、精神作用じたいを、別の現代語にすっかり言い換えるすべはない。そこに助動辞らしさを見いだそう。助動辞（や助辞）の特徴は「その一語しかない（＝置き換わる語がない）」ことに尽きる。母語のなかでしか生きられないということでもある。

あづま路のさやの中山―なかなかに、逢ひ見てのちぞ―わびしかりける（『後撰集』九、源宗于朝臣、五〇七歌）

「東国道の小夜の中山、なかなかに」（などと世間に言うが）、なまじっか、
逢い見てのち（かえって）切なく（てずっと）ありきたるよ

みぎのうたにはアリ ar-i という助動辞（の活用形）が二つ、含まれる。

わびしく（ku）アリ（ar-i）ける（きアル ki-ar-u〈連体形〉）

厳密には ar-i という助動辞の〝発見〟がここにある。助動辞は多く始原の動詞類から転成してきた、とここでは考える。想定される古い動詞から、その存在感を希薄化して、助動辞 ar-i が成立する。史前史状態の古い動詞から助動辞への転成と称してみる。

助動辞への転成の仕方としては、存在感が薄らいで、何か代わりの精神作用のような状態が纏わりつくと助動辞になる。英語で類推するならば、存在感のある、be（在る）という動詞が、be（である）でもあるという現象に相当しよう。

## り

はじめより「我は」と思ひ上がりたまへ〈る〉御方〴〵、めざましき物におとしめそねみ給ふ。(「桐壺」巻、一―四)

「り r-i」はアリ ar-i から a 音を喪失するかたちで成立する。(a) r-i から生じる助動辞で、現在をあらわす。文法的に現在という言い方に代えて〝現前〟と言い替えると、現存在性をあらわせる。「宮仕えの当初からお方々が『私は(愛遇されている)』と高く自認していらっしゃる」、の意。

接続について、高校の現場などでは扱いにくい助動辞だ。

信ぜり。　死せり。　食事せり。　意図せり。　決せり。　重んぜり。

と、サ変動詞をコレクションして、それらが全部「せ」(「ぜ」)から付くこと、「せ」は「ず」「ば」「で」にも上接することを確認すると、未然形接続という見せかけとなる。しかし、sinji-ar-i(信じ〈連用形〉あり)、si-si-ar-i(死し〈連用形〉あり)が、母音融合して(i-a→e)、sinzer-i(信ぜり)、siser-i(死せり)になるのだから、見せかけ上、未然形であるに過ぎない。

四段動詞もまったく同様で、

行けり。　移せり。　なせり。　勝てり。　思へり。　悩めり。　寄れり。

とコレクションしてみる。本来は連用形接続であるのが母音融合して、見かけは「け、せ、て、へ、め、れ」などから接続するようになった。四段は平安文法だと已然・命令同形なので、現在の「已然形」接続という考え方で教えて大過なかろう。これらのうち「け、へ、め」が、もし『万葉集』にあるとすると、活用型が命令形と同形になることはよく知られる通りだ。しかし、めったにある事例でなく、しかも見せかけ上、命令形下接が生じたことで、真には命令する機能の命令形と関係がない。

なぜ下二段活用などにはつかないのか、という高度の質問が出てきたらば、『文法的詩学』一一四頁のような音声表記（ローマ字）で説明するしかない。

**断定なり（連体なり）**

n音＋アリ ar-i だろう。n音から「に（ni）」が生じると考えると、「断定なり」には「に」が含まれるというようにだいたい言うことができる。「～にぞ―ある」「～にこそ―あれ」など、「に」と「あり」とが分離する場合には、「に」を助辞に、「あり」を動詞に所属させて二つの文節にすると自然だ。

**断定たり（連体たり）**

漢文訓読系の助動辞で、t音とアリ ar-i との結合だろう。分離して「と」と「あり」とが離れる事例は、「～とこそ―あれ」などのほかに、「あり」が「おはします」に置き換わった、

　これをこの頃案ずるに、御つかひ〈と〉おはしますべきかぐや姫の要じ給ふべきなりけり、（『竹取物語』「蓬莱の玉の枝」）

のような事例を見る。「ご妻妾であらっしゃるはずのかぐや姫……」、の意。

## 3 起源にひらく「き」と時間経過の「けり」

**き**

過去の助辞「き」をkrsm立体の上角に置く。活用形の「せ、し、しか」はその近辺にあろう。krsm立体の上角kと下角sとのあいだの稜には機能語を書き入れにくいことにかかわる。過去を形容するような助動辞が成立すれば書き入れることができる。kとsとが近い関係にあることは、形容詞語尾「し」の活用にも見られることで、補助線を導入して今後、活用形を書き入れた新しい立体となろう。「まし」の「し」は「き」の活用形とかかわり深いかと見られるので、これも補助線の導入によって書き入れることが可能になろう。（これからの課題である。）

神話的過去、歴史的過去を「き」は特定する。見てきたかのように語るという点で、目撃性のつよい助動辞であると注意されてきた。▼注2 その通りでも、過去を時制としてつよく附加する語であるために、その目撃性が生じるのであって、逆ではなかろう。

**けり**

「わびしかり〈ける〉」を、「切なくありきたる」と現代語で言い換えることで、「ける」を時間の経過ののち、いまにそうあるという、伝来の助動辞に転成したことをあらわす。「けり」のなかにar-iが籠っている。左上稜線上を「けり」はカーソル状にすべる。

キ ki ＋アリ ar-i ＝ keri （けり）

厳密に助動辞を別語に言い換えることはできない。

……なかなかに、逢ひ見てのちぞ―わびしかりける

の、「わびしかりける」は、

（かえって）切なく（てずっと）ありきたるよ

とみぎに現代語訳した。「けり」は過去からの経過をあらわすから、「切なかったということだ」というようにして

もよい。現代語としてはある蓋然のレベルで決めるしかない。「ありきたる」とも、「たということだ」とも、現代語で言うことにする。「たということだ」は、分解すれば、

た（＝過去）　という（＝経過あるいは伝来）　ことだ（＝現在）

となろう。

月日をも—かぞへ〈ける〉かな。君恋ふるかずをも—知らぬわが身なになり（『後撰集』九、五四三歌）

（あんたは）月や日をまあ、（一つ二つと）かぞえてきたというのかなあ。
そんならあんたを恋う数もかぞえられない、わたしの身とは何なのだ（いったい）

「けり」は時間の経過を示す。かぞえてきて、かぞえてきて、ずっとかぞえていまに至るという推移をさして、古代語としての主張はそこにある。

「けり」が伝承性を持つのは、時間の経過が、説話なら説話じたいの扱いにかかわるからで、もし〝多義〟と言ってみるならば、時間の経過、伝承性や回想という広がりに、多義性を潜ませるという程度でとどめたい。

## 物語の大枠は伝承的過去

いづれの御時にか、……すぐれてときめき給ふ有り〈けり〉。（「桐壺」巻、一—四）

どの帝の御代だか、……ずばぬけて栄えていらっしゃる（そういう方が）おったということだ。

物語文学の場合、「けり」はストーリーの大枠の提示として広く利用される。あたかも現代にのこる昔話が「〜だって、〜とか、〜たとさ」と繰り返すように、伝承的過去をしつこく示すのとおなじ理屈で。

## 「き」と「けり」との相互依存

夕露に紐とく花は—玉鉾のたよりに見え〈し〉えにこそ—あり〈けれ〉(「夕顔」巻、一—一二〇)

「夕露に紐とく花は」(いま顔を見せる源氏の君＝現前)、「玉鉾のたよりに見え〈し〉」(「夕顔」巻の冒頭での出会い＝過去)、「えにこそ—あり〈けれ〉」(過去からの経過)と、「けり」は過去にあったことと現在とを一つの流れのなかに纏める。

## 「けり」が「詠嘆」だと言われる説

〜ぞ—わびしかり〈ける〉(『後撰集』九、五〇七歌)

は、「ぞ—連体形」によって詠嘆が懸かるから、「切なく(てずっと)ありきたるよ」としてみた。「けり」じたいに詠嘆はないと強調したい。

〜えにこそ—あり〈けれ〉(「夕顔」巻、一—一二〇)

は、「こそ—已然形」という形態によって詠嘆となる。「けり」じたいは詠嘆をあらわしていない。

月日をも—かぞへ〈ける〉かな。(『後撰集』九、五四三歌)

は、「かな」(詠嘆の終助辞)によって詠嘆になる。

## 4 アム am-u をめぐる

### む〈ん〉

「む」にはアム am- という状態（アム状態）が籠る。子音では語が成り立たないから、-u を迎えて「（あ）む am-u」そして「む mu」が成立したろう。「む」のなかに精神状態（アム状態）を考えてみる。「む」が推量かつ意志という両義性を持つことは、しばしば言われるところで、人称表示でもある。krsm 立体の右角に置く。

意志……一人称
推量……三人称

「〜しよう」という意志と「〜だろう」という推定とは、どちらも未然である点で、未来的なテンス（時制）として統一して解読する考え方がありうる。しかし、未来という時制を認めるとしても、推量と意志とのはばは消えない。しかも、未来という時制はあるのだろうか。あるのは推量であり、意志であって、それらが時間に対する態度を産む。便宜としては「未来」を認めるという考え方が出てくる。「む」を「未来」としてよいか、大きな課題をのこす。また、場面や語りのなかでの「過去」であることなど、テクスト論的にむずかしい問題であるものの、高校生諸君などへの文法入門を作り出すしごとはわれわれの責務だろう。とりあえず「未来」を書き込んである時間の三辺形を提示しておく。

　高校の現場などで「未来」を導入することはわかりやすい対応としてあろう。しかし、未来という時制が真にあるのかどうか、深い疑念を持たずにいられない。「明日は晴れるでしょう」「The next station will be Hibiya.」は、未来時制が現代語に成立しているといえるし、未来やこれから起きることについて推量するに過ぎないとも言える。後者の will（あるいは shall）は、当事者に関して意志として働き、第三者には関して推量として働くと（そうでない場合もある）、普通の学習で理解される通りだ。それらじたい、would（should）と過去形になるが、未来という活用形じたいはない。時間の過去と未来とは文法に関してならば非対称であり、未来時制は便宜としてのみ認めるなら認める、ということでよいのではなかろうか。

　婉曲は「遠回しに言う」ことで、日常生活上、ごく普通にあって、英語では will を would にするというような、

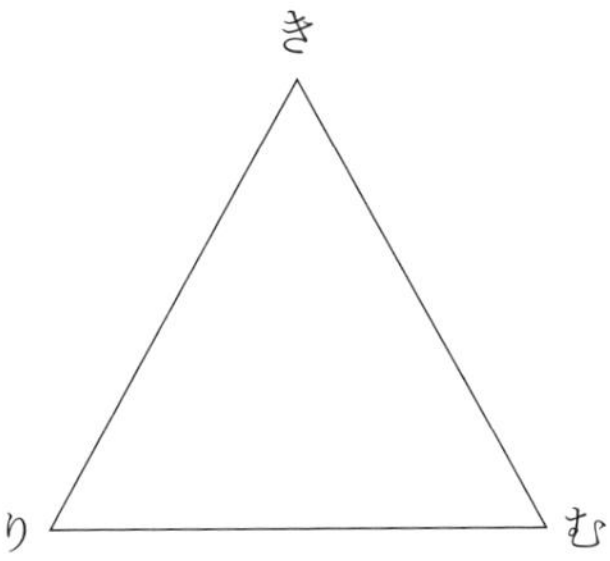


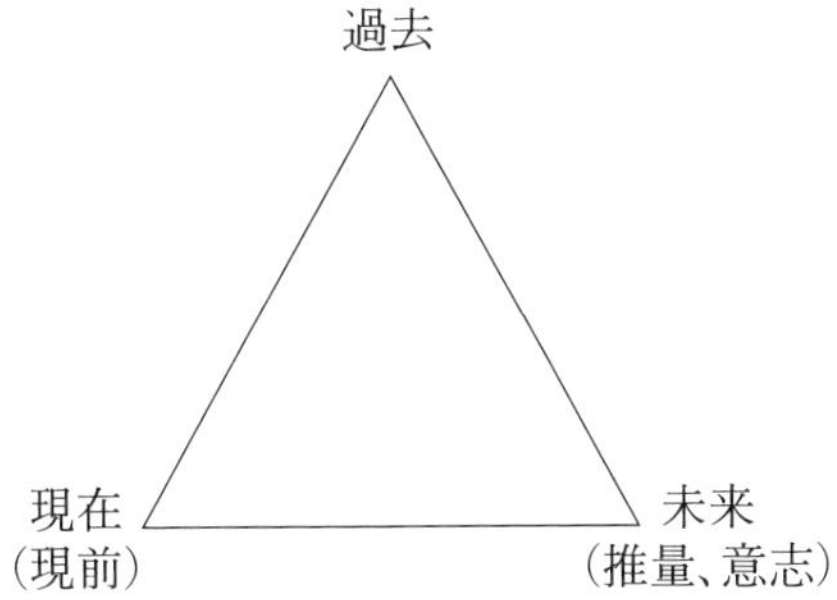

過去形の利用によるなど、文法的な説明が可能である。日本語では「〜ですか」をやわらかく言うために、「〜でしょ〈う〉か」と〈う〉（＝「む」）を利用する場合がある。その限りで、「む」には用法として婉曲を示すということができる。「む」じたいは推量や意志という機能で、その用法に〈婉曲〉があるということか、機能と用法とをどう区別するかという、やや面倒な課題かもしれない。
推量と意志というはばは「べし」についても観察できる。

**むとす（んとす）、むず（んず）**

まかでたまひなんとす。（「桐壺」巻、一—九）
退出してしまおうとなさる。

この「んとす」が「んず」と熟して助動辞の扱いをされる。

この御格子はまゐらでやあらんずる。（『落窪物語』一、五七）
いかでか世に侍らんずらん。（「夕顔」巻、一—一四〇）

**けむ**

「けむ」は「き—あむ（ki-amu）」だったろう。krsm 立体の右上稜線上に位置させる。過去の「き」とアム amu との結合で、過去推量を必要とする精神状態が「けむ」を得て発達していった。過去推量とは、過去の事実として受けいれた上で、さまざまな推量をかき立てられるのであって、事実であることじたいを疑うわけではない。

いにしへも―かくやは―人のまどひ〈けん〉。我（が）まだ知らぬ篠の目の道（「夕顔」巻、一―一一八）

　昔にも、さようにだれかさんの迷いいったことではないか。
　わたしがまだ経験せぬしらじら明けの恋の道に

かつておなじようにこの女との恋の道に迷いいった男とは、頭中将のことを推量しているらしい。「さぞかし迷ったろう」という推量は、頭中将が恋の道に踏み込んだ事実そのことを疑わず、「迷う」という感じだったろうことを推測する。

**まし**

「まし」の「ま」は「む」から来たろう。「し」は過去の助動辞「き」の連体形「し」や、已然形「しか」、あるいは未然形「ませ」に似通う活用を有するので、過去とのかかわりを考えなければならない。

| | | | | | | |
|---|---|---|---|---|---|---|
| ませ | ○ | まし | まし | ましか | ○ | （まし） |
| せ | ○ | ○ | し | しか | ○ | （「き」のサ行での活用） |

と並べてみれば、「む」と「し」（過去）とのあいだに一本のカーソル（補助線）があるのだろう。形容詞語尾の「し」とは無関係だと思われる。（『文法的詩学』〈十二〉に論じきたったところ。）

## 5　「らむ、らし、べし」三辺形

「らむ、らし、べし」はkrsm四辺形の下部に位置し、

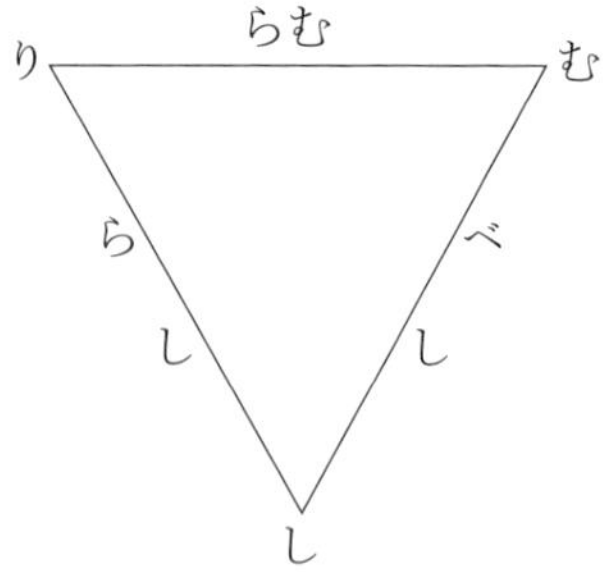


と、いずれも終止形接続を見せる。下接を持つ活用形なので、文末を想像させるような終止形という言い方よりも、現前形と言うほうがよいのではなかろうか。上一段活用下接では「見らむ」「見らし」「見べし」というような古い活用を見せることがある（『文法的詩学』十四）。「見」が終止形（慣例に従い〝終止形〟と呼んでおく）だったなごりかと見られる。

## らむ

「らむ」は終止形に下接する。結論から言うと「あらむ ar-am-u」から来て「らむ ram-u」が成立すると、使い回されて「あるらむ」のような〝誤用〟を許可していったのだろう。とかげのしっぽのように切れて、自立語でないにもかかわらず、見かけは語として成立するというのが助動辞（そして助辞）ではなかろうか。

潮満たぬ海と聞けばや――世とともに、みるめなくして、年のへぬ〈らむ〉（『後撰集』九、五二八歌）

琵琶湖は、塩水の満ちることのない海と聞くから（だと思うよ）、この世のある限り、
海松布（みるめ）なくして、見る目がなくて年が経ってしまうのであろう

現在推量という状態を示すために、「らむ」という助動辞が成立して、使い回されていった。もともとはアリ ar-i プラス「む mu」だったろうという推定がここにある。推定の根拠を示すことはかならずしも易しくないが、ラは ar- から来たと見るのが自然だろう。

ar（a）-am-u

現代語に置き換えて言えば、もともとの「のであろう」から広がり、現在推量（いまごろは何々していることだろう）を覆っていったかと思われる。

## らし

krsm 立体の左角のアリ ar-i と下辺のアシ -asi（形容詞語尾の「し」）とのあいだに置く。

万葉時代によく行われていた古い助動辞で、平安時代にはいるとあまり見られなくなると言われる。しかし、うたなどにないわけではない。

ほかの瀬は―深くなる〈らし〉。明日香河。昨日の淵ぞ―わが身なりける（同、五二五歌）

よその寄る瀬（別口の女への愛）は深くなるみたいだ。（定めなき）明日香川だよ。
昨日は深い淵（だった）私の身（が、今日は浅瀬）であったることよ

現代語でよくよく観察すると納得していただけると思う。「らしい」には二面性があって、（1）らしいという推定、（2）「らしさ」の感覚を、われわれは使い分ける。古代ではどうだったのだろうか。「ほかの瀬は―深くなるらし」は、なるほど現代の感覚だと、ほかの女への愛情が深まるらしいという推測になって、まさに嵌ると言うべきか、それでよかろう。しかし、古代で見ると、ほとんど見た目にそれらしさを感得するといったていの、何々みたいだ、「であるらしさ」を感じる、という用法であって、それが本来だったのだろう。

「あり」の形容詞型活用である「あらし」の転成ではなかったかと思われる。「なり」―「ならし」、「たり」―「たらし」、「けり」―「けらし」は、アリ ar-i と、それにアシ -asi がついて形容詞型の活用になった形態（ar-as-i）と

の対比だろう。「あるらし」「なるらし」「たるらし」「けるらし」などは、用例がたしかにあるとすると、「らし」が成立したあとになっての再創成だと思われる。「らしさ」をあらわしたい精神作用は成立した助動辞「らし」を使い回していったろう。

## べし、べし

「べし」には推量「～だろう」と意志「～つもりだ」という、二つのピークがあるという通行の説明は、「む」との相違を言ってない以上、しまつの悪い処置だろう（「む」にも推量と意志とがある）。けっして「べし」は単純に「だろう」（＝む）でもなければ、「しよう」（同）でもない。「べし」と「む」とは別の助動辞だから二つが別々にあるのであって、混同はまずいと思う。「む」が形容辞「し」と連合するということは、「あたかも〈む〉だ」というような、モーダル modal な状態（モダリティ modality）をあらわす。

「～するがよい」「～はずだ」「～ねばならない」「～できる」というような広がりは、「む」（推量、意志）と「し」（あたかも～だ、いかにも～だ）との連合から積極的に据え直されてくる。われわれの「～するがよい」「～はずだ」「～ねばならない」「～できる」というような、かなり複雑な精神状態を、たった一つ「べし」の導入によって表現することにしたため、高校生は勧誘・当然・適当・可能・命令などと、助動辞の性格（用法）を文法事項であるかのごとく学習させられる。

「うべし」というような語源説は根拠薄弱だろう。『万葉集』は万葉がなのほかに、「応」か「可」か、いずれかの漢文の助字を使って「べし」をあらわす。

## ましじ

「べし」と「ましじ」とは関係ありそうである。中間の më-asi を想定して、

mĕ-asi　→bĕ（-a）si　→bĕsi（べし）

mĕ-asi-ji（否定）→m（ĕ-）asi-ji　→masi-ji（ましじ）

と、肯定と否定とのペアになる。「じ ji」はアニ an-i（否定）＋（-a）si だろう。

「まじ」はその an-i（否定）から直接に導かれる。

mĕ-an-i-si　→m（ĕ-）a-ji　→ma-ji

つまり、「ましじ」から「し」が脱落することは簡単には考えられない。

「まし」とは、「ましじ」は接続も内容も違うので、関係がない。

**べらなり、べみ**

「べ」（語幹）―「ら」（接辞）―「なり」（ニアリ ni-ar-i）だろう。「み」はめずらしくない接辞である。

## 6　アシ asi——形容辞

**アシ -asi　し**

krsm 立体では下辺に「し」を置いた。アシ -asi という原型の助動辞を想定し、形容詞語尾や「ごとし」などの「し」の成立を考える。たいへん厳しい判断を要することであっても、そのように仮説することで krsm 立体の存立を促すことができる。

**たし**

古くからある「いたし」（甚だしい、痛い）という形容詞は平安時代になって「たし」に代わる。おそらくは甚だしく心が痛む→痛いぐらい欲しいというような経過をへて、つよい希望を言うようになったか。

**まほし、まくほし、まうし**

「ま ma-」という接辞を考えれば、「ほし」（欲しい）や「うし」（憂い）の結びつきで「ま―ほし」「ま―うし」が成立した。「まく―ほし」はク語法の「まく」と「ほし」との結びつきで、微妙に分ける必要がある。

## 7 「ぬ」「つ」楕円体

時制から解放されている以上、遊離していると考えて、「ぬ」や「つ」をkrsm立体のそとに求める。推量「む」に近づけば、「て―む」や「な―む」が活性化しよう。「ぬ」とアリar-iとのあいだにあってよい「なり」（あるいは「ねり」）は、残念ながらミッシング（事例欠如）としよう。「なり」には断定の「なり」（連体形接続）および伝聞の「なり」（終止形接続）が既存なので、完了と現在とのあいだで別の接続の助動辞が育たなかったか、ミッシングという現象はつねにあろう。

**ぬ**

これから起きるに違いないことへ向けて、時間が凝縮する。さしせまる時、ぎりぎりになってしまう、始まろうとする時、もう始まっているぞ、など、いろんなシチュエーションをあらわすのに、「ぬ」という一語しかない。たった一語でどんな切羽詰まった時間をもあらわす。助動辞の面目躍如とはそういうことだろう。自立語ならば多くのことばを費やして、しかも時間に到達できない。

完了という言い方をするのは、以上のような状態への名づけであって、「これから」という時間を含む前未来的

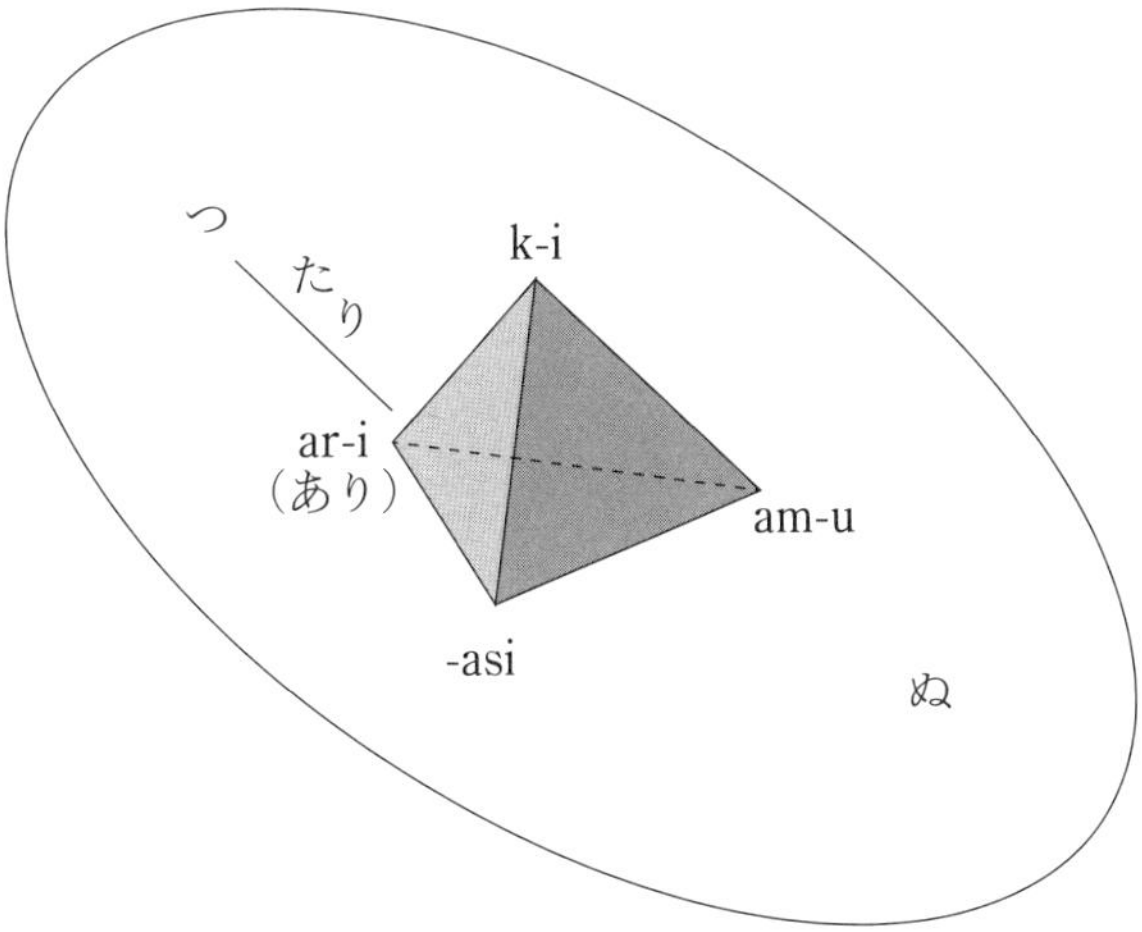


な「完了」としてある。

日も暮れ〈ぬ〉。(『伊勢物語』九段)

まだ明るいあいだに急ごう。(早くしないと暮れてしまうよ。)

一つ、のこっているケーキ、たべちゃうよ!(たべてしまうよ!)

ケーキはたべられる直前で、テーブルの上にのこる。

冷蔵庫のケーキ、だれがたべちゃったの?

もうケーキはなくなってしまった。(過去完了)

本来は時制と関係がない。▼注3 アスペクチュアル aspectual な凝縮する時間である。「ぬ」は現代に完全に消滅した助動辞であり、われわれの感覚に復元するためにスキルを要する。

## つ

いましがた起きたこと、けさから始まったこと、ついさっきやってしまい、十分に続いているなどは、時間が凝縮して現在を覆ってくる状態にある。すんでのところで間に合ったり、間に合わなかったり。さきほど強盗のホールドアップに遭って、どきどきしたままで、まだ交番に駆け込んでいないとか。さまざまなシチュエーションはこの助動辞の出番である。

ほのぼの見〈つる〉花の夕顔(「夕顔」巻、一―一〇四)

ついさっきあなたが見たばかりの夕陽に映える花のかんばせを。

あり〈つる〉御随身して遣はす。(同)

　　いましがた夕顔の花を折り取った（あの）み随身。

「つ」をも「完了」と説明する。完了と名づけたまでのことであり、欧米語のperfectに類推できるか、即断できないように思われる。

本来、時制とは関係なかった。アスペクチュアルな凝縮する時間の状態を「ぬ」と「つ」とで分け合っただけのことだ。「き」が消滅し、「けり」も消滅して、代わって「つ」や「たり」に役割が押しつけられてきた、という遷移は考えられる。

## 8 たり、た

### たり

「たり」は起きたことがいまに続く。「やってきました」「すごいことが起きている」「とんだ粗相をいたしまして」と、起きたことのいまの状態を引き受ける（存続と言われる）。「つ」に似るのは、まさに「つ」とアリar-iとの結合だからで、厳密に言えば、「つ」（tu）の原型であるt音が含まれている（t＋アリar-i＝「たり（t-ar-i）」）。古文に親しむことによって、いつしか「り」と「たり」とは決定的に違うという感触に見舞われる。「り」はアリar-iそのもので、それと「つ」がはいってくる存続＝「たり」とは違うはずだ▼注4。

### た

「たり」が現代語に「た」となり、「過去」をも「完了」をも引き受けるようになる。「過去」というのも名づけであり、「完了」と言ってもやはり名づけただけのことで、「き」や「けり」や「つ」を十分になかに含ませた「たり」が口語の歴史上に誕生する。

「た」は平安後期にすでに成立していたと見られる。「た」が過去を獲得してゆくプロセスは「き」や「けり」が口語から消滅することと表裏だったに違いない。過去が「た」を広く覆うようになっても、もとの文語段階での「完了」（という名の未完了）はしっかり生き延びている。

## 9　鳴り、見え、さま、こと

### 伝聞なり、めり

「伝聞なり」および「めり」は終止形という現前の接続で、いま聞こえたり、見えたりすることを基調とする。前者は「聞こえる、聞こえない」ということから、理解できる、理解できないというような助動辞に進展する。鳥や虫の鳴き声が聞こえるというような用例がもともとだったろう。それらの聞きなしに発する助動辞だったのではなかろうか。

後者は「〜みたい」という現代の助動辞に変化して生きる。

だいじなこととして、終止形に下接するから、「ありなり」「侍りなり」などのかたちが推定される。「あなり」「侍（はべ）なり」というかたちでテクストのうえにあらわれる。「めり」も「ありめり」「侍りめり」が「あめり」「侍めり」となる。「侍なり」「侍めり」の「侍」字をひらくならば、「はべなり」「はべめり」とありたい。▼注5

従来の「ななり」の説明は、「なり（断定）」が（a）連体形となり、（b）その「る」が飲み込まれ（n音になるとか）、そして（c）無表記になる、という三つの推測から成る。「なり（伝聞）」は終止形接続なのだから、「なり（断定）」をそのまま終止形と考えるのが素直だろう。古代人は発音で「なり（断定）」と「なり（伝聞）」との区別ができたのではないか。「めり」についてもまったくおなじ現象のはずだ。

### ごとし、ごと、ごとくなり

「こと」から形容詞型の助動辞「ごとし」が成立する。「～のごと」というような言い方で、「こと」の変化した（連濁だろう）「ごと」がなお生きている。

### やうなり

「やう」と「なり」との結合で、「やう」には十分に自立性があり、したがって「やうなり」を助動辞と認めなくてよい。時代が下ると助動辞らしさを加えるので、一応、注意してみた。『文法的詩学』に「心肝も尽くるやうになん」（「桐壺」巻、一―一一）を「～やうなれど」として引いたのは誤りで、訂正する。

## 10 アニ ani アヌ an- なふ

### じ、ず、に

アン an- は否定をあらわす接辞で、アナ an-a アニ an-i アヌ an-u……、というように活用する助動辞になってゆく。

an-si → ji「じ」　an-su あるいは an-i-su → zu「ず」

an-i → ni「に」

念へドモ、たづきをしら〈に〉（『万葉集』四、六一九歌）

an-i-te → de「で」

なめしとおぼさ〈で〉らうたくし給へ。（「桐壺」巻、一―二三）

なふ

武蔵野ノをぐキがきぎし―たちわかれ、いにしヨひより、せロにあは〈なふ〉ヨ（『万葉集』一四、三三七五歌）

武蔵野ノ窪地の雉がばっと立つように立ち別れ、
行ってしまった君に、（あの）夜から逢わないままよな

「なふ」ははるかな歳月ののち、現代語の「〜ない」に至る。

## 11 アフ aph-（ap-） アトゥ at- アク ak- アス as-

アリ ar-i に含まれる ar- アム am-u のなかの am- あるいは as-（「し」を作る。）、an-（否定）など、日本語は母音を迎えて始めて語となるのだから、いわば語以前の接辞である。史前のことであり、証明しようのないことだろうが、at- ak- ap- というように、a 音を先立てた造語成文のあったことを想定してみると、その a 音がいろいろな活用形の生成や助動辞の成立にかかわるようで、すこし纏めておく。

### アフ aph-（ap-） ふ

アフ aph-（古く ap-）の役割に「ふ」という助動辞を成立させるということがある。接尾語のように扱って助動辞としないことも可である。

むかしおはさ〈ひ〉し御有様にもをさ〳〵変はる事なく、（「藤裏葉」巻、三―一九四）

「ふ」の活用は、

は　ひ　ふ　ふ　へ　へ

と纏められる。会う、逢う、合う、（占い、夢合わせが）相う、などに内在する。「闘ふ」「ながらふ」「かたらふ」など、向き合ったり、複数だったり、経過をもたらしたりする。「言ふ」「買ふ（交ふ）」「構ふ」や、「さきはふ」「にぎはふ」「おとなふ」「うべなふ」などの「はふ」などの活用語尾には共通性があることを感じさせる。aph-（アフ！）は出会いがしらのサインや何らかの合図にかかわりがあるかもしれない。

**アトゥ at-**

アトゥは、「と」「断定たり」にのこるかもしれない。「あと（跡）」などの語と関係があるかもしれない。「待つ」「立つ（経つ、発つ）」（四段および下二段）「うつ」「捨つ」「棄《う》つ」などの活用語尾にかかわろう。完了の「つ」「て」が視野にはいってこよう。

**アク ak-**

アクも、根拠や存在をあらわし、転じて活用語尾（「あばく」「付く」「欠く」「乾く」「湧く」「騒く」）となり、形容詞の活用にもかかわろう。「曰はく」「語らく」など、いわゆるク語法にのこり、「言ひしく」（過去）のク語法などの場合はa音の脱落だろう。

**アス as-**

「し」を作り出すas-と別に、「行かす」などの「す」（助動辞、四段型）、「流す」（四段）、「余す」（同）、「す」（する、サ変）などにはいり込むas-があったろう。

## 注

(1) 小松光三、笠間書院、一九八〇。同『日本語文法（応用編）』（新典社、二〇一三）で描かれた基本四角形（第11回「実存詞（助動詞）とその体系」）はさらにそれの形成過程を探求していると見られる。

(2)『源氏物語』について「き」「けり」を調べあげた労作に吉岡曠の労作『源氏物語の語り手』（笠間書院、一九九六）があることなど、『文法的詩学』（六）にふれた。学説史の整理が加藤浩司『キ・ケリの研究』（和泉書院、一九九八）にある。

(3)「ぬ」を時制から切り離すことについては、参照、福沢将樹「推移のヌ」（青木博史編『日本語文法の歴史と変化』くろしお出版、二〇一一）。

(4) 山下太郎は発表「歌物語の「り」と「たり」」（古代文学研究会大会、二〇一四・八）のメモで、「り」は（動作）の現前、「たり」を（動作の）現存とする。

(5) →二章注（2）

# 八章 「る、らる」「す、さす、しむ」

## 1 〝自然勢、可能態、受身、敬意〟

### る、らる

〈自然勢、可能態、受身、敬意〉という〝四種〟が「る、らる」であるとは、それらのあいだにどんな共通点があるのだろうか。共通点があることは間違いないとして、〈自然勢、可能態、受身、敬意〉とははばが広いという感触を持つ。もしほんとうに〈自然勢、可能態、受身、敬意〉という〝四種〟が別個の機能ならば、一つの「る、らる」に押し込められることには異議を唱えてよいように思われる。自然勢と可能態とはどこが違うのか、おなじ機能ではないかとはだれもの気づくところだろう。

自然勢とは、いわゆる「自発」を言う。「自発」は困った語だと現代のだれもが感じる。現代語で〝自発的〟というと、文法用語としての「自発」(「自然に発《おこ》る」「おのずから」の意)が生まれたころと逆の意味になって、「みずから行う」の意となっている。ここでは山田孝雄の使った「自然勢」という語をおもに採用することにする(『日本文法論』一ノ三ノ二)。

可能態は「可能」という従来の言い方でかまわないものの、指摘されてきた事例の多くが、否定を伴う〝不可能〟な場合のようで、それならば可能性というほうが正確だ。ここでは〝動態としての可能性〟として「可能態」と称しておこう。山田は「勢力」と言っていた。

「受身」はどうしようか。「受身」ならば受働態とも言い換えられる。すこし困ることとして、これまでの議論は英文法などの受働態を「る、らる」に当てはめて、それを前提に進められてきた。時枝でさえ、まさにそうだった。それでよかったのだろうか。「受身」を（用語の可否を含めて）再考したいのだから、一旦、「受身」をはずせないか。しかし、文法学の基本は欧米語から立ち上げられてきた言語学のフレームで第一に考察すべきだ。そうでないと、諸言語ごとにばらばらの言語学になる。ここはしたがって「受身」あるいは受働態という語を使わざるを得ないが、なお「被影響」とも言い添えることとしよう。

「る、らる」が〝軽い「敬意」〟を持つことはよく知られている。〝軽い〟とはどういうことか、どんな程度か、議論が広がるはずだ。

## 2　自然勢（いわゆる自発）

御覧じだに送らぬおぼつかなさを言ふ方なくおぼさ〈る〉。（「桐壺」巻、一―七）

見送りあそばすことすら適わぬ不安をことばに出しようがなく思われなさる。

「おぼさる」は「おぼす」（＝「おもほす」）に「る」が付いた。「おぼす」という動詞じたいが敬体で、普通には「思ふ」と言う。「おぼす」に「る」が付いたのだから、「る」に敬意はない。自然とそう思われるという自然勢をあらわす。「思はる」（そう思われて仕方がない）の敬体と考えてもよい。帝の言――

しばしは夢かとのみたどら〈れ〉しを、やう〳〵思ひしづまるにしも、（一—一一）

しばらくは夢かとばかり辿らずにいられなかった、（それが）ようやくきもちが落ち着くにつけても、

「る、らる」の出発点は自然勢だろう。「〜せずにいられない」という、突き動かされる感情が内部から出てくる。

母君の思い——

かへりてはつらくなんかしこき御心ざしを思ひたまへ〈られ〉はべる。（一—一四）

反面では恨めしいことと、恐れ多くもご愛情（のこと）が存ぜられてならないのでございます。

「思はれはべる」（思えてならないのです）が、「たまへ」（謙譲、下二段活用）を介在させて「思ひたまへ〈られ〉はべる」になる。会話文中の「る、らる」と「たまへ」との結びつきは用例がきわめて多い。

……を御覧ずるに、来し方行く末をおぼしめさ〈れ〉ず。（一—七）

（更衣の病勢を帝が）ご覧になると、過去を振り返ること、将来に頼むこと、何にも考えあそばされない。

「おぼしめされず」は「思いあそばすことができない」という不可能をあらわす。不可能とは自然勢の否定であって、自然勢と可能性とは別の機能でない。

相模《さがむ》ぢノヨロきノはまノ—まなごなす児《こ》らは—かなしくおもは〈るる〉かも（『万葉集』一四、三三七二歌）

相模路の余呂伎の浜の真砂（まなご）のような、
最愛のまな子はいじらしく思われてならないよ

あの娘がいじらしく思えて仕方がないと、主観的に感じている〈私〉（話者）の立場から成り立つ表現だろう。いじらしいと判断するのは〈私〉であり、そう思えてならない〈私〉によって自然勢の「る」（ここは「るる」）が要請される。助動辞の役割だと考えられる。

秋来ぬと目には―さやかに見えねども、風の音にぞ―驚か〈れ〉ぬる　（『古今集』四、藤原敏行朝臣、一六九歌）

「秋が来てしまう」と目にはきっぱりと見えるわけでないが、
風の音に「はっ」と気づかされてしまうよ

「驚く」のは「このうたの主格である人が」であり、「驚かる」と言っても、やはりうたの主格である人が「驚かれてならない」のであって、驚くのはその主体である。うた（に限らないが）には主格である人とともに、「秋来ぬと目には―さやかに」と詠む主観的な話者がいる。その話者が（主格について）普通に「驚く」とあらわすか、「驚かる」とあらわすか――普通態か自然態か――という、態度の違いによって「る」の有無を決めている。

## 3　可能／不可能

可能態は自然勢と分け切れない。可能態と言っても、

御胸つとふたがりて、露まどろま〈れ〉ず、明かしかねさせ給ふ。(「桐壺」巻、一―八)
お胸はすっかり閉じられて、すこしもとろとろ眠られず、夜を過ごしかねておられる。

というように、不可能の場合に言う。

わがつまは―いたくこヒらし。ノむみづにかゴさへみえて、ヨにわすら〈れ〉ず(『万葉集』二〇、四三二二歌)
私の妻は恋い慕う感じだ、はなはだしく。(その証拠は)飲む水に影まで見えて、けっして忘れられない

「る、らる」の自然勢と可能態とはおなじ機能で、自然勢を否定すると実際には「できない」というような不可能として表現する。

まぎるべき几帳なども、暑ければにや、うちかけて、いとよく見入れ〈らる〉。(「空蝉」巻、一―八六)
姿を隠すことのできそうな几帳なども、暑いからであろう、上げてあって、たいそうよく(内部が)見通される。

源氏の君が垣間見をするところ。「いとよく見入れ〈らる〉」とは、可能態の事例のようでも、自然と見える状態を言う。「可能」という語の位相を能力に限定するならば、これは能力と違う。日本語では「できる」のもともとが「出で来」(出てくる)であるように、出現すること、自然に成立することをあらわした可能性の実現という程度だろう。

教科書的には「我はこの問題に答えらる」「彼もこの問題に答えらる」というような用例を見いだす。このような用例でも、自然勢に取ろうとすればむずかしくない。

## 4 「る、らる」は「受身」か

どうして、少なくない論者が、「る、らる」「す、さす、しむ」を「助動詞」ではないとするのだろうか。時枝もまたその一人だ（『国語学原論』二ノ三、二ノ五）。

時枝は「花咲かむ」について「花咲く」を「む」が包むとする。「む」は花が咲くことに対する想像的陳述（主体的な想像）の表現だと言う。それはよい。「受身」は、時枝の出してくる事例で言うと、

彼は人に怪しま〈る〉。

において、「彼は人に怪しむ」を「る」が総括しているとは言えない、とする。可能の「る」（ここでは「らる」）についても、

我はこの問題に答え〈らる〉。

は、話し手の可能の表現のように見えても、それは「主体的なもの」の直接的な表現でなく、それを客体化して表現している、と。「彼」についての表現である、

彼もこの問題に答え〈らる〉。

もまた、客体的表現に属すると。「受身と同じである」と言う。

よって時枝は、自身の「助動詞」の定義から辿っていって、「る、らる」が「助動詞」であることを否定する。ここまでで検討してみよう。

事例について苦言を呈しなければならない。時枝の出す「彼は人に怪しまる」の「は」を「が」に変えなければ、

正確さを欠く。現代文で言えば、

　だれかによって彼が怪しまれる。

というような例文のほうがよい。〈私〉（話し手）がいま判断している。その〈私〉は話主じしんの主体的立場であり、ゼロが貼りついている。そういう理解でよいはずなのに、時枝の例文だと「が」でなく「は」だから、

　彼は人に怪しまる。（口語で言えば、「彼は人に怪しまれる。」）

というので、「る」が総括しているとは言えないというような判断が出てくるのかと思う。（「に」も「から」にしてほしい。）

　時枝の出した文例は不用意と言うことになろう。「は」は何かと言うと、差異化、取り立て、場合によって主題を提示するのであって、主格を代行しうるから、「が」に取って代わった。「は」だと、「彼は」を「彼について言えば」と言い換えることができる。「彼について言えば、人に怪しまる」という文となって、その主格はと言えば、「（彼が）人に怪しまる」というように、ようやく「彼が」に到達する。

　「（人が）怪しむ」―零（ゼロ）

を、「彼が」と、彼を前面に出して（「彼」を主格にして）受身であらわすために、

　「（彼が）怪しま」―る

と「る」を要請したのは、〈私〉のうちなる欲求である。ここには格変動がある。その格変動を要請したのは、話し手である〈私〉の欲求があるからにほかならない。

　さらに言えば、「る」の機能がもともと自発（自然勢）であることを考慮に入れれば、

　だれかが彼を怪しむ。

と

　だれかによって彼が怪しまれる。

とを単純にペアにして並べることがおかしい。これでは英文法の応用でしかない。

「彼が怪しま」―れる。

を自然勢のように受け取ることを、日本語としては前提としたい。「彼」が怪しい（と〈私〉には思われる）、そう思えて仕方がない、自然とそう考えられる。「彼」が疑惑の対象になっていると主観的に判断するひとがいれば成り立つ表現と見られる。

山田がそうだった、時枝もまた英文法などの知識によって、考察のしがらみに分けいったのだろう。「る、らる」がいきなり受身でよかったか、じっくりとテクストからの用例調査をすることを国語学者がなかなかやらない、という困ったケースではなかったか。自然勢か受身か、あるいは（不）可能か受身か、判断のむずかしい場合に往々にしてぶつかる。

しのば〈る〉べき形見をとゞめて、深き山里、世離れたる海づらなどにはひ隠れぬるをりかし。（「帚木」巻、一―四一）

は、自然勢とも受身とも取れる。

われも人もうしろめたく心おかれじやは。（一―四三）

（不）可能とも受身とも、よくわからない。無数のこのような事例を精査することと別に、英文法の受働態の適用から始めても、テクストから切り取った解剖ということになる。

## 5　自然勢／可能態と受身

自然勢や可能態の「〔怪しま〕―れる」が、いま受身＝被影響になろうとする。たしかに、何らかの変化がそこに起きる。ナッセント・ステート（nascent state　発生機の状態）があろう。その動きとは何だろうか。機能語の範囲内で起きたことなのか、それとも、辞が詞になるとでもいうような、重大な変化なのだろうか。

から打ち捨て〈られ〉て心おさめむ方なきに、（「桐壺」巻、一—一四）

かように（故更衣から）捨て置かれてきもちを慰める方法もないのに、

は、いわゆる受身（受働態）と一応見られる。「受身」あるいは「受働態」という語が正確かどうか、代替する語が見つからない（被影響とも述べておく）。山田も時枝も、そして大多数の論者が英文法の受働態を前提に「る、らる」を考察するという終始で、結果はおなじになるとしても疑問を感じてよい。帝をこの世に「打ち捨て」るのは桐壺更衣（故人）だ。「打ち捨てらる」と言えば、自然勢か可能態かに取るならば、故更衣が帝を自然と「打ち捨て」る、（という言い方が不自然ならば）打ち捨てることができる。「打ち捨てられず」と言うと、打ち捨てることができない（不可能）。

受身になるためにはどうしても主格が交替して（格変動という言い方がある）、帝が「打ち捨てられ」る、という当面の言い方になる。厳密には主格が交替すると言っても、（一）新しい主格者は行為を起こしていない、（二）主格者の身に影響が起きている、といった条件下でならば成立する。だから日本語に欧米語と同様の受働態があるということには違いない。「る」の例だが（上代に「らる」の例が見つからない）、

山菅ノ—実成らぬ事を、吾《わ》に依ソり〔所依〕、言は〈れ〉し君は、孰《たれ》トか宿《ぬ》らむ（『万葉集』四、五六四歌）

山菅ではないが、実のならぬことを、私に関係あるかのように
言われたあなたは、（私じゃないのね）だれと寝てるのかしらん今ごろ

唐《モロこし》ノ遠（ノ）境に、つかはさ〈れ〉まかりいませ、……（五、八九四歌）

唐土の遠き地域に派遣され、おでかけになって、……

とある。主格が交替して成り立つ表現であるとは、自然勢／可能態と受身とがまっすぐには繋がらない、ということでもある。発想の転換がいくらか必要なケースだろう。機能語であるからには、自然勢／可能態を「る、らる」があらわした。とともに、受身の言い方をも「る、らる」をもってした、ということではあるまいか。自然勢／可能態の言い方から、あいて側に立っての言い方に変えようとして、おなじ「る、らる」を使うということになったのだと思われる。

もうすこし言うと、自然勢や可能態という機能をあらわすために「る、らる」が持って来られた。おなじく受身をあらわすためにも「る、らる」が持って来られた。ついでに言えば、敬意をあらわすためにも「る、らる」が持って来られた。機能が発展し、分化しても、なお自然勢、可能態、受身、敬意のあいだに何らかの共通点があったり、対比があったりするからだろう。

## 6 『万葉集』の「ゆ、らゆ」

上代の「ゆ、らゆ」が、ほぼ中古の「る、らる」に相当する。「る、らる」のうち、「る」は上代に見え、「らる」はないと言われる。「ゆ」と「る」とを比較すると、内容上、きわめてよく一致する機能から成る。おそらく別語から来て機能をおなじくしたために、「る」が生きのこり「ゆ」を滅ぼしたのだろう。「ゆ」が「見ゆ、きこゆ、おもほゆ、いはゆる」などに生き延びたことはよく知られる。

「ゆ」は「あゆ」（下二段）という、「似る」あるいは「こぼれる、落ちる」というような意味の動詞から転成したか。また、「る」は「生（あ）る」（下二段）からできたかといわれる。

**ゆ**

自然勢

くりはメば、ましてしぬは〈ゆ〉(五、八〇二歌)

可能態

みるにしら〈え〉ぬ。うまひトノこト(五、八五三歌)

受身

ひトにいとは〈え〉、……ひトににくま〈え〉、(五、八〇四歌)

一応、三つの機能に分けようと試みても、どこかかさなりあう。「ゆ」と「る」とは別の起源から出てきた語で、おなじような機能を持ったために容易に「る」が「ゆ」に取って代わった。

**らゆ**

いもをおもひ、いノね〈らえ〉ぬに、あきノ野に、さをしかなきつ。つまおもひかねて(一五、三六七八歌)

という事例ほかが知られる。「らる」は『万葉集』に見つからない。

## 7 「る、らる」の敬意

「る、らる」を使ってあらわす敬意は、身分の低い人への敬意や、目下のひとへの敬意がおもだろう。親しい場面では身分の高い人あいてや、年齢が上の人あいてにも「る、らる」が使われる。会話文などのなかだと、身分や年齢を越えて敬意の言い回しが見られることに不思議はない。
「る、らる」は自然勢だとすると、あいての自然状態から「なさる」という敬意が出てくると一般に考えられている。それでよいとしても、実情としては軽く敬意で遇したいときに自然勢の「る、らる」をもってした、という順序だろう。
「桐壺」巻の場合、最大級の敬語を使わなければならない帝が場面の一つの中心であるから、「る、らる」のような軽い敬意の出てくる余地がないと考えられる。「帚木」巻以下に見られる。

異人《ことひと》の言はむやうに心得ず仰せ〈らる〉。（「帚木」巻、一―三七）

「仰す」（下二段活用）は「背負わせる、言いつける、命じる」意で、源氏の君が頭中将に「ことばを下す」。「仰す」じたいに敬意はない。それに「らる」が付いた。「らる」はもともと自然勢で、自然にそうなること。仰せがあいてから自然と出てくる。ひとさまの行為を自然な（無意志の）発露として、自然勢の「らる」であらわす。よって「らる」が敬意をあらわすに至る。

なぞ、かう暑きにこの格子は下ろさ〈れ〉たる。（「空蝉」巻、一―八五）

格子を下ろしてあることに対して、侍女たちへ漠然と敬意を示した小君の言い方だろう。受身と取れる事例かもしれない。

日ごろおこたりがたくものせ〈らるる〉を、（「夕顔」巻、一―一〇二）

乳母《めのと》である人（惟光の母）への敬意。

尼君ましてかやうのことなど諫め〈らるる〉を、（一―一三二）

人〳〵近うさぶらは〈れよ〉かし。（「若紫」巻、一―一八五）

前者は尼君について、後者は侍女たちに対して、というように、軽めの敬語として使われる。ついでにいうと、「身づからひそみ御覧ぜ〈られ〉給ふ」（「夕顔」巻、一―一〇二）は地の文で、「御覧ぜ」が敬意だから「らる」は受身となる。「（尼君は）自分から泣き顔を作って（源氏の君に）御覧にいれなさる」（新大系）、の意。

## 8　尊敬と使役――「す、さす、しむ」

「す、さす、しむ」は、「る、らる」とともに、助動辞がけっして意味語でなく、機能語であるさまを遺憾なく発揮する。「す、さす、しむ」は尊敬という「意味」を持つわけでなく、使役という「意味」を持つわけでもなくて、助動辞であるからには尊敬か、あるいは使役か、何らかの機能として働くに過ぎない。新しい機能を獲得していって、古い機能が衰えてゆくというような推移が考えられる。

助動辞は元の自立語から転成してくる。「す、さす、しむ」は動詞「す」（サ変）と深くかかわって生まれたろう。必要から、さきに確認すると、サ変動詞は、

せ　し　す　する　すれ　せ（ヨ）

というように活用を纏められる。動詞「す」は、現代語「する」でも、〈行為や働き〉のほかに、「寒気がする、気がする、暗澹とする」のような、〈生理現象や感じ〉などをも「する」と言う。現代語で言うと、「発達する、完成する、ざらざらする、（音が）する」という言い方もある。これらを行為や働きと言いにくい。文明が発達する、表面がざらざらする、などという。「完成する」は「～を完成する」と言えるかもしれないが、なお「事業が完成する」と自動的に言える。自転する、乖離する、ふらふらする、など「する」ということができる。

まず、そういう動詞の在り方を押さえておく。

**す**（四段型、下二段型）

助動辞「す」には四段型と下二段型とが見られる。

四段型活用をする助動辞「す」と、

さ　し　す　す　せ　せ

下二段型活用をする助動辞「す」とがある。

せ　せ　す　する　すれ　せよ

上接動詞は前者が、四段動詞、ラ変で、後者はナ変にも下接するようである。前者は『万葉集』など上代文献に見られる。

此（ノ）岳に　菜採ま〈す〉（＝採須）児　家吉閑　名告ら〈さ〉ね　……（一、一歌）

朝猟に、今立たす（＝立須）らし（三歌）

馬数メて、朝ふます（＝布麻須）らむ（四歌）

吾（が）せこは―借廬作らす（＝作良須）（一一歌）

此（ノ）山ノ、弥高しらす（＝思良珠）（三六歌）

安見知し　吾大王　神ながら　神さビせ〈す〉（＝世須）ト、芳野川　たギつ河内に　高殿を　高知り座して
上り立ち、国見をせ〈せ〉（＝為勢）ば　……（三八歌）

と、はなはだ多い。これらの事例にはどれにも敬意（尊敬）が感じられる。しかし、尊敬という「意味」があるわけではない。どのようにして敬意の機能が備わってきたのだろうか。

ついで、下二段型の用例をも見ると、平安時代にはいってから見るようになる用法である。四段型と下二段型とで『万葉集』時代と平安時代とを分け合っているために、問題を複雑にしている。

急ぎまゐら〈せ〉て御覧ずるに、（「桐壺」巻、一―五）

あるときには大殿籠り過ぐしてやがてさぶらは〈せ〉たまひなど、……（同）

御後身《うしろみ》だちて仕うまつる右大弁の子のやうに思は〈せ〉て率てたてまつるに、（一―二〇）

「まいることをさせる」「伺候させなさる」「思わせる」と、いずれも「させる」状態をあらわす。使役と言われるのでよい。尊敬と使役とを『万葉集』時代と平安時代とが分け合っている。

ここでさきに見ておいた動詞に登場してもらう。終止形がおなじ語形で、四段動詞と下二段活用との両方をもつ動詞がいくつか知られる。「あふ（会ふ、合ふ）」（四段）と「あへしらふ」の「あふ」（下二段）とはペアになる。いる（入る）、すすむ（進む）、たつ（立つ）、たのむ（頼む）、たる（垂る）、つく（付く）、わく（分く）など、四段動詞と下二段活用とがあり、下二段のほうが他動詞になる。あわせる（饗応する、和える）、這入らせる、進める、立てる、頼ませる、垂らす、付ける、分ける、というような意味になる。「もつ（持つ）」（四段）は本来、「冷蔵庫

で三日、もつ」というように賞味期限を言う自動詞で、「もてなす」「もてあそぶ」（現代語で言えば「もてる（男）」）という下二段（現代語は下一段）になると、「もたせる」（期待させる、もちあげる）という意味となろう。以上、『源氏物語』に用例を仰いだ。

助動辞「す」の四段型と下二段型との差をそれに準じてみると、四段型の「す」は、自然とする、そうなるままに置く。『万葉集』などに見られる「採ます」は、自然なこととして採む、自然と採むことになる。「作らす」は、自然なこととして作る、自然と作《な》すに任せる。そのような経過をへて、無作為から敬意が生じてくることには無理がない。採むことがなされる、お採みになる。作る状態がそこにある、お作りになる。そのような経過を辿って、「尊敬」という機能を獲得してきたと考えられる。そのような敬意を生じさせるために「す」を導入したという一面があろう。

下二段型の「す」は、〜させる。「す」はそのまま使役となる。それに「給ふ」が付くと、貴人《きにん》みずからへの使役となってより高い敬意をもたらす。

人の譏りをもえ憚ら〈せ〉給はず、世のためしにも成りぬべき御もてなしなり。（一―四）

「憚る」に使役の「せ」が付き、「給ふ」の尊敬性を一段と高める。桐壺帝がご自身にもったいなくも遠慮ということをさせあそばす（ここはさらに否定して「させあそばすことができない」）。

従来の説明では、貴人が何もせずに、周囲に命じていたからだ、とされる。それで使役が尊敬になったという、やや滑稽な意見がまかり通る。そうではなかろう。貴人が自分へ命じる。もったいなくもご自分のおみ足に命じて歩かせあそばす、恐れ多くもおからだに命じて寝ませなさる。歩行や御寝を本人以外のだれがするだろうか。「せ」じたいに敬意という機能はない。

「せ給ふ」という言い方は、ひとに言わせるような場合もまた当然「せ給ふ」というかたちになるから、テクストから読み取らねばならない。

……かことも聞こえつべくなむ」と言は〈せ〉給ふ。（一—一五）

など。

以上、繰り返すと、下二段型の「す」は使役であり、それを「給ふ」という敬語と同時に使うことで、敬語の敬意を一段と高める。「す」じたいに敬意が生じたわけではない。四段型の「す」はおもに『万葉集』に見られる。無作為をあらわすことから、早く尊敬をあらわす語へと転出したと考えられる。

**さす**

させ　させ　さす　さする　さすれ　させよ

という活用からなる。

「これは、さらにさやうにさし退《の》けなどすべき御車にもあらず」と口強《くちこは》くて、手触れ〈させ〉ず。（「葵」巻、一—二九四）

というように言う。この「さす」が、敬語、たとえば「給ふ」と併用されると、

あまたの御方〴〵を過ぎ〈させ〉給ひて、ひまなき御前渡りに、（「桐壺」巻、一—一六）

と、高い敬意つまり最高敬語になる。帝ご自身がもったいなくも身体に命じて方々（女性たち）のまえを前渡りさ

せなさる。併用されて生じる高い敬意であって、「させ」じたいに〝敬語〟性はない。

謙譲との併用の例もまったくおなじ機制で、

この御方の諫めをのみぞ猶わづらはしう心ぐるしう思ひきこえ〈させ〉たまひける。(「桐壺」巻、一―六)

母君、泣く〳〵奏してまかで〈させ〉たてまつり給ふ。(一―七)

というように、「きこえ〈させ〉」は「さす」(使役)の使用によって、弘徽殿女御への高い謙譲をあらわし、「たまひ」が帝への尊敬をあらわす。「まかで〈させ〉」は、桐壺更衣を退出させる。帝に対して謙譲し(=たてまつり)、「給ふ」は母君への尊敬として働かす。「させ」じたいに敬意はない。

## しむ

上代の使役には、

しメ　しメ　しむ　しむる　しむれ　しメ(ヨ)

と活用する「しむ」があって、「し」と「む」とが結びついてできた(別の説もある)。使役と言っても、なすがままにさせておく、随意にさせる、放置する。

『源氏物語』では事例は宇治十帖に三例のみある。

御前に詠み申さ〈しめ〉給へ。(「早蕨」巻、五―五)

重く勘当せ〈しめ〉給ふべきよしなん仰せ事侍りつれば、(「浮舟」巻、五―二四八)

まことに出家せ〈しめ〉たてまつりてしになむ侍る。(「夢浮橋」巻、五―三九五)

男性宗教者や官人の言に使役「しむ」の用例を見る。「しむ」じたいに敬意はなく、敬語との併用で高い敬意（尊敬や謙譲）が生じる。ただし、『源氏物語』の三例の限りでは、そのように高い敬意にあるか、使役そのものであるか、にわかに断定がむずかしい。

# 三部　詩歌の表現文法

懸《か》け詞《ことば》は詩歌の〝技法〟として最もたいせつな一角を占める。それらによって序詞《じょことば》がもたらされたり、枕詞などが使われたりする場合を、文法という視野の一角に据えて記述することができないか。従来、文法の視角からなかなか考えられてこなかった理由についても、想いみる必要がある。ともあれ、文法と修辞学とは対立する。

すぐあとに書くように、懸け詞と口合い（だじゃれ）とが、学習上、一つにして説明されている。なかにはなるほど、だじゃれで清音と濁音とを一緒にして見せるようなのもあって笑わせる。「物名《もののな》」歌はそんな効果を狙う。しかし、清音と濁音とをかさねる場合も含めて、懸け詞はその懸けられた場所のみに終わることなく、効果が一首ぜんたいに広がる。

懸け詞は比喩（―喩《ゆ》、喩え）とは何かという問題に直結する。

「譬喩歌《ひゆか》、寄物陳思《きぶつちんし》、正述心緒《せいじゅつしんちょ》」（『万葉集』に見る分類）とは何か、「物名」歌とは何か、また「かぞへ歌、なずらへ歌、たとへ歌、ただこと歌」（『古今集』仮名序）について、詩歌文法の延長上から分別し直すことは可能か、課題は大きく複雑にある。

序詞の古い言い回しや枕詞は、「ふるコト」と言われる古伝承からやってきた。『歌経標式』はうたの基本構造を「古事」（＝「ふるコト」）と「新意」とからなるとする。これは〝ことば〟と〝こころ〟との対比ということでもある。「ひとのこころをたねとして、よろづのことの葉とぞなれりける」（『古今集』仮名序）と書き出されるような根源的な認識が、およそこのように『歌経標式』に見られる。

# 九章 〈懸け詞〉文法

## 1 地口・口合いと懸け詞との相違

懸け詞という、ことばの懸け橋。それらをどのように文法として説明することが可能か。懸け詞を説明できるような文法はありうるのか。〝詩という言語〟のなかで起きている事象であるならば、一度は文法が出動してよいのではないか。

もし、懸け詞が、説明として、pun《パン》、地口《じぐち》、だじゃれ、ごろ合わせ、もじりのたぐいと同一視されてきた従来ならば、懸け詞とそれ以外との相違は最初の観察点となる。

地口やだじゃれは広くことばの遊びとしてあり、その適用範囲は詩よりかなり広い。秀句《しゅうく》、軽口とも言われる、口合いの遊びの楽しさは一瞬の〝芸術〟としてある。秀句の名人、からかさ作りの男が大名から秀句を乞われて、

骨折って参った。（能狂言「秀句傘《しゅうくがらかさ》」）

と応える。

詩歌の懸け詞にもたしかにおなじ技法が見られる。部分的な技法箇所だけを取り出せば、類似点の指摘で終わる。

詩歌から、懸け詞の箇所だけを取り出すならば、〈骨折すること〉と〈苦労すること〉との、地口や口合いと変わるところがない。そうでなく、詩文ぜんたいから技法箇所を見通したいと思う。技法箇所ばかりを特化しても詩の文法に至らない。

文の途中でもう一つの線路に乗り換えるようなこと、言い換えると、ある駅のホームで乗客が一番線から二番線へ乗り移ることを、だじゃれの類とおなじ性質にはできない。地口やだじゃれならば、瞬間的で、笑いとともに元に戻ることができる。乗り換えることは身体的な移動だ。

「転轍《てんてつ》する」という語はないだろうが、轍《わだち》を転ずるというような意味で、ある線路を直行せず、転轍機により隣の線路へ切り替えられることが文の上で起きるとしたらば、列車は二番線の文へと屈折して進むことだろう。うまい喩えが見つからないけれども、一首の短歌なのに二つめの「主格」がかさなり出てくるという、駅の複雑な風景は、文法の視野から関心を持たされる。一首の歌ぜんたいには統一性があるから、ホームで乗降するか、転轍機で屈折するか、別の「主格」へと代わったにもかかわらず、うた一首の〝文末〟まで読み手は進行することになる。

## 2　〝二重の言語過程〟

頼りとする、時枝の『国語学原論』(二ノ六)をしばらく追ってみる。考察上の手がかりとしたい。前人のまだ踏み込めない領域へ踏み込む、氏の試行錯誤がそこにはあった。先達への不満から、欠陥を咎めることはわれわれのやむを得ぬしごとであるとしても、氏の関心である「国語美論」からやや距離を置いて、文法的にどこまで、時枝の言うなかから意義が見いだせるか。

一語を以て二語に兼用し、或は前句後句を、一語によって二の異った語の意味に於いて連鎖する修辞学上の名称であることは周く知られる処である。

最初に時枝がほどこす、懸け詞のみぎのような説明は、「一語を以て二語に兼用し」というような言い方に対して、訂正をほどこしたくなる。「一語」が「二語」を兼用するとはどういうことか。少なくとも懸け詞の広がりのうち、一部の用法について不正確に言うに過ぎない。

同音を二語が兼用するという言い方ならば、まあ許される。二語が別語である時に、おなじ音を共用することは懸け詞の一つの在り方としてある。時枝の使う例歌を以下、私にも利用しよう。

花の色は―うつりにけりな。いたづらにわが身、世に―ふる。ながめせしまに(『古今集』二、小野小町、一一三歌)

花の色は衰えてしまいましてな、ああ。無為に、わたくしこと、世事にもの思いして過ごしましたあいだに(、長雨ですっかり)

梓弓―はるの山辺を、越え来れば、道も―避りあへず、花ぞ―散りける(同、貫之、一一五歌)

梓弓(枕詞)春の山辺を越えて来ると、道もせに、避けきれないほど、花が散ったということよ

前者について、時枝は「「ふる」は「経る」と「降る」の二語に、「ながめ」は「詠め」「長雨」の二語に兼用したものである」と言う。氏に従うならば、「ふる」や「ながめ」をそれぞれ一語と認容することになる。それでよいのだろうか。「ふる」や「ながめ」というような一語は存在しない。あえて言えば、懸け詞を説明するための手

段として、これらのうたのなかでのみ想定ないし認容される語「ふる」そして「ながめ」でしかない。

「経る」という説明にしても、「旧る、古る」（上二段）だろう。「経《ふ》」（終止形）ならば下二段の別語だ。一語でなく、「同音を二語が兼用する」という言い方へ訂正しても、それでも不正確な感じがのこる。同音という意識よりも、「旧る、古る」そして「（雨が）降る」という、二語であることが意識としてはさき立つであろうから。「詠め」「長雨」にしても、二語の奥に「ながめ」という同音が響くので、その「ながめ」を一語とは言いにくい。「張る」は「春」を同音とすることによって、懸け詞性が起きてくる。

そのような二重過程を時枝は言いたいはずだ。〈音声「フ（ル）」あるいは「ハル」が二重の言語過程を構成する、そしてそれぞれ二の概念あるいは表象を喚起することが存在しなければならない〉とはそういうことだろう。同音に拠って、

　二重の言語過程を構成する

ということが押さえどころとなる。「梓弓ハル」においては「張る」の概念をのみ承接し、「ハルの山辺」においては「ハル」の概念のみをもって承接する、と。

言い換えると、懸け詞という経験は、

「ハル」という音声が、「梓弓」に接しては「張る」の意味を喚起し
「の山辺」においては「春」の意味を喚起する

という経験以外ではない。この経験によってわれわれは二語の存在を把握する。その媒材が共通音であることから、これを懸け詞ということができる、と言い換えたい。共通音をもって喚起される二語の概念の間には、

　明瞭な対比が意識せられている

ということも押さえるべきだと、氏は要点として挙げる。

「梓弓―はるの山辺を」歌について、「梓弓張る」は「春の山辺」に対して、いかなる論理的意味においても聯関

を持たない。この、

論理的意味において聯関を持たない

というところが要点となる。全体に統一されるのは、「ハル」という音声が、二重の言語過程によって一方は「梓弓」に連なり、他方「の山辺」に接続せられるために保持される統一関係があるからだという。論理を超越した一の聯想関係によって結ばれる。

## 3 〝一語多義的用法〟

別のうたについて言うと、

独り寝《ぬ》る床は―草葉にあらねども、秋来るよひは―露けかりけり（四、詠み人知らず、一八八歌）

独り寝するベッドは草の葉っぱじゃないけれど、秋が来る、飽きが来る、あなたの来ない夜は露もしとどだった（、いまも）

は、時枝の言わんとすることを纏めると、「露けし」に〈自然の露けき〉意と〈心のかなしき〉意とが、二つの観念として、截然と対立させせられている。これは懸け詞といわれなければならない、と。「截然と対立させせられている」という対照性は懸け詞であると、われわれも合意できる。

秋風にあへず散りぬる、もみぢ葉の―ゆくへさだめぬ我ぞ―かなしき（五、同、二八六歌）

秋風に耐えられず散ってしまう紅葉。（紅葉ではないが、）

もまた、「もみぢ葉の—ゆくへ」が〝我が心のゆくえ〟と異なる観念だから、懸け詞の意味が成立する、と。「秋風にあへず散りぬる、もみぢ葉の」は、「ゆくへさだめぬ我」の限定修飾語と、いかにしてもなり得ない。「ゆくへ」が懸け詞であるとは、〈論理的統一以前の矛盾せる二つの観念を、その矛盾のままに投げ出すところに意味がある〉と時枝は説明する。

その〈自然の露けき〉意の「露けし」と、〈心のかなしき〉意の「露けし」とは、別語の「露けし」であるとなかなか言うことができない。一語「露けし」の意味のはばを利用する懸け詞としてある。同様に、「ゆくへ」についても、一語の広がりが懸け詞を成立させているのであって、二語ということにはならない。だから、この在り方が、時枝の言う「一語を以て」に当たるとは言えるかもしれない。時枝じしんに「一語多義的用法」を否定するような口調も見られるけれども、私としてはかえって懸け詞の、

一語多義的用法

をここに位置づけてよいかと思われる。正確には一語の意味のはばを利用して（同音に拠らないで）、その二つの意味を利用する懸け詞の方法だ。あるいは、一語が二語へと分離する瞬間を狙った技法というように言えるかもしれない。

学校文法や、あるいは受験文法では、そのような「露けし」や「ゆくへ」を〈懸け詞的用法〉とは称しても、真の懸け詞としてなら認めがたいとするかもしれない。しかし、「張る」と「春」、「秋」と「飽き」（「松」と「待つ」、「嵐」と「あらじ」など）といった事例のみを懸け詞として認めるのでは、言ってみれば地口やだじゃれに類する用法をのみ懸け詞とすることとなり、詩の広がりや深さに至りがたいのではないかと恐れる。

時枝に刃向かうことになるのか、随行していることになるのか、心許ないけれども、私としては懸け詞の〝一語

多義的用法〃を認める立場を取りたい。一語における意味のはばを積極的に利用するというのにも、論理上の遮断ということが起きているはずだ。

秋来るよひは―露けかりけり

の「露けし」には、〈自然の露けき〉意と、〈心のかなしき〉意とが、截然と対立させられている。論理上は繋がらない、自然と心との対比を興味としている。これを一語多義(ここは二義)とする言い方はあってよいと思われる。

以上を纏めると、懸け詞には大きく(A)同音による二語のかさなる過程と、(B)一語多義的用法とがあることになろう。学校での学習はおもに(A)を懸け詞として認定しているかもしれない。(A)は広く日常生活に行われることばの遊戯だ。(B)もまた、日常生活において言語生活を豊かにする(複雑にする)要因であるにしても、詩的にはとりわけ(B)が重要だと考えられる。

## 4 うたの全体感

以上から、

(a) 二重の言語過程を構成する
(b) 明瞭な対比が意識せられている
(c) 論理的意味において聯関を持たない
(d) 一語多義的用法

と言ったことどもを拾い上げてみると、(a)はたいせつだ。『広辞苑』(「掛詞・懸詞」項、電子辞書)の説明によると、「同音異義を利用して、1語に二つ以上の意味を持たせたもの」が懸け詞だとある。同音異義としては、「待つ」と「松」とを例示している。「1語」で二つ以上の意味を持つというところが、時枝もおなじ言い方をしていたところであり、にわかに承伏しがたい。「待つ」と「松」とは別語であり、二語であって、「1語」ではない。同音が別語を共有するとは、時枝の言うように（a）「二重の言語過程を構成する」とするならば、より正確となる。（b）「明瞭な対比が意識せられている」ということ、（c）「論理的意味において聯関を持たない」ということは懸け詞の大きな特徴となる。そして、文法的にはこの（c）に注視せざるをえない。57577としての（1）統一感があるにもかかわらず、（2）論理的には統一しない、という分裂にこそ時枝そのひとが探求してきた文法の要点がある。

統一感とは、

梓弓—はるの山辺を、越え来れば、道も—避りあへず、花ぞ—散りける

について見ると、時枝が「右は末尾の「ける」という辞に於いて、全体的に統一されているということは明らかである」とした上で、（さきに引用し始めたところながら——）

然るに、「あづさ弓はる」は、「はるの山辺云々」に対しては、如何なる論理的意味に於いても聯関を持たない。しかもこの一首が、全体として統一された表現であるということが出来るのは、いうまでもなく、「ハル」という音声が、二重過程によって一方は「梓弓」に連なり、他方「の山辺」に接続するが為に保持せられる統一関係があるからである。（『国語学原論』、同）

とする。論理的に統一しないが、一つの詩歌という全体としてみると統一された表現であるとは、懸け詞を文法の考え方から考察するうえでの要点となる。懸け詞を地口や口合いとおなじに見るならば、単に部分でよい。ところが、懸け詞はうたの全体感のなかで真に生きられる。文が通常に持つ論理的統一に対して、それを破綻させる詩歌の文法を何と呼べばよいのだろうか。

（d）〝一語多義的用法〟はうたの全体のなかに置かれてのみ意義を持つ。

## 5 表現者という主格の文法

詩歌において、作者と別に、また文の論理上の主格と別に、想定される詠み手という存在が考えられる。

秋霧の—はるゝ時なき心には—立ち居のそらも—思ほえなくに（一二、凡河内躬恒、五八〇歌）
秋霧が霽れないように、晴れる時がない心にあっては、
立ったりすわったりの判断も、上の空で、何にも思われないことで……

「はるゝ」の意味のはばからはいって、「立ち居」は立ち居振る舞いながら、霧の生態観察としてみると、なかなかあじわいがある。霧が立ったり居座ったり、立ちこめたり。ことばからことばへ、懸けて広がることによって、晴れない感情や、居ても立ってもいられない、日常座臥であるはずなのが、高められた詩的生活であるかのように意味賦与される。このうたには（詞書の上に出てくる作者（あるいは「詠み人しらず」）と別に）、論理上の主格が見つかり、さらに表現者という詠み手もそこにいる、ということだろう。論理上の主格としては、

秋霧が霽れる（秋霧のはるる）
心が晴れる（〈心の〉晴るる）
時がない（時なき）
霧が立ち居する（霧の—立ち居）
（私が）立ち居する（〈我の〉立ち居）

（私が）思うこともできない　（（わが）思ほえなくに）

といった人称や自然称がいくつも見られる。これら（秋霧、霧、心、時、（私））は論理上の主格と見られる。

　これらの論理的関係を遮断する〈手〉ないし〈思い〉のような何かを考えてみよう。「秋霧が霽れる」と「心が晴れる」とは、遮断されているにもかかわらず、懸け詞として統一されている。この統一させる手を５７５７７というこの詩歌の全体に求めるしかない。「霧が立ち居する」と「（私が）立ち居する」という懸け詞も、論理的に遮断されているからには、詩歌の全体に統一を求めることになる。

　二つの懸け詞がこのうたにはあり、遮断を二回、見せながら統一して一首を終える。その統一の遠因は作者（物語で言えば作家）だとしても、テクスト外のこととて、いまは作者を詩歌のそとに置く。作中の「我」「わ」は統一を欠いて散在する。「秋霧」と「心」とは対比的（自然と心と）に、別々の存在としてある。そうすると、「我」「わ」はあくまで作中の一人称としてあるから、それを措いて、統一は〈詠み手〉とでも言うべき真の主格に委ねられ、その人の手によって書き留められ、あるいは思いとして纏められる。

　詩歌に統一をもたらす真の主格から纏められた関係を、狭義にそれこそ〈文法〉と名づけてよいのではないか。論理的関係はたしかに文法に違いない。とともに、それを支える文法を構想して、まさに時枝をヒントに〈真の表現者の文法〉＝表現文法を認容してみたい。時枝がいみじくも、「梓弓―はるの山辺」歌について、「末尾の「ける」という辞に於いて、全体的に統一されている」と述べた通り、〃辞〃という機能語、「けり」によって、５７５７７という言語表現が成し遂げられている。

　私はこれを狭義に表現文法上の〃主格〃が登場した場合だと見て、真の文法上の統一とする。一首の表現を統率すると見なされる表現者という格を文法の根源的位置に認める。それが〃詠み手〃であり、物語的に見れば語り手であり、会話ならば話し手となろう。表現者からは一首一首に統一性がある。

## 6 同音を並べる技法について

同音や類音を並べるうたは多い。古風な技法であり、序詞にならない事例もある。

巨《コ》瀬《せ》山《やま》ノ列々椿《つらつらつばき》―つらゝゝに見つつ思はな。コせノ春野を（『万葉集』一、坂門人足、五四歌）

　巨瀬山ノ列々椿がつらつらと並ぶ。
（私が）つらつら見つつ賞美する。巨勢の春の野を

は、椿とそれを賞美することとを並べる。「巨瀬山ノ列々椿」は第三句の「つらゝゝに」に対し、椿が列なるさまと、それを「つらつらに（よくよく）見る」という関係と見れば、懸け詞式の繋がりとなる。しかし、よくよく見たいのは巨勢の春野の椿だから、第五句へとそのまま繋がる。たいして屈折があるとは言えず、序詞をなしているとも言いにくい。

楽浪《さざなみ》ノ思賀ノ辛碕《からさき》―幸《さき》くあれド、大宮人ノ船まちかねつ（一、柿本人麿、三〇歌）

　楽浪の思賀の辛碕はさいさきがよい。そのはずなのに、
帝がたのお船を（もう）待ちかねてきた（、じりじり）

「碕」と「幸」とを並べるところ、「碕」からサキという音を起こし、同音から「幸く」を起こす。

楽浪ノ思賀ノ辛碕《さき》―幸く……

同音のサキを呼び起こして、「幸《さき》くあれド」へ繋がるところ、懸け詞らしさがあると言える。「碕」と「幸」とは別語であり、同音によって二重化されている。「楽浪ノ思賀ノ辛碕」を序詞というのはよいが、このうたの場合、「楽浪ノ思賀ノ辛碕」と「幸くあれド、大宮人ノ船まちかねつ」とは、近江廃都を詠む内容として、よく繋がる。序詞から本句へ意外な展開をするというようには受け取れない。

み吉野ノ瀧ノ白浪《しらなみ》―知らねドモ、語りし―告ゲば、古念《いにしへ》ほゆ（三、土理宣令、三一三歌）

み吉野の瀧の白浪。知らないさ。けれども、
語りそして伝えるから、古昔のことが偲ばれる

「白《しら》」から「知ら」を起こすお馴染みの同音的展開で、「み吉野ノ瀧ノ白浪」は序詞をなす。しかし、古い吉野のことを自分は知らないというので、序詞と本句とのあいだはおのずから繋がる。

## 7 「二重の序」を持つうた

「二重の序」を持つうたというのを、万葉学の伊藤博の論考から見る。▼注1 序詞を二回有するうた（複屈折歌と名づけよう）を、武田祐吉、沢瀉久孝、両先行研究者から引いて伊藤は考察する。一旦屈折し、二度めの屈折があるというううたは『万葉集』にそう多くない。

橡《つるばみ》ノ衣解き洗ひ―又打山《まつちやま》―古人《モトつひト》には―猶如かずけり（一二、三〇〇九歌）

つるばみのころもを解き洗い、また打つ。又打山《まつちやま》だ。（うん、

もともとの本妻さんにやっぱりまさるひとはなかったってこと

これは、

①橡ノ衣解き洗ひ―（屈折）―又打山

と、

②又打山―（屈折）―古人（モトつひト）には

という、二回の屈折を有する。①のなかの「橡ノ衣解き洗ひ―」は、橡の衣を解き洗いして「また打つ」（砧打ちする）ことから「又打山」に懸ける。これは懸け詞に拠って繋がる序詞であり、②も「又打山」が matuti-yama（マトゥティヤマ）というような発音であることに気づけば、類音の「古人」mötö-tu-phitö を起こしてくる技巧であることがわかる。「橡の衣解き洗ひ―又打山《まつちやま》」がもう一つの序詞となる。類音による序詞であって、かならずしも懸け詞になっていないにせよ、技巧的には懸け詞に準じて考えられる。

「橡の衣解き洗ひ」で、うたの中途から意味が流れる。転轍して「又打山」に懸かってゆき、その「又打山」は、と言うと、ほとんど文を形成する間もなしに、「古人（モトつひト）」に引き継がれ、そこでようやく〝モトつ人には猶しかずけり〟という、一応纏まった文が来て５７５７７一編を終える。伊藤の言うように、古人（旧妻）は解き洗いが上手だったと、①の内容に戻るかのようであり、序詞である「橡の衣解き洗ひ」を本句として取り戻している、というようにも言える。

吾妹児に衣―借香《かすか》（＝春日《かすか》）ノ―宜寸川《ヨしきがは》―因《ヨし》も―有らぬか。妹が目を見む（一二、三〇一一歌）

わたしのかわいこちゃんに着物を「貸すか」（なんちゃって）。
春日《かすが》のよしき川。（逢う）「よし」もがな。きみに逢いたい

衣を貸すことから春日へ懸かり、宜寸川から同音の「因《ヨシ》」を導く。本句「妹が目を見む」は冒頭の吾妹児を序詞から引っ張り出して本句へと引き据える。

「序詞―屈折（懸け詞）……」（序詞）―屈折（同音）―本句

妹《いも》が目を見まく―欲江《ほりえ》ノ小波《さざれなみ》―敷きて恋ヒつつ有りト告ゲ乞《コソ》（一二、三〇二四歌）

きみに逢いたい、むさぼりたい（、の「ほり」ではないが、）
掘り江のさざ波がしきりに立って、（ああ）しきりに恋しく、
お慕いしながら暮らしていると、（何とか）知らせたいこと！

「欲り」と堀江とを懸けて屈折する。さざれ波が「しきて」（つぎからつぎへ）押し寄せることと、思いがしきりに湧くこととを懸け詞と見よう。冒頭句と本句とは妹に「恋ヒつつありト告ゲ」たいので、繋がる。

「序詞―屈折（懸け詞）……」（序詞）―屈折（懸け詞）―本句

## 8　双分観を超えるために

万葉びと、あるいは『古今集』を生産する同時代の人々にとって、屈折、転轍は苦心する技巧であっても、一首一首を享受する場合に、「序詞／本句」という二元的な構造が眼目であることは、一応、強調すべき点としてある。

橡ノ衣解き洗ひ―又打山《まつちやま》―古人《モトつひト》には―猶如かずけり

について見ると、文として分裂していると言うほかなく、「橡の衣解き洗ひ」と「モトつ人には―猶しかずけり」とが、一編のなかで対立したまま、互いに譲ろうとしないかに見える。詩だから、そのような、分裂や対立が許されるということだろうか。それならば、詩は、詩であることによって許してもらえる、二流の文という認定になってしまう。詩的許容 poetic license という語がある。詩だから例外や逸脱が許容されるということであってはいのよい、差別を受けいれたというに過ぎないのではないか。そんな世間の許容に甘えてしまってよいのであろうか。分裂や対立という「構造」が詩だと言うのでは、半面の真実であって、全体や統一としての詩にまで届かない、ということではなかろうか。こんな「構造」主義を何とか克服しなければならない。

構造主義者クロード・レヴィ＝ストロース「双分組織は実在するか」（一九五六、『構造人類学』▼注2）のなかで、双分組織の中心をつよく凝視ないし意識するという、つまり三分観がもたらされる考え方は大いに参考される。一つの村落が、あるインフォーマントの描く図では双分組織に、別のインフォーマントの描く図では中心を大きく描くことによって、三分観の見取り図となる。二つのメンタルマップはどちらが正しい、どちらが正しくないということとまったく違って、同時に両方とも成り立つ。双分組織でしかないか、それとも中心を意識することによって三分観をあらわすか、われわれは二つのマップをいつでも心内に持っている。『古今集』（ひいては『万葉集』のうたども）の、詩的構成に立ちいろうとするときにも、対応構造でしか見られない双分的発想から、もう一歩、対象に踏み込んでみたい欲求に繋がってくる。

双分的発想　　前半部――――――――後半部

三分観の発想　前半部――屈折部分――後半部

懸け詞なら懸け詞をつよく意識するとは、そういう精神集中によって起きる何ごとかではなかったか。詩は技巧か、それとも技巧によってもう一つ高めた位置から自由に出入りできる、精神的な行為であるかをここで問いかけることができる。きわめて意図的な凝縮性に根ざした営為としてそれらはあろう。詩の成立を、そのような集中型の行為から導き出すのでないとしたらば、いったいどこから見いだすつもりかと、私などは声を大にして言いたい欲求を抑えられない。

**注**

（1）伊藤博『万葉集の表現と方法』下（『古代和歌史研究』6、塙書房、一九七六）。
（2）レヴィ＝ストロース、荒川幾男ら訳、一九七二。あるインフォーマントは村落の見取り図を半族と半族とが対立する二元的な構造として書く。別のインフォーマントはおなじ村落について中心に祭祀施設や広場がある円心状の構造として描く。どちらも成り立つというほかない。懸け詞という中心をつよく意識するか、本句と准句との対立と見るか、どちらも成り立つので、さしあたって差別はない。

# 十章　序詞という視野

## 1　懸け詞が生きる場所

詩歌（詩と言おう）に懸け詞が生きる場所を求めると、序詞は懸け詞の技法と深くかかわる。無論、序詞は懸け詞にのみ生きるわけでない。しかし、少なくない序詞が懸け詞を要石《かなめいし》として、詩らしくなる。その問題を措くと、懸け詞の研究は地口やだじゃれの研究でしかなくなろう。

懸け詞には、（A）同音による二語のかさなる過程と、（B）一語多義的用法とがある、と述べてきた。（A）も（B）も、文の論理的関係を遮断し、主格を二つないし複数にする特徴がある。したがって、これは文法的課題となる。遮断することで、文がばらばらになるかと言えば、分裂する文を真に統率する表現主体が一首のうたを成り立たせていることに、否応なしにわれわれは気づく。序詞はおもに懸け詞的な方法を駆使して、古風な詩をともあれ詩らしくする。

み埼廻《さきミ》ノ荒儀に縁する、五百重浪《いほへなみ》―立ち（て）も―居（て）も―我（が）念へるきみ（『万葉集』四、門部石足、

五六八歌）
秋去れば、鴈《かり》飛び越ゆる、龍田山―立ちても―居ても―君をしソ―念ふ（一〇、二二九四歌）
春楊《はるやなぎ》―葛山《かづらきやま》（に）発つ雲（ノ）―立ち（ても）―座（ても）―妹（をしソ）―念ふ（一一、二四五三歌）
遠つ人―獦道《かりぢ》ノ池に住む鳥ノ―立ち（て）も―居（て）も―君をしソ念ふ（一二、三〇八九歌）

みぎの四首を見ると、いずれも上三句が序詞からなり、主想は下二句にある。その下二句は「立ち（て）も―居（て）も―我（が）念へるきみ」「立ちても―居ても―君（あるいは妹）をしソ―念ふ」といった、決まり文句としてある。この主想部分を、序詞に対して本句と名づけよう。上三句の序詞のほうが、自由可変の言い回しのされている苦心の部分で、浪であったり、山であったり、雲であったり、鳥であったりと、多様な広がりにこそかれらの苦心が窺える。

## 2　序詞（准句）と本句（正句）と

序詞と本句との関係を見ると、「立ち（ても）―居（ても）」が二重となって働く。浪が立つ、龍田山―立つ、雲が立つ、鳥が立つというように、自然や鳥、あるいは同音が「立つ」（「顕現する」意）を起こし、〈いても立ってもいられない〉（座ることも立つこともできない）へと引っかける。序詞と本句とは論理上、けっしてかさならない。それをかさねる手つきは論理上の主格と別のところに求められる。そこに詠み手の存在がつよく見いだされる。「立つ」は同音の場合を含めて懸け詞だと認定してよかろう。うたの前半をなす部位を「序詞」（准句）に、後半を「本句」（正句）とする。

序詞―懸け詞―本句

うたのたいへん重要な部位に集中して懸け詞は生存する場所を確保する。

君（が）家に吾（が）―住坂《すみさか》ノ家道をも―吾は―忘れじ。命死なずは（四、柿本人麿、五〇四歌）

あなたの家に私が住みます。（その名も）墨坂《すみさか》（越え）の通い路にしても、
私は忘れませぬ。命の終わらぬ限りは

の、「君（が）家に吾（が）」は立派に序詞であり、住むことを地名に懸ける。序詞の内容と、いまに忘れないということとが、そのまま繋がる。うた全体が実意を有し、「住坂」だけが懸け詞の技巧を凝らしていると読める。序詞表現の多様性と見てよかろう。序詞の内容は君（＝男）の許に女が「住む」あるいは通うというので、男の通い婚が通例の時代としては不審だとされる。異例だからこそうたに詠み込まれると考えてよければ、希有であっても結婚習俗を反映していると見られる。

近世以後の短歌は、そのような技法（枕詞を含む）をまったくの修辞ないし装飾とし、近代以後に至っては懸け詞も、序詞も、５７５７７から捨て去る。近、現代短歌が生き延びるために、そのような技法を棄てたことは評価して評価し過ぎることがない。近、現代短歌はそのような技法を棄てたことで、古典短歌と違う、まったく別の詩的世界のものになっていったのか、それとも古典短歌と、近、現代短歌とは深くも連続しているのか。懸け詞、序詞などを詩の重要な要素だとすると、それを棄てて詩的に成り立つ短歌とはどのような詩か。それとも近、現代短歌は魂の抜け出たような残骸という産物でしかないのか。

## 3 序詞部分の多様性

心情表現の箇所、つまり本句が類型的で、それに対して作り手の表現の苦心は序詞部分にある。このことについて、鈴木日出男「古代和歌の心物対応構造」（『国語と国文学』一九七〇・四）▼注1は、〈心的表現〉と〈物〉との関係、つまり前者の類型性と後者の多様な展開とが〝対応〟するという指摘を前面に出した。『万葉集』歌についてならば、広く言うことができる重要な考察で、鈴木の依拠する「万葉集類歌類句攷」（佐佐木信綱『万葉集の研究（第三）』）に拠って、事例をさらに見ると、

吾（が）屋戸《やど》ノ暮陰草《ゆふかゲくさ》ノ白露ノ―消ぬかにもとな、念ほゆるかも（四、笠女郎、五九四歌）
秋付けば、尾花が上に置く露ノ―消ぬべくも―吾は―念ほゆるかも（八、一五六四歌）
春去れば、水草ノ上に置く霜ノ―消つつも―我は―恋ヒ度るかも（一〇、霜に寄す、一九〇八歌）
秋（ノ）田ノ穂（ノ）上（に）置く白露ノ―消ぬべく吾は―念ほゆるかも（一〇、水田に寄す、二二四六歌）
咲き出照る梅ノ下枝に置く露ノ―消ぬべく妹に恋ふる頃者《コノゴロ》（一〇、露に寄す、二三三五歌）

と、このように、創作の苦心は、各歌の序詞表現の部分（上三句）にあるので、それを受ける心情表現の部分（下二句）は、まさに〝決まり文句〟といってよい類句によって締め括られる。これが『万葉集』歌にあふれる序詞の一つの在り方であった。

「露が消える」というのは自然現象である。「消ゆ」という語は、自然現象にとどまらない。いわば比喩的に広がるということになるけれども、心情的には消え入らんばかりの思いをすることに使われ、さらには身体表現として

肉体や生命が消滅する（死ぬ）ことについても言う。そのような意味の広がりを利用して「露―消える」と「消え入らんばかりの思いがする」との対比から文を分裂させるのは、懸け詞の効用だろう。

もうすこし突っ込んで考察してみよう。序詞は類型性を全面的にまぬがれているのだろうか。みぎの「露」の歌群の、真の決まり文句はどこにあるか。下二句が決まり文句であるとは、それに誤りないけれども、じつはそれらのすべてが「露ノ」という語句によって導かれたというところに特徴がある。「露ノ」と言えば「消ぬべく」と受けるところに〝決まり文句〟性がある。「露ノ―消ぬべく」という決まり文句に寄り懸かって序詞が形成されている、つまり、序詞といえども、決まり文句からまぬがれているわけでなく、それらをベースにして短歌が成立する。決まり文句は短歌が成立する土台、上三句と下二句とを繋ぐ連結部位を引き受けている。

序詞と本句との関係には、論理上の遮断があるということができる。とするならば、従来の文法だと、これらをうまく説明する方法がない。〝決まり文句〟性に乗り懸かりながら、序詞表現に苦心する〈担い手の存在〉に注意を凝らせば、そのような詠み手が泳ぐというのか、あるいは跨ぎ越えるということに思い至る。そのような〈表現文法〉を積極的に認めようということだ。

序詞―決まり文句1―本句（決まり文句2）

## 4　序詞から本句への転轍

河上ノゆつ盤村《いはむら》に、草むさず―常にも冀《がも》な。常処女《トコをトめ》にて（一、吹茨刀自、二二歌）

川の上流の神聖な岩くらに、草が付かない、（そのように）とこことわであってほしい。いつまでもおとめとして

「河上ノゆつ盤村に、草むさず」（上句）を序詞と見よう。この上句と、下句「常にも冀《がも》な。常処女にて」とは、文の論理上、繋がらない。「草むさず—常」だとは、いつも雑草が生ぜず、新しいことを言い、十市皇女がいつまでも若々しいことへの願望＝「常にも冀《がも》な。常処女にて」へと、「常」という一語を懸かりにして展開する。どちらも「常」という語の文字通りの意味ながら、川で洗われていつも新鮮な岩から、いつまでもおとめへ、とがらっと変わる。懸け詞の用法には適っているといえよう。「常」という語を取り巻く環境ないし状況が一変してゆく技法だ。（さらにはおなじ字を使い「常処女」と念を押している感じがする。）

大夫《ますらを》ノ得物矢《さつや》手挿《たばさ》み立ち向かひ射る—円方《まとかた》は—見るに清潔《さやけ》し（一、舎人娘子、六一歌）

武士が得物矢を手に持ち立ち向かい射る的。

円方は—見るにすがすがしい

「大夫ノ得物矢手挿み、立ち向かひ、射る—」が序詞で、「まとかた」（地名）を起こす。大夫が猟矢を手に挿み持ち立ち向かって射る〝的（まと）〟と、「まとかた」（地名）の「まと」とが同音の懸け詞で二重化する。序詞と本句とのあいだにはまったく内容上の関係がない。しかも第四句の半分まで序詞で引っぱる意表の突き方が見せ所となる。

暮に相ひて朝面《あした》無み—隠《なばり》にか—ケ（＝日）長く妹が盧り為りけむ（一、長皇子、六〇歌）

前夜に逢って翌朝は顔を合わせられないから隠る《なば》（隠れる）、

（名張だから）何日もあの人が隠り《なば》籠っていたのかしらね

名張（地名）に「妹」が宿りをする。そこに隠れたという。地名に「隠《なば》り」を懸け合わせて、名張だから隠れていたのだろうと詠む。序詞「暮に相ひて朝面無み」は「隠《なば》り」を起こし、懸け詞によって妹の隠れた地名に展開させる。

海《わた》（ノ）底、奥つ白浪―龍田山、何時か―越えなむ。妹が当たり見む（一、八三歌）

海底より、沖の白浪（が立つ、その）龍田山。
いつか山越えをきっと。――妹の住まいを見よう

左注に「古歌か」とあるように、序詞を持つことは概して古い技巧だという認識があろう。「海（ノ）底、奥つ白浪―」（序詞）から同音の龍田山を起こし、その山をいつ越えるのかと下へ続く。別の番線へ乗り替える。

大伴ノみ津ノ浜に有る、忘れ貝―家に有る妹を忘れて念へや（一、身人部王、六八歌）

大伴のみ津の浜にある、忘れ貝です。
家にあるわたしの女を思い忘れなどしましょうか

「大伴ノみ津ノ浜に有る、忘れ貝―」（序詞）から「忘れて」を起こす。序詞と本句とのあいだに関連はなく、別線路をなす。

## 5　途中に序詞がある

大名児《おほなご》（を）「彼方《をちかた》野辺に刈る草ノ」（序詞）―束ノ間も―われ忘れメや（二、一一〇歌）

　大名児を、「彼方野辺に刈る草ノ」（ではないが）、
　つかのまも、おいら、忘れることがあろうか

「彼方野辺に刈る草ノ」を序詞とする。つまり、「大名児（を）」は「束ノ間も―われ忘れメや」とともに本句と見なす。懸け詞による主格の二重化が見られる。

本句―序詞―（屈折）―本句

吾妹児に恋ヒつつ有らずは―「秋芽《はぎ》ノ」―咲きて散り去《ぬ》る花に有らましを（二、弓削皇子、一二〇歌）

　きみに恋いこがれ続けるんじゃなくて、秋芽が咲く、
　咲いて散り去る花でありたいというのに（死んでしまいたい）

「秋芽ノ」は五文字であることを重視すれば、枕詞ということになるのか。序詞と見ることも可だろう。

如此《かく》ノミ（し）―恋ヒや―度らむ。「秋津野にたな引く雲ノ」（序詞）―過ぐトは―無しに（四、大伴千室、六九三歌）

云々《かにかくに》、人は―云ふトモ、「若狭道ノ後瀬《のちせ》（ノ）山ノ」（序詞）―後も―会はむ君（四、坂上大嬢、七三七歌）

事《コト》出《で》しは—誰が言に有るか。「小山田ノ苗代水ノ」（序詞）—中ヨドにして（四、紀女郎、七七六歌）

「小山田ノ苗代水ノ」が序詞で、「事出しは—誰が言に有るか」も「中ヨドにして」も本句に属する。二回、転轍していると言えるであろう。念のため、文法的にたしかめると、

事（＝言）出し　（だれかが）言《こと》に出す
言（こと）がだれかの言である
小山田の苗代水がある
苗代水が中淀である

といった主格—述部をいくつか有する。57577形式はそれらを統率する何かでなければ、存在する意味がない。

本句—転轍—序詞—転轍（懸け詞）—本句

## 6　単屈折と複屈折

鈴木論文の貴重な学説である「心物対応構造」は、しかしながら『万葉集』歌について言えるという限定が敷かれるべきだろう。四首、並べられているところを引くと、

明日香河、川ヨド去らず、立つ霧ノ—念ひ過ぐべきこヒに有らなくに（三、山部赤人、三二五歌）
石《いそ》（ノ）上—振ノ山有《な》る、杉村ノ—思ひ過ぐべき君に有らなくに（三、丹生王、四二二歌）
朝に日《ケ》に色付く山ノ、白雲ノ—思ひ過ぐべき君に有らなくに（四、厚見王、六六八歌）
万世（に）携《たづさは》手り居て、相見トモ、念ひ過ぐべき恋に有ら莫くに（一〇、二〇二四歌）

というところ、詠み手たちは、物象表現の部分（みぎの歌群で言うと上句部分）に創意を凝らし、下の句で心情を類型的に表現する。

この四首は技法がおなじでも、かならずしも第三句でおなじ懸かり方をしているわけでない。「明日香河、川ヨド去らず、立つ霧ノ」は「念ひ過ぐべきこヒに有らなくに」と、どのように繋がるのか。懸け詞を見つけることがなかなかむずかしい、また同音を見ることができない。立つ霧が過ぎてゆかない（消えない）、そのように思いから過ぎて消えることがない。文を二重にする懸け詞には違いないにしても、「消える」「失せる」「忘れる」と言う語を媒介したくなる。

「杉村ノ」と「思ひ過ぐべき」とは同音である。

「白雲ノ」と「思ひ過ぐべき」とは雲が過ぎることに忘れる意の「思ひ過ぐ」を懸ける。

前三者は、分類するなら「寄物陳思」歌と判定してよく、さいごの一首だけが無喩で「正述心緒」歌に分類できる。

前三者は、

「―（物）―」（屈折）「―（心）―」

とあるように、途中で屈折（転轍）する、典型的な場合の「寄物陳思」歌が成立する。いかにも万葉歌らしいというほかない、これらの歌群ではないか。

『古今集』にはいくつも複屈折歌が見られる。仮名序の《なずらへ歌》の例歌で言うと、もはや単屈折ではなくなっている。

きみにけさ、あしたの霜の―おきていなば、こひしきごとに―消えや―わたらむ（『古今集』仮名序）

に見ると、

「―」「―（物）―」（屈折）「―」「―（心）―」（屈折）「―」

と、複屈折をもって表裏の表現をさいごに融合させるかのような一首の構成としてある。これは置いてゆかれる女のうたと取るか、そうでないのかで迷う。わが『詩の分析と物語状分析』（二六ページ）では辞去する男に見立てたので、今回は置いてゆかれる立場から詠む作歌としてみよう。

あなたにけさ（逢って）、（あなたが）朝の霜の置く（ように）
起きて出て行くなら、（わたしは）恋しいごとに（霜が消えるような）
消えいる思いを続けることになるのでは

霜が置くことと、起きて辞去することとのあいだに、懸け橋として、同音（あるいは類音）と、朝であることとがある。ひらいた懸隔は、消えいる思いと、霜の消えることとのあいだで、ふたたび交錯する。しかし、意味上、表裏二つがかさなるということはなく、あえて言うなら、表と裏とがもう一度入れかわるという感覚だろう。霜が置く、消えるという、自然な現象をまさに懸けて焦点にしたところに古代の詩があり、そこから心情にも物象にも広がる。どう受けとるか、どんな民俗や感情を盛りこんで読者が納得するかには、個人差があるものの、懸けたことばならだれもが納得できるのではないか。

序詞という観点から見よう。「きみにけさ、あしたの霜の」を序詞として、まずは押さえる。しかし、単なる序詞でなくなっている。「おきていなば」を懸かりとして、下へ続く、つまり「こひしきごとに―消えや―わたらむ」が本句に相当する。序詞「きみにけさ、あしたの霜の」が単なる序詞かというと、本句「こひしきごとに―消えや―わたらむ」と密接に繋がるから、もっとも高度に洗練度を加えてきた序詞の技法とでも言うしかない。とても単純に「心物対応構造」とは言えない。

「澪標」巻の明石の君の絶唱は、複屈折により内部の緊張を高度に作り出している。

数ならで、何は（―難波《屈折》）のことも―かひ（貝、効）なきに、など身をつくし（―澪標《屈折》）思ひそめけむ（「澪標」巻、二―一一六）

人数にもはいらない身で、何をしたとて効果がないのに、どうして（力のあらん限り）出し切って、（あなたを）最初から愛したのだろう（、わたし）

それにしても、《なずらへ歌》（『古今集』仮名序）の「なずらふ」とはどうすることか、尋ね当てたい。

## 7　多複数回の屈折

『古今集』仮名序の《なずらへ歌》に類するうたを、もう一、二首、探しておく。

唐衣―発つ日は―聞かじ。朝露の―起きてし―ゆけば、消ぬべきものを（八、詠み人知らず、三七五歌）

唐衣を裁つ。発つ日はいつと聞きたくない。朝露が置くように、起きて（あなたが）出てゆくと、（わたしは露みたいにきっと）消えてしまうに違いないから

三回、懸け詞によって屈折する。

裁つ―発つ
置く―起く
露が消えてしまう―わが身が消えてしまう

音にのみ聞く（―菊）の白露。夜は―起きて（―置きて）、昼は―思ひ（―日）にあへず消ぬべし（一一、素性法師、四七〇歌）

評判にばかり（あなたのことを）聞く、（わたしはまるで）菊の白露。夜は置いて、夜は起きて、ひるは思いに耐えられず、日に耐えられず、消えてしまうにちがいない、消えつきてしまいそうだ（わたし）

というようなのも、つよい〝複屈折〟性を見せている。四回、懸け詞がある。「聞く」で一旦、屈折し、菊の白露をおもてに出して、表裏が交替する。夜通し、涙の露が置いて起き明かす。耐えられない「思ひ」の「ひ」が響いて、日に耐えられない露が消えてしまう。消えいりそうな自分が、さいごにもう一回、前面に出てくる。四回使われる懸け詞は、その数だけの界面を作り出す。そのたびに屈折する。「聞く」と「菊」というように、二つの語を懸け橋のように懸け渡す。かさねると言うよりは、引きはがして、ある懸隔感を作り出す。

菊の白露が置かれるということと、起き明かして消えてしまいそうな思いがするということとを、結びつけたいために懸け詞はあるのだろうか。懸け詞じたいがもっと自己目的化すると考えなければ、詩は分裂と対応とをかかえるとして、二流の文（詩的許容）であるかのように差別されてしまうことになるのではなかろうか。

作歌じたいの「支離滅裂らしさ」は、じつは支離滅裂でなく、真に底から統率して支えるための詩歌の文法の表現主体がある。文法的な主格の多重な構造がそこに仕組まれている。

## 8　〝物によそへて思ひを陳ぶ〟

『万葉集』の「寄物陳思」歌は、巻十一、十二と、それにいくつかの巻に、一、二首あって、合計するならば数百首を下らない。「寄物陳思」歌が「正述心緒」歌に並んで出てくる。柿本人麿が考え出した二大分類だと思われる。それらの「寄物陳思」歌に見ると、序詞をかかえるうたが非常に多いことを特徴とする。単に物を詠むうたならば、「雑歌」ほかに集中に数限りなくあるのだから、「寄物陳思」歌という以上は、物を単純に詠み込むうたでありえない。「寄物陳思」は「物に寄《よそ》へて思ひを陳ぶ」と訓むことにしようか。

まことに分類の妙は、人麻呂による一瞬のさじ加減としてある。できあがっている結果から言うと、「正述心緒」歌に入れてほしいうたが、この「寄物陳思」歌に多数入り交じる。「譬喩歌」ではないかとどうしても思えるうたが、もしかしたら「寄物陳思」歌のなかにあるかもしれない。分類とはそうした実態だろう。

人麻呂は並べる、水垣、神、天地、山、瀬、川、水、海、浪、沼、大土、石、白玉、雲、霧、雨、霜、風、月、草と、物々が続く。並べていって、「正述心緒」歌と見てよいうたがここにはいってくることも、場合によって「譬喩歌」がここにはいってくることも、人麻呂は拒んでいないと思われる。

ただし、ここ、「寄物陳思」歌に分類するしかないうたというのもあるのではなかろうか。それらがここにたくさん溜まっているはずだ。したがって、狭義の「寄物陳思」歌をわれわれが求めるならば、巻ごとの「寄物陳思」歌から、「正述心緒」歌（および「譬喩歌」）と目されるうたを除いたすべてということになる。結果はみごとに序詞を持つうたが並んでくる。

処女等《をとめら》を─袖振る山（ノ）、水垣ノ─久しき時ゆ念ひ来り《け》。吾等は（一一、二四一五歌）

おとめらよ、(彼女らが)袖を振る山、
その袖振る山の瑞々しい垣が久しいように、
久しい時から思慕して来たことだ、わたしめは

「処女等を―袖振る山(ノ)水垣ノ―」、あるいは「袖振る山(ノ)水垣ノ―」が序詞で、神垣である「水垣」が「物」に当たろう。久しくあいてを思い続ける、という展開を見せる。

石《いそ》(ノ)上―振る(ノ)神杉―神成《かむさ》ビ(て)、恋(をも)我(は)―更(に)為るかも(一一、二四一七歌)

石上、布留のやしろの神の杉が神さびている、
そのように神さびて(老人になって)、
わたしは恋までをもするのかよ

といううたで、「物」は〝神〟だろうか、やはり神杉が神さびている→わたしは神さびている(年老いている)という、二重の意味を取る。「石(ノ)上―振る(ノ)神杉―」が序詞。一首の後半で意味をおもてに出してくる。

路(ノ)後《しり》―深津嶋山―暫《しま》しくも―君(が)目見ねば、苦しく有りけり(一一、二四二三歌)

路の後、深津嶋山、(同音の)「しましくも」、
君に逢うことがならないと、苦しくてたまらなかったことだ

と、同音による序詞がある。近藤信義の言う、音喩と称してよいものの[▼注2]、「路(ノ)後―深津嶋山」というのが意

味上のまったくの無内容とは考えにくい。

「寄物陳思」は『万葉集』のうちなる、七世紀代の、柿本人麻呂歌集のなかで試みられた分類の一つで、もう一方の分類を「正述心緒」歌という。それらのうたの量産には、何らかの生活上の実用があったはずで、いうまでもなく恋愛習俗（婚活と言おう）における和歌のやりとりを、若い恋人たち、夫婦たちは必須科目としていたからに違いない。手を替え品を替え、新作をかれらは求められたことだろう。人麻呂歌集はそんな七世紀代の記録であるとも、かれらのための手引きとして供されていたとも、われわれはいずれに理解してもかまわない。

「寄物陳思、寄物発思、属物発思」とも言われる。

## 9 《なずらへ歌》

『古今集』仮名序の《なずらへ歌》として、先述したように、

きみにけさ、あしたの霜の―おきていなば、こひしきごとに―消えや―わたらむ

という、高度に洗練された一首が掲げられる。「きみにけさ、あしたの霜の―」が序詞の位置にある。しかし、それは無内容な序詞でありえず、朝帰りする男が女を置いて出て行くとしても、あるいは置いてゆかれる女からのうたであるとしても、実態をなしており、下の「こひしきごとに―消えや―わたらむ」へと、そのまま繫がる。

『古今集』仮名序には書き入れ（古注と言われるが、平安後期か）があり、この「きみにけさ」歌を《なずらへ歌》とすることに対し、疑義を唱える。そこには、より適切な例歌として、

たらちめの―親のかふ蚕《こ》の繭ごもり―いぶせくも―あるか。妹に逢はずて

母親の飼う蚕が繭ごもる。そのように（籠って）、息が詰まるよ（繭のなかだもの）。きみに逢わないから

がよいのではないかとする。この例歌は『万葉集』にあって、巻十二、二九九一歌で、「寄物陳思」歌にほかならない。

垂乳根ノ―母が養《か》ふ蚕ノ眉隠り―いぶせくも―あるか。いもに相はずして

眉は繭。繭のなかにいて鬱屈する、そのように妹に逢わないと鬱屈すると詠む。「垂乳根ノ―母が養ふ蚕ノ眉隠り」は序詞で、これならば〝なずらえる〟箇所がはっきりする。つまり、うたには〝なずらえる〟部位と、思いや心を直叙する部位と、二つから成る。《なずらへ歌》という言い方で期待されるうたとは、〝なずらえる〟箇所を持つうたということだろう。

序詞＝なずらえ句（准句）

という考え方、当てはめが成立するのではないか。とするならば、《なずらへ歌》とは序詞を持つうたに相当して、万葉の「寄物陳思」歌に当たる。『古今集』仮名序は非常に洗練された「きみにけさ」歌を挙げて、それで間違っているわけではないにせよ、〝なずらえる〟とは「寄物陳思」という言い方のうちの「寄物」のことであり、「陳思」を伴うことを当然そこに籠めて言っている、と見ぬきたい。

『万葉集』の「寄物陳思」歌に言う、「寄物」つまり「物」に「寄」せる、とはどうすることなのだろうか。〝寄せる〟というのは、その「寄」字の訓み方にしても、正確に知らない。「物に寄す」「物に寄る」あるいは「物に寄りて」と訓む、または「物に寄《よそ》へて」とも訓めるかもしれない。さきにはそのようにルビをほどこしてみた。あるいは「物になずらふ」と訓めるのではないか。（後代の歌学書のなかに「よそふ」という語をしばしば見ることが

できる。）

花や玉などのような「物」ならば、それに付けて贈るということを考えてよい。しかし、神や山などの「物」の場合は、どのようにして贈り物にすればよいというのか。「寄せる（寄《よそ》える）」というのは、そんなことを考えると、たしかに一面で具体的な付託でかまわないにしても、実際にはもっと複雑に、それらの「物」にかこつける、依拠する、添える、寄り添わせる、よそえる、つまり〝なずらえる〟といった感じに広がってこよう。

なるほど、詠み込む物があって、その物を仕立てるとともに、うたの後半に詠み手＝〝われ〟の心を出す、という対応を見せていることが多い。したがって、「寄物陳思」歌はそのような〝心物対応〟を特色とするかのように見受けやすいし、そう判断することには十分に根拠がある。

**注**

（1）鈴木、『古代和歌史論』、東京大学出版会、一九九〇。
（2）近藤、『音喩論』、おうふう、一九九七。

# 十一章　譬喩、縁喩、無喩

## 1　「譬喩歌」

「譬喩歌」が『万葉集』巻三、七、一〇、一一、一三、一四にある。「寄物陳思」歌から「譬喩歌」へやってくると、語を懸けて文の主格を二重にする構造が突然のように消える。これは不思議な、紛失事件のような展開だ。巻七にわざわざ「譬喩歌」でないという左注のあるうたがあって、「朝霜ノ―消安き命、誰が為（か）―千歳も欲得《がも》ト、吾（が）念は莫《な》くに」〈七、一三七五歌〉は、たしかに「寄物陳思」歌といえるうたで、これを「譬喩歌」ではないというように『万葉集』はしっかり弁別する。「譬喩歌」らしい「譬喩歌」は、

軽（ノ）池ノ汭廻《うちみ》往転《ゆきみ》る、鴨すらに、玉藻ノ於《うへ》に、独り宿なくに（三、紀皇女、三九〇歌）

軽の池のなかをぐるっとめぐる鴨ですら、
玉藻の上に独りでは寝ないのに

というようなのらしい。池の湾曲部をめぐる鴨でさえ独り寝をしないのに、という歌意に不安はない。論理上の主格である鴨が独り寝をしない。ここにもう一人の「主格」、うたの詠み手がそっと出てくる。かれまたは彼女は独り寝をする。うたの表面上に出てこない。しかし、表現者であるかれまたは彼女、隠れた〝われ〟が露骨なぐらいここには存在する。論理上の主格とうたの詠み手とは、平行線を保って、二重のままかさなることがない。うたの上では鴨に終始するから、なんら歌意に分裂をきたすということがない。

鳥総《トぶさ》立て、足柄山に船木伐り、樹に伐り帰《ゆ》きつ。あたら船材《ふなキ》を（三、沙彌満誓、三九一歌）

御幣を立て、足柄山に船木を伐り（、ただの）材木にして伐っちまう。あたらよい船材なのに

とぶさを立てて、惜しい樹木を船材として伐採する（あるいは船材にすることなく伐ってしまう）。大系に、「よい娘を誰かに先に取られたのであろう」とある。うたの表面上にそのような寓意はまさに文字通り寓意としてあるのみで、ことばに表現されない。「よい娘を誰かに先に取られた」と嘆く〝われ〟が存在するという次第だ。うたの表面ではあくまで樹が伐採されたことに終始する。

烏珠《ぬばたま》ノ—其（ノ）夜ノ梅を、た忘れて、折らず来（に）けり。思ひし物を（三、大伴百代、三九二歌）

烏珠ノ（枕詞）その夜の梅を、はて忘れて、折らず帰ってきてしまいました。好きだったのにね

「其（ノ）」と限定していることもあり、「夜ノ梅」を一女性に喩えていると言われる。「た忘れて、折らず来（に）けり。思ひし物を」とは、作中の詠み手がもろに思いを伝える。うたという一文として屈託がなく、「夜ノ梅」を一女性に置き換えることができる。

## 2 「譬喩歌」続

見えずトモ、孰《たれ》恋ヒず有らメ。山ノ末に、いさよふ月を外《ヨソ》（に）見てしか（三、満誓沙彌、三九三歌）

見えなくとも慕わないだれがいるかしらね。山の端に、なかなか出てこない月を、遠くからでも見ていたい

「いさよふ月」を具体的な女性に喩える。

紅（に）衣染め（まく）欲しけドモ、着（て）にほは（ば）か―人（ノ）知るべき（七、衣に寄す、一二九七歌）

紅に衣を染めようと思うけれども、着てぴかぴかになるならば、みんなが分かるに違いない

について、「あなたに逢いたいが、そぶりが目立つと、人に気づかれるだろうな」と、大系は注記する。「紅（に）衣染め（まく）欲しけドモ、着（て）にほは（ば）か）」まで、逢いたくて何とか気を引きたい心を、比喩として表現する。「人（ノ）知るべき」は表現主体の思いを託す。

あぢ村（＝群）（ノ）トヲヨる海（に）、船浮ケ（て）、白玉採る（ト）人（に）知らゆな（七、玉に寄す、一二九九歌）

アジ（鳥の名）のむれがたわたわと寄る海に、船を浮かべて、
白玉を採るとみんなに知られないようにせよ

「衆人環視の中で、私に近づいて、人に知られなさいますな」（大系）。白玉（＝真珠）を採るとはごくありふれた「女性を獲得する」ことの喩えで、女性の立場から心配する詠みざまをなす。

吾（が）屋前《やど》ノ、毛桃ノ下に、月夜指し、下心吉し。うたて頃者《コノゴロ》（一〇、一八八九歌）

私の家の毛桃の下に、月夜が射し、
心のなかでにんまり。わけもなくこのごろ

「春の雑歌」のあとに、一首だけ「譬喩歌」とあり、「自分の娘が一人前になって、母としてこのごろうれしくて仕方がない」（大系）といった含意かとされる。

橘（ノ）花落《ち》る里に通ひなば、山霍公鳥《ホトトぎす》、響《トヨ》もさむかも（一〇、一九七八歌）

橘の花散る里に通うならば、
山のほととぎすが大騒ぎするかなあ

「女のもとへ通ったら、人々がうるさく言い立てるだろう」（大系）。

### 3 「譬喩歌」のボーダーライン

トホつあふみ―いなさホソ江ノ―水《み》をつくし、あれをたノメて、あさましモノを（一四、三四二九歌、遠江国の歌）

　遠江国、引佐の細江の水脈を示す杭―澪標《みおつくし》、
　そのように心（のありったけ）尽くしに尽くさせ、
　わたしをあてにさせておいて、（さいごに）浅くなるのにきまってる

あれこれ心を尽くし、悩みに悩む様子を、水中の杭、ミヲツクシに託す。「譬喩歌」とあるけれども、「トホつあふみ―いなさホソ江ノ」は序詞をなしており、「寄物陳思」歌というほうが正確な感じがする。しかし、「わたしをあてにさせておいて、（さいごに）浅くなるのにきまってる）というところには、引佐の細江の水路のようにいつか浅くなる（愛情が薄くなる）というので、比喩的に詠むうたとして一貫する。

あしがりノ―わを―かけやまノ、かづノ木ノ―わをかづさねも。かづさかずトモ（一四、三四三二歌、相模国の歌）

　足柄の、わたしを（気に）かけ、可鶏《かけ》山の、
　可鶏山の、かずの木の、かずの木の、
　わたしをひっかずいて去ってくれ。かずは割かずとも　（やや意味不明）

木の名から同音によって、自分をどうかしてほしいという思いへと導かれる。「あしがりノーわを」が序詞で、「寄物陳思」歌にも分類できるけれども、「わたしをひっかずいて去ってくれ」という思いを述べており、「寄物陳思」歌か「譬喩歌」か、ボーダーラインうたと見よう。

しだノうらを、あさコぐふねはーヨしなしに、コぐらメかもヨ。ヨしコさるらメ（一四、三四三〇歌、駿河国の歌）

志太の浦を朝漕ぐ船は、理由がなくて、
漕いでいるだろうかね。理由があるのだろうよ

は、全体に寓喩であり、船の喩えがいかにも「譬喩歌」だといってもよさそうに思う。みぎに見るように、鴨の共寝を自分のそれにかさねたり、恋人を船材や白玉に喩えたり、という分かりやすい比喩が多い。感情や人間関係やあるいは意中のあいてのことを詠み手の思いとしてはっきり述べる場合、逆にはっきり言わず、うた全体で比喩性を通す場合と、はばが広く観察される。

『源氏物語』歌などの物語歌には、登場人物を花に喩えるなどの、「譬喩歌」に相当するうたが非常に多い。『古今集』仮名序の分類で言えば《たとへ歌》に入れたくなる。

## 4　《たとへ歌》

『古今集』仮名序の《たとへ歌》、

わが恋は―よむとも―つきじ。有磯海の浜のまさごは―よみつくすとも

わたしの恋しいきもちはかぞえても数が尽きない。
有磯海の浜のまさごはかぞえ尽くしても

という例歌は、『万葉集』の「譬喩歌」に相当するのだろうか。「恋しさはかぞえ尽くすことができそうにない」「浜のまさごはかぞえ尽くそうとも」（「よむ」はかぞえる意。）というような詠み方を、『万葉集』の「譬喩歌」に実際に見つけることはなかなかむずかしい。

類想的なうたを求めると、

天地《あメつち》（ト）言ふ名（ノ）絶え（て）有ら（ばコソ）―汝（ト）吾（ト）相ふ事止ま（メ）（一一、二四一九歌）

水（ノ）上（に）数書く如き、吾（が）命、妹（に）相は（むト）うケひつるかも（一一、二四三三歌）

人事《ひトゴト》（は）―暫し（ソ）―吾妹。綱手引く海ゆ益り（て）、深く（し）―念ふ（を）（一一、二四三八歌）

大土（を）採り尽くさ（メド）、世（ノ）中（ノ）尽くし得ぬ物（は）―恋（にし）―在り（けり）（一一、二四四二歌）

というようなうたを、何と分類すればよいのだろうか。すべて「寄物陳思」歌に見いだす歌群であるけれども、もし直喩という語を使ってよければ、これらは〝直喩〟歌ということになるのではなかろうか。懸案の、

わが恋は―よむとも―つきじ。有磯海の浜のまさごは―よみつくすとも

もまた、直喩的なうたであると見ることができる。

おそらく、仮名序の書き手は「たとへ歌」という語から例歌を求めて、直喩的なうたを掲出したのだろう。例によって、古注はそれを批判して、新たに、

須磨のあまの、塩焼くけぶり、風をいたみ—思はぬ方にたなびきにけり

須磨の海人が塩焼くけぶり。風が激しくて、
意想外の方向にたなびいてしまいまして

を掲げる。これでも「寄物陳思」歌にはふさわしいかもしれなくて、「譬喩歌」と見ることがややためらわれる。それでも、あいての心がよそに向くさまを、はげしい風（＝よその男）に煽られてたなびく煙り（＝女の心）に喩えると見れば、古注の書き手としては「譬喩歌」を一応理解していた、ということになろう。ひるがえって、『古今集』仮名序の書き手の意図としても、「わが恋は—よむとも」歌を掲げたことは、「譬喩歌」を狙ってやや失考したということではあるまいか。

『源氏物語』歌を見ると、いろいろ引くことが可能だが、

根（＝寝）は—見ねど、「あはれ」とぞ—思ふ。武蔵野の露分けわぶる草のゆかりを（「若紫」巻、一—一九六）

根は見ないけれども、共寝はまだだけど、ああ恋しいと思います。
武蔵野の露をなかなか分けられない草に縁のあるあなたを

は、若き紫上を「武蔵野の露分けわぶる草」（＝藤壺）のゆかりとし、その根をまだ見ていない（寝てない）が、

愛情を感じると詠む。こんなのが『万葉集』で言えば「譬喩歌」であり、『古今集』仮名序としてもこのようなのをこそ「たとへ歌」とすべきだったろう。物語歌には《たとへ歌》が非常に多いということができる。物語歌は一般に草花に人物を喩えることが頻繁で、《たとへ歌》という呼称にふさわしいのは、

生ひたゝむありかも—知らぬ若草を、おくらす露ぞ—消えんそらなき（「若紫」巻、一五九）
初草の若葉のうへを見つるより、旅寝の袖も—露ぞ—かわかぬ（同、一六四）
ゆふまぐれ、ほのかに花の色を見て、けさは—霞の—立ちぞ—わづらふ（同、一六九）

というように、枚挙のいとまがない。尼君の作歌や光源氏の作歌であることを考慮すると、「若草」や「初草」や「花（の色）」がここで紫上であると、容易に読み解ける。「若草」や「初草」や「花（の色）」と紫上との関係が固定的であることはないから、けっして暗喩（隠喩）でもなければ、象徴でもない。さらには換喩の関係でもない。

## 5　六つのさま

「うたのさま六つ」の第一は《そへ歌》だ。古注の説明としては、《そへ歌》との関係から、仮名序が《そへ歌》らしくないうたを《たとへ歌》に選ぼうとしたのではないか、とする。《そへ歌》が出した例歌は、著名な、

なにはづに、咲くや—この花。冬ごもり—いまは—春べと、咲くや—この花
難波津に、咲くよ、木の花。
冬ごもりして、いまは春さきと、咲くよ、木の花

であり、仁徳朝をそれとなく諷喩するうたという考え方かと言われる。しかし、《そへ歌》をこの例歌によって見るに、政治批判を行うという性格のうたとは考えることができない。聖代を謳歌する文字通り讃歌という意味にとってよろしいのではないか。

第六《いはひ歌》　祝歌

と向き合って、ペアになっているのであろう。

第一《そへ歌》　讃歌　／　第六《いはひ歌》　祝歌

これらに対して、第二《かぞへ歌》、第三《なずらへ歌》、第四《たとへ歌》、第五《ただこと歌》が喩にかかわる四分類ということになろう。『万葉集』中にそれぞれの範を求めて、

第二《かぞへ歌》　「物名」歌
第三《なずらへ歌》　「寄物陳思」歌
第四《たとへ歌》　「譬喩歌」
第五《ただこと歌》　「正述心緒」歌

という対応ということになるかと思う。

## 6　縁喩

縁語（「縁の詞」とも）について、後代の歌学によって次第に認識されてきたと言えるにしても、『万葉集』時代に目立った意識があったとは思われない。後代にはいると、ある語とある語とが縁を持つことを意図的に採り入れて作歌するということをする。しかしそれでも、文法事項として特記すべきことにはならない。

縁語は懸け詞と広く併用されることが一般になされる。鈴木日出男「縁語の意義」▼注1によってすこし引用させていただく。

『古今集』の縁語懸け詞じたての歌として、鈴木は挙げる。

逢ふことの―なぎさにし寄る浪なれば、うらみてのみぞ―立ちかへりける（一三、在原元方、六二六歌）

逢ふことがない。なぎさにまあ、寄せる浪だから、
浦を見て返る、恨みつつ帰るばかりで、立ち去ったということだ

氏によれば、前半が〝逢ふことがない〟の〝ない〟の意味の「なき」に「なぎさ」（＝渚）を懸ける、後半は波がなぎさにたち寄って返るから〝浦を見るだけ〟という「浦見」に「恨み」を懸ける。縁語はそうすると「なぎさ」「浪」「浦」「（波が）立ちかへる」のあいだに成り立っている、と。

歌意は、「あいてに逢うことがないままに、なぎさ（＝あいて）に寄る波（＝自分）であるから、浦を見て帰るだけ、恨みながら立ち返るばかりさ、ずっと」といったところ。（「なき」に「なぎさ」を懸けるというのは「な」と「なぎさ」との懸け詞である。）

かれはてむのちをば知らで、夏草の―深くも―ひとの思ほゆるかな（一四、凡河内躬恒、六八六歌）

枯れつくすことを知らずに夏草が深く生いしげる。わたしもまた、
すっかり離れることだろう恋の結末を知らなくて、深くも、
あのひとのことが思われてならない、ああ

「枯れはてむ」と「離れはてむ」とを懸けて、「枯れ」と「夏草」とが縁語関係となり、「深くも」に両者が響くという。

青柳の糸よりかくる春しもぞ―乱れて花の、ほころびにける（一、貫之、二六歌）

青柳の糸をよりかける春という時に限って、
花が乱れつつ、ほころんできたことです

「糸」「より（＝撚り）」「かく」「乱れ」「ほころび」が縁語を構成する、と。花が開くことを糸のほころびに響かせる。この「花」は柳のそれだろうから、〃ほころぶ〃という語のふくらみに注ぎいるようにして（一種の懸け詞である）、縁語の糸が撚りあわさってゆく。

初雁の―はつかに声を聞きしより、中空にのみものを思ふかな（一一、凡河内躬恒、四八一歌）

初雁を聞く、そのようにわずかにあなたの声を聞いた時から、
空のまんなか、宙にばかりぶら下がり、もの思いするのかなあ

「初雁」「声」「中空」が縁語で、その〃声〃は雁の鳴き声に恋するあいてのそれをかさねる。〃中空〃＝空中にあるとは宙ぶらりんの心的状態をそのままあらわす。いずれも懸け詞というように判断したい。恋しいあいての声を初雁のそれにずらし、中空の意味を、本来のそれと、宙ぶらりんの心的状態とにむしろ意識して引き裂こうとしているかのように見え、そこに詩的効果が狙われたのだとすると、これもまた懸け詞の近辺で縁語が成立していることになる。

縁語は、そうしてみると、本来は、懸け詞が、万葉歌のような、心物対応を成り立たせるための道具として(それればかりではないが)あったことから、平安和歌に至って、複屈折化し始めるとともに、いわば自由な位置を取ることができるようになり、自在さを獲得してきたことに見合って、それらの懸け詞に付随し、意図的に効果が求められるようになる。

こう言ってよければ、平安和歌は〝現代短歌〟の世界へはいってきた、というふうに言えるかと思う。『古今集』ののち、和歌の世界は、自由の別名でもあるかのように自在となり、その先端の部位から、〝現代短歌〟、さらには口語短歌の様相を呈するに至った、と。懸け詞が自在になり、懸け詞をぬって縁語の使用が思い切りよくなってゆくさまをみると、ひとしおそのような感をいだかされる。その自由とは、いうまでもなく、懸け詞や縁語のたぐいを、一方では顧慮しなくともよい、という自由をも意味する。

縁語の成立には懸け詞を必須の要件とするようだ。縁語をすこし気取って縁喩と呼びたい。

## 7 「物名」歌の音韻の興味

「物名」歌は勅撰集で一巻をついやすぐらいに〝詩〟として重要な歌群としてある。『古今集』仮名序《かぞへ歌》に相当する。

咲く花に、思ひ「つくみ」の「あぢ」きなさ。身にい「たづ」きの入るも―知らずて
　咲く花に思いの附着する身のあじけないこと。
　身に病気がはいり込むのも知らないで

喩えは何らそこになく、題名を隠してある技巧が文法的に意味を持つとも思えない。鳥の名を詠み込むだけの、これらが地口やだじゃれにもっとも近い技巧ということができる。

うぐひす
心から、花のしづくにそほちつつ、「憂く干ず」とのみ鳥の鳴くらむ（一〇、藤原敏行、四二二歌）
心から花のしずくに濡れながら、
「憂く干ず」とばかり鳥が鳴いているのか

「憂く干ず」は新大系の宛てる表記をそのままに書き出した。無論、漢字を宛てるのでよく、歌意はあくまでおもてにあるのだから、漢字なら漢字をもってそれらを表記するのはこの上もなく正しい。一般に言って、懸け詞のたぐいを並列的な〝音〟に還元した書き方をしては、裏面に遊ぶことば遊びの真意を分かりにくくする。隠題そのものは最初に明示されるのだから、『俊頼髄脳』（源俊頼）のように〝物の名〟が歌のおもてに捉えられている、という言い方は正しい。

みぎは裏面に「うぐひす」を隠して、表面に〝憂く干ず〟の意味と、さらには鳴き声を詠んでいるかもしれないと言われる。『日本古語大辞典』（松岡静雄）に、ホトトギス、カケス、モズ、キギス、カラスなどは鳴き声に由来するという注意がある。ウク（＝グ）ヒズ（＝ス）とは、いかにも苦しいだじゃれことばというほかないものの、そういう苦しまぎれがおもしろくて笑えるというところだろう。懸け詞を清音と濁音とにまたがることによって分からせることも、ある時代から始まる、だいじな技術であるらしく、これを音読してみようとするとよく分かる。音読しようとして、音読し切れない、つまり清音と濁音とを同時には発音できないから、発音に詰まりながら、思いいれを込めて、声色めいて、ややスピード感をゆるめて読むなど、同時には発音できないはずの清音と濁音とを無理に発音する工夫によって、聞き手に懸け詞であることを知らせる。
心から（好んで、）花のしづくに、ぐっしょりになりながら、
つらく、乾かず、とばかり、鳥の鳴く（ということはある）のかしらん
ウグヒスという音韻の連なりと、ウク、ヒズという音韻の連なりとのかさね合わせによって、このうたのことば遊びの興味がなし遂げられているのであるから、ウやグやヒやスやといった一音一音はここに何らの詩的効果をもたらさず、またリズム感の快さのようなものも立ちあがらない。だじゃれ感がつよいと言えるであろう。

## 8 口語短歌

ほととぎす
来べき「ほど時過」ぎぬれや―待ちわびて鳴くなる声の、人をとよむる（一〇、藤原敏行、四二三歌）
来（て鳴く）はずの時節、ほどあいが、過ぎてしまうというのでだろうか、
待ち（に待ち）わびて、（やっと）鳴くのが聞こえる声（を響かせて）、
人（々）をどっと沸かせる

これも苦しい表現が受けを狙っているのだと見るべきところで、「ほととぎす」という、意味を持つ音韻の連なりと、「ほど」や「とき」や「すぎ」やとのかさなりがすべてをなす。「ほととぎす」の「す」に「過ぎ」がかさなるというところは、一音にまで分解されているということができるにしろ、「す」はあくまで「ほととぎす」の五音めを背負っているので、無意味な一音ではない。ここに快いリズム感があるかどうか、「来べきほど時過ぎぬれや」のごつごつした感じに、意味とは別の美の探求が試みられているとも思えない。地口らしさのみのこる。

うつせみ

浪の「うつ瀬見」れば、珠ぞ―みだれける。拾はば―袖に、はかなからむや（一〇、在原滋春、四二四歌）

浪が打つ瀬を見ると、珠が―乱れたことだ。拾うならば、袖に溜まらない（あえなく散る）のだろうな、（うつせみだから）

あぶなっかしい音数律をたよりにしたことば遊びとしてある。これには、「たもとよりはなれて、珠を包まめや。これなむ―それ、と「移せ。見」むかし」（一〇、壬生忠岑、四二五歌）という返しがあって、「移せ。見むかし」とは苦しくても、「うつせみ」を詠み込むためだからとて、みんなで笑う。「これなむ―それ」などは現代の口語短歌顔負けの表現だろう。音便の出てくるうたもある。

桔梗の花

秋近う野は―なりにけり。しらつゆのおける草葉も―色かはりゆく（一〇、友則、四四〇歌）

秋らしゅう野はなってしまいましてん。白い露が置いてある草葉も色が変わってゆく

## 9 〝物の名〟の遊び

「物名」歌は漢詩のことば遊び――離合や字訓詩その他――の応用であろう。漢語が詠み込まれるのもその一環としてあるかと思う。文字、書くことによって一旦隠す、分かりにくくする興味と、あくまで声に出して発音して

おもしろがることができるという一面とがあって、その二面によって成り立つ。音便を詠み込まなければならない苦しさはそれとして、口語短歌というおもしろさはのこる。

笹、松、枇杷、芭蕉葉

いさゝめに時待つ間にぞ―日は―へぬる。心ばせをば人に見えつつ（一〇、紀乳母、四五四歌）

すこしでも時を待つ間にまあ、日は過ぎてしまうよ。心馳せをですね、人に見られよう見られようと

いくつもの物の名を詠み込む場合である。

ほかに「をみなへし」という五文字を句の頭において詠む、

小倉山―みね立ちならし、鳴く鹿の、経にけむ秋を知る人ぞ―なき（一〇、貫之、四三九歌）

小倉山の峰を立ちならして、鳴く鹿が、過ぎて行ってしまったろう秋を知る人がないよ

のようなのも（笠付け）、「物名」歌の一類としてある。「かきつばた」を詠み込む、

唐衣着つつ―なれにし―妻し―あれば、はるばる―きぬる、たびをしぞ―思ふ（九、在原業平朝臣、四一〇歌、『伊勢物語』歌）

唐衣を着続けてなれなれ、狎れてしまいし妻がありますから、

洗い張り洗い張り、ではないが遙々来てしまう、遙かなる旅を悲しむぞよ

はあまりにもよく知られる。懸け詞、縁喩を駆使することで名高いうたであるものの、「物名」歌の一類と見よう。「物名」歌は以上のように、意味を遁れられない日本語の詩の特性による試みであり、『拾遺和歌集』などに至っては、なかなかの力のいれ方だと感心せざるをえない。

## 10 〝ただに心緒を述ぶ〟――「ただこと」歌

仮名序に言う第五の《ただこと歌》は、寄せる「物」すらないという点で、本格的な〝喩え〟のあるなしで言うと、〝ほとんど無喩〟そのもの、まさに直叙のうたをさす。

いつはりのなき世なりせば、いかばかり、人の言の葉うれしからまし（『古今集』仮名序）

もしいつはり言のない世であるとするならば、
どれほど他人の言うせりふがうれしいことだろう

無論、うたであるために、ことばの平板性そのものに完全には解消しえない。いかに希薄であろうと、ある種の凝縮である限りは、まったくの無喩を考えられなくなる。ここでは直叙のうたをもって大まかに無喩とする判定をくだす。『万葉集』には比喩の技巧をおよそ持たないうたが「正述心緒」（〝ただに心緒を述ぶ〟）歌として、巻十一、巻十二に大量に見られる。

人麻呂の発明した分類らしいと言われる、二大分類して見せた、その一が「正述心緒」で、もう一つの「寄物陳

思」と対立する。

《ただこと歌》は、その「正述心緒」歌と明らかにかさなりあう性格ではないか。「正述心緒」を「ただにこころをのぶ」と訓むとすると、「ただに」の「ただ」は《ただこと歌》の「ただ」ではないか、と指摘したい。

垂乳根ノ—母が手放り、如是《かく》ばかり、為便《すべ》無き事は—いまだ為なくに（『万葉集』一一、二三六八歌）

人の寐《ぬ》る味寐《うまい》（は）—寐ねず、はしきやし—公《きみ》（が）目すら（を）欲り（て）嘆く（も）（一一、二三六九歌）（或る本の歌に「公を思ふに暁ケ（に）来《け》るかも」と云ふ。）

心（には）—千遍念へド、人（に）云はぬ、吾（が）恋ヒ孋《づま》（を）見る依《ヨし》（も）がも（一一、二三七一歌）

是量《かくばか》り恋ヒ（む）物（ソート）知ら（ませ）ば、遠く見るべく有ら（まし）物（を）（一一、二三七二歌）

と、これらの「正述心緒」歌はほとんど無喩だと言われるのがよかろう。さきに《ただこと歌》について、ほとんど無喩だという言い方をしたのに通じることだろう。

我（が）背子が朝明ケ（ノ）形《すがた》、吉く見ずて、今日（ノ）間を、恋ヒ暮らすかも（一二、二八四一歌）

忘る哉《や》（ト）、語《モノがたり》して、意《ココロ》遣り、過ぐせド過ギず、猶恋ヒ（にけり）（一二、二八四五歌）

人妻に言ふは—誰（が）事。さ衣ノ此（ノ）紐解けト、言ふは—孰（が）言（一二、二八六六歌）

これらは〝ほとんど無喩〟だということであって、完全に比喩ではないという事態を、言語領域である以上、あるいは文学表現として考えにくい。

## 11 「ただこと」と「直語」

みぎにあげた、巻十一、二三六八歌、

垂乳根ノ—母が手放り、如是ばかり、為便無き事は—いまだ為なくに

について言うと、このうたがうたであることじたいに、比喩であるという根本を否定することができない。〝じたいの比喩〟とは、文学ならば、そのような基本矛盾を平気でかかえこもう。「垂乳根ノ—母が手放り」歌は、だれかがあるときに自分の心情を吐露したくて、ただひたすらそのように口をついて言いつのり、できてしまう作物なのであろうか。無論、うたなるものの原型に、そういう衝動とそこからの発生とがあることをわれわれはかたく信じる。しかし、制作事情はなかなか分からないことだとしても、みぎのうたがそんなに素朴な形成だとする認定でよいのだろうか。これは、たやすい理屈だと思うが、〝心情の吐露〟をここに作り出しているのであって、作るということじたいが比喩を形成する。

うたの表現じたいが定型の詩であることによって、他の多くの短歌といわば同一の歩調を取り、しかもかならず類型的な内容であって、それにごくちょっぴりのずれを盛りこんで、新奇な一首であるかのようにこれを成り立たせている、というその在り方についてであって、定型そのものが大きく比喩の形式としてある。類型からのずれ、ということころにすでに比喩がひそむはずだろう。

「ただこと」は、内容からも、タダ（＝直）という同音からも、以上のように『万葉集』の「正述心緒」に引き当てるのが至当であるとともに、さらに思い合わせるべきこととして、『歌経標式』の「直語」にそのまま一致する。「直語」はタダコトと訓むのでよく、ほかの訓みはない。▼注2

『歌経標式』の「直語」の短歌は、原文の万葉がなをかなに替え、濁点をほどこして引用すると、

みましする　をかにかげなし　□のなしを　うゑておほして　かげによけむも（真本、『日本歌学大系』一）

御座する丘に、かげがない。この梨を植えて、
育てて、（それなら）かげによかろうよ

とあって、これはまさに《ただこと歌》としてある。詩としての比喩という技巧をほとんど持たない詩が世界にあろうか。ところが、日本語の詩にはそれがあるのだとするほかはない。しかも、そのようなほとんど無喩のうたどもが、日本語の詩のうちに、大きな分け前を持つらしい。無論、５７５７７という形式じたいが、ぎりぎりの詩的存在理由としてあり、日常語のことば遣いでありえない〝詩〟としてある、という前提はゆらがぬものの、内容にはいりこむや、その日常語がそのまま詩となる、という事態がまさにここに惹起している。

## 12　直喩歌はあるか

直喩を有するうたと見られるうたがないわけではない。

綜《へ》麻《そ》形《がた》ノ林（ノ）始《さき》ノ、さ野《の》榛《はり》ノ、衣《きぬ》に着く成す―目につくわがせ（一、井戸王、一九歌）

へそ形の林のさきの、さ野榛が、衣に着く、あざやかに。
あざやかに目に止まるわたしの男よ

「さ野榛ノ、衣に着く」（野榛の色があざやかに衣に着く）、そのようにくっきりと目につくわが背の君よ、という、

大意でよいものの、めずらしい「成す」（そのようにする）という直喩を導く語を持ち、「着く」「つく」と二回に分けて表現する。論理上、衣に着くことと目につくこととを、語は同一で二回表現しており、問題ない。しかも二回表現する場合、一回は文字通り附着する意味と、「目につく」という身体動作を意味する、やや比喩的な「つく」と言う語の使い方と、意味のはばが利用されている。

直喩歌は一般に論理的な無理をしない、ということができる。つぎのようなうたは〝直喩〟と判定してみた（二二三頁）。

水（ノ）上（に）数書く如き、吾（が）命、妹（に）相は（むト）、うケひつるかも（一一、二四三三歌）

人事《ひトゴト》（は）―暫し（ソ）―吾妹《わぎも》。綱手引く海ゆ益り（て）、深く（しソ）―念ふ（一一、二四三八歌）

仮名序の挙げる《たとへ歌》「わが恋は―よむとも―つきじ。有磯海の浜のまさごは―よみつくすとも」が直喩的であることについてはもう申し述べた。

物語歌では、

見し人の煙を雲とながむれば、夕べの空も―むつましきかな（「夕顔」巻、一―一四一）

優曇華《うどんげ》の花待ち得たる心ちして、深山桜《みやまざくら》に目こそ―移らね（「若紫」巻、一―一六八）

のようなのをかぞえておきたい。

## 13 問答歌の性格

欧米的な修辞学の知識からすると、暗喩——隠喩——とはどういうことかを含め、詩歌の上にそれを探索する作業が課せられる。登場人物名（夕顔、軒端荻《のきばのおぎ》、朝顔など）が詠み込まれるのは、物語歌が命名の理由である場合を見る。

ほのかにも―軒端《のきば》の荻《をぎ》を結ばずは―露のかことを何にかけまし（「夕顔」巻、一―一四三）

たしかならずとも軒端の荻（と契り）を結ばないことには、

露（ほど）のうらみごとを、何に懸け（て言い出せ）ようぞ

このうたから女性主人公の名（軒端荻）が読者のなかで始まったと見よう。このうたは《たとへ歌》でこそあれ、女性名と植物とが固定的関係にあるわけでない。つまり暗喩――隠喩――を利用するうたではない。思うに、暗喩という考え方を導入する意義がここにはないということだろう。ここに限らず、暗喩という考え方を排除しても、詩歌をわれわれが読む上で、不便がないのではなかろうか。

問答歌（贈答歌）をどう捉えようか。詠み合う両者のあいだに共有する表徴がないと、問答歌は成り立たない。問歌は表徴を作り出し、それをあいてに与える。あいては問歌にあらわされている喩を読み説いて、答歌を返す。さきに〈たとへ歌〉として注意した「生ひたゝむありかも」歌は、若草（紫上）をこの世にのこして露（のわが身）は消える空がないと、尼君が詠む。もう一度引くと、

生ひたゝむありかも―知らぬ若草を、おくらす露ぞ―消えんそらなき（「若紫」巻、一―一五九）

生い立つこれからのゆく先がどこにあるかも分からぬ若草をこの世にのこして、露はね、消えようにも消える空がないよ

「消えん」は、文字通り露が消える自然現象に、人の身が消える（亡くなる）意を率直に懸ける懸け詞としてある。それを大人女房が答歌で受ける。

初草の生ひ行く末も―知らぬまに、いかでか―露の消えんとすらむ（同）

初草が生い育つ先も分からない間に、どうして露が（さきに）消えようとするのでしょうか

問歌とおなじ表徴をもって答歌を行うというルール通りだと言える。問歌を既知とし、それを前提として返しているという点では、問歌と答歌とで作歌の機制が全同とも言いにくい。問歌を一つの世界――象徴――として受け取って、それに対して答えるという、象徴詩的性格があるのではなかろうか。

見ても―また逢ふ夜まれなる、夢のうちに、やがてまぎるるわが身ともがな（同、光源氏、一―七六）

世語りに人や―伝へん。たぐひなく憂き身を覚めぬ夢になしても（藤壺、同）

は知られた問答歌で、前者のうたを後者のうたが単にことばの表層で返すのでなく、奥深い歌意ぜんたいを受けたところから作歌へにじりよる。前歌と後歌との関係は象徴詩的空間を幻出する行為だと言えないか。

**注**

（1）鈴木、『古代和歌史論』、東京大学出版会、一九九〇。

（2）藤井貞和「構造、喩、心と詞—『歌経標式』から『古今和歌集』へ」（『文学』一九八六・二）、『物語文学成立史』所収、東京大学出版会、一九八七。「直語」は『歌経標式』真本に「旨語」とあるのを、抄本および『奥義抄』に拠り、訂正する。

# 十二章　枕詞とフルコト

## 1　『歌経標式』という一書

『歌経標式』（「浜成式」とも言う）▼注1は私にとり、〈時間の文法〉書だと思える。以前に私を〈和歌の構造主義者〉として育ててくれた一書でもある。フルコトという、古伝承の叙事に見られる固定的な部位を、新しい部位（「新意」と呼ぶ）が受けて展開するという、一首のなかの重層に注目している点で、私にとり、目をひらかされた一冊だ。

フルコト（古伝承）と「新意」とには、古層の時間と新しい時間という、二元的な時間が提示されていることになるのではないか、ということに関心を寄せたい。うたという文化は古層の時間を敷きもののように敷く。ともに、いま現在という時間に浸る。いまの不安や、これからの懼れ、悔しさ、歓び。それらは「新意」といってよいだろう、新しい心を錬ることに没頭する。そのようにして、うたの世界は立体的に成長してゆく。

そこには、長い歳月をかけた〝構造化〟の歴史が籠っているということではあるまいか。序詞という、一見して主想にはかかわらないかのように思える、准句をかかえ込むのも、あるいは枕詞という短句を引きずるのも、そのような〝構造化〟に負っている。それらには、神話時代を含む、遠い歴史からやってきたという認識がからんでいないか。文を輻輳させる、ある種の文法的混乱を詩歌がかかえる理由には、そのような、遠い時間を現在へもたらすという意図が、捨てられず、纏わりつくからではないか。

序詞についてでなく、枕詞についてだが、そのような〝構造化〟の詩学への突破口を『歌経標式』は与えてくれた。一九八〇年代に『歌経標式』論を私が書いた頃▼注2、まだ『詩経』の模倣書のように軽く扱われていた。たしかに、先行する『詩経』がさきにあったからこそ、「六体」なら「六体」を思いつく、といったかかわりは深くあったに違いない。しかし、「古事、新意、喩、名、直語」といったもの凄い用語の列には、それぞれ万葉歌の裏付けがあり、その「古事」はフルコト（上代特殊かな遣いを活かせば「ふるコト」）であるなど、対応する日本語によって考えぬかれた歌学書であることを、過小評価したくない。

## 2 フルコト、「ふるコト」

藤原浜成の引く例歌はところどころ『万葉集』にも見いだす。

梓弓―引津（ノ）辺有《べな》る、莫告藻《なのりそ》ノ、花咲く及《まで》に会はぬ君かも（一〇、春相聞、「問答」、一九三〇歌）

を、浜成は、「あづさゆみ　ひきつのべなる　なのりそも　はなはさくまで　いもあはぬかも」（原文漢字表記、いま改め、濁点をほどこす〈以下おなじ〉）と引いた上で、「も」が二つ並ぶことをきらって、

あづさゆみ　ひきつのべなる　なのりそが　はなのさくまで　いもにあはぬか（「頭古腰新」歌）

と添削する。「梓弓」は「古事喩」（〝古事〟の〝喩え〟あるいは〝古事〟による〝喩え〟）、「引津」が「喩之名」（〝喩え〟の〝名〈地名など〉〟）、「莫乗」が「新意状」（＝「新意之状」）、「開花」が「新之物」、「妹不相鹿」が「結句」だと言う。

〝古事〟は「ふるコト」と言い、「古事」という字を宛てるものの、〝古語〟と書いてもおなじく「ふるコト」と訓めるように、古いことば、古伝承をそのように言い慣わした。フルコト、古伝承の世界にあった言い回しが次代には固定的な詞章と化して、枕詞なら枕詞という歌語になる。

「あづさゆみ」が〝枕詞〟だとは、われわれに親しい固定的な詩的言い回しとして知られる。それはフルコトと称される古叙事の世界からもたらされた、というのが『歌経標式』の教えるところであった。『歌経標式』がほかに「古事」として挙げているのは「しらつゆの」「あをによし」「しろたへに」の三語である。

あきやまの　もみちばしむる　しらつゆの　いちしろきまで　いもにあはぬか（＝「頭新腰古」歌）

の、「あきやま」は「新意」、「もみち」は「物」、「しらつゆの」が「古事」、「いちしろ」は「喩の名」、「いもにあはぬかも」は「結句」。

あをによし　ならやまがひよ　しろたへに　このたなびくは　はるかすみなり（＝「頭古腰古」歌）

の、「あをによし」「しろたへに」がいずれも「古事」だという。

「古事意」の例歌は、

かぜふけば　くものきぬがさ　たつたやま　いとにほはせる　あさがほがはな

を挙げる。二句めの「きぬがさ」の〝喩え〟に依せて三句に「たつたやま」という山の名を顕わす（＝依二句蓋喩而顕於三句山名）。「依」字を「よせて」と訓むことは『奥義抄』のそれに従う。「きぬがさ」が〝古事〟で、三句に「たつたやま」という〝古事〟の〝意《こころ》〟（あるいは〝古事〟による〝意〟）をあらわしている、という時間の二元構造をあらわす。また、〈蓋《きぬがさ》が立つ―龍田山〉という屈折のような、まさに構造として短歌をとらえることは、そのまま『万葉集』の「寄物陳思」歌を説明してくれる。

## 3 〝新しい意（こころ）〟

「新意体」の例歌としては、

しほみてば　いりぬるいその　くさならし　みるひすくなく　こふるよおほみ
あきはぎは　さきてちるらし　かすがのに　なくなるしかの　こゑをかなしみ
みなそこへ　しづくしらたま　たがゆゑに　こゝろつくして　わがおもはなくに

を挙げる。『万葉集』に見えるうたには小異があるので、引いておく。

水底に沈く白玉、誰故（に）、心尽くして吾（が）念はなくに（七、譬喩歌、玉に寄す、一三二〇歌）
塩満てば、入り（ぬ）る礒《いそ》ノ草有れや―見らく少なく恋ふらくノ大き（同、藻に寄す、一三九四歌）

「新意体」は、文字通り「古事」に依らないから新意としてあって、そこのところを〝「古事」ではなく「直語」でもない〟と浜成は言う。

此の体は、古事に非ず、直語に非ず。或は相対有り、或は相対無し、故に新意と云ふ。〔此体、非古事、非直語。或有相対、或無相対、故云新意。〕（『歌経標式』抄本）

〝あるいは相対があり、あるいは相対がない〟というのは、「しほみてば」歌の下の句に〝相対〟があり、「あきはぎは」歌はそれに対して〝無対〟であるという。さいごの「みなそこへ」歌は、一二句が「直語」にあらずして、三四句は「直語」であるとし、その「三等句」（「三四句」か）が「一二句の情」をあらわしていると指摘する。たしかに、一二句の、

みなそこへ　しづくしらたま

は、フルコト句というには新しそうな感じで、また三四句の、

たがゆゑに　こゝろつくして

というのはタダコト（＝直語）句と見てもかまわなく、全体で〝新意〟の「体《さま》」をなしていよう。

このような〝新意〟の体を立てるところに、新しい和歌制作への浜成の評価が窺える。すなわち、『歌経標式』は、基調としてならば、たしかに〝喩え〟による新／古の屈折という構造を論じながら、さいごに至って〝喩え〟に拠る分類を超えるような姿勢を見せてくる。〝喩え〟の構造詩学を基調にしながら、それを超えるというあたりに、『古今集』仮名序の前半の「うたのさま六つ」の詩学から、後半の「六歌仙」論へと展開し遂げてゆくさまと、何ほどか似るきざしがある、との感慨を私はいだく。▼注3

## 4 神話的な輝き

挙げてきた万葉歌（『歌経標式』歌）、

梓弓―引津（ノ）辺有る、莫告藻ノ、花咲く及《まで》に会はぬ君かも（一〇、一九三〇歌）

あづさゆみ　ひきつのべなる　なのりそが　はなのさくまで　いもにあはぬか（『歌経標式』歌）

は、旋頭歌（577／577）を改造した再利用として知られる。それは、

梓弓―引津辺（に）在る、莫謂《なノりソ》（ノ）花　（a）
採む及《まで》（に）、相はざらメやも。勿謂《なノりソ》（ノ）花（b）
（七、柿本朝臣人麿歌集、一二七九歌）

とある典型的な旋頭歌で、（a）（b）二連からなる。（b）「勿謂（ノ）花」は（a）「莫謂（ノ）花」の単なる口調上の繰り返しではなかろう。たとい繰り返しの一種であっても、両者は等価でない。（a）のナノリソノハナは神話的に提示されたそれ、（b）はいま話題とする眼前のそれを指示する。（a）と（b）とは対比的に並列されているというのとちょっと違って、（その）ナノリソノハナという、（その）こそないけれども、（b）は（a）へ帰ってゆこうとし、（a）によって照らし出され、従属させられる（b）である。（その）という指示のない分だけ、整合性が進み、ナノリソに「名のるな」という喩を持たせることによって、（a）と（b）との架橋を緊張した性格にしている。[▼注4]

（b）は「花を採むまで逢わないことがあろうか、ナノリソの花」というので、これがかろうじて詩句として認められるとしたら、音数律を別にして、ナノリソが「名のるな」という喩を持つことによってであろうが、しかし詩句として独立できるとは言いがたく、あくまで（a）の「莫謂（ノ）花」の神話的な輝きによって強烈に焼きつけられた（b）としてある。

## 5　新築の婚舎

『古事記』の最初の歌謡へちょっと脇道するならば、

（『古事記』上）
やくもたつ　いづもやへがき　（a）
つまゴミに　やへがきつくる　（b）
ソノやへがきを　（c）
（『古事記』上、一歌謡）

と、（a）（b）（c）の段差から成る。うたの背景には神々の説話があり、したがってこの歌謡を神事歌謡とする。すさノ男（神）が、宮を造るべき地を求めて、出雲国の須賀に来て「吾、此地に来て、我が御心すがすがし」と言うと、ここに宮を作った。初めて宮を作る時に、そこより雲が立ち騰ったので作った御歌だとされる。
みぎの歌謡は構造がむき出しになっていると言ってよい。三回も出てくる「やへがき」のうち、（b）「つまゴミに　やへがきつくる」の「やへがき」は、新築の婚舎をさすので、いま眼前に見ているそれ、須賀宮そのものをさす。新婚の場所だ。では（c）「ソノやへがきを」の「やへがき」はどの八重垣だろうか。「ソ」の八重垣だという

「そ」はどれをさしているか。「を」は間投助辞であるとしても（成熟して対象格の格助辞となる）、「ソノやへがき（を）」の「ソ」があらわす対象はあるはずだ。

おそらくこういうことではないか。いま建てられる婚舎は「あの」婚舎だ、と指定する。「あの」は（a）の「やくもたつ　いづもやへがき」に詠まれた「やへがき」をさす。それは始原における婚舎である。「やくもたつ　いづもやへがき」の「やへがき」が始原の婚舎であることを如実に示すのは、「やくもたつ　いづもやへがき」という詞章が原古の時間の神話を提示しているからにほかなるまい。（a）は原神話の詞章、断片化されたそれだと見てもよい。

やくもたつ　いづもやへがき（原古の神話の提示）　（a）
つまゴミに　やへがきつくる（いまの婚舎）　（b）

「やくもたつ　いづもやへがき」は古伝承から来たので、それをかかえて歌謡が成立する。生成の様相を構造上に何ともあらわに見せつけるのが、この歌謡の特徴だ。

『万葉集』七、一二七九歌（旋頭歌）も基本的におなじ構造を持つ。

梓弓―引津辺（に）在る、莫謂（ノ）花　（a）
採む及《まで》（に）、相はざらメやも。勿謂（ノ）花　（b）

これが短歌５７５７７に改造された一九三〇歌でも、おなじような構造を覗かせる。前半は（a）を堅持する。後半はがらっと変わってゆくようでも、（a）が古層であるのに対し、そのあと（b）部分に新しい意想を持ってくるという在り方は、忠実に守られる。

梓弓―引津（ノ）辺有る、莫告藻ノ　（a）
花咲く及に会はぬ君かも　（b）

## 6　枕詞と序詞

枕詞は、だいじな詩の技法としてあまねく知られ、多く『万葉集』に見いだされるほかに、古代歌謡にもあり、修辞として欠かすことができない、何といっても日本文学の最初期をかざる、重要な決まり文句としてあった。最初期をかざるとは、千数百年前の文献に見られ始めた時に、すでにピークを越えた、滅びつつある文化だったはずだ。福井久蔵『枕詞の研究と釈義』▼注5、ちかくは近藤信義「枕詞の発生——名辞と意識——」▼注6もあり、私に加えるべき何ほどもない。

上代に〝枕詞〟という語じたいはなかったらしい。これらの語を、『倭歌作式』(喜撰式)では「神世異名」とも言っている。ただし、アヅサユミ、シラツユノ、アヲニヨシは見あたらず、「しろたへの」だけが見える。「異名」とは、たとえば「ひさかた」は月の異名でおり、また山の異名が「あしひき」である、というような認識で、天の原、あかねさす、玉ぼこの、草まくら、など八十八物を載せる。それらは〝神々の世〟から伝わってきた異名であったという認識だろう。

枕詞と序詞とは、一見、正反対の機能——一方は決まり文句で一方は自由な創造部分であるという——を持っているように見えながら、その本質はきわめて似た性質だと言わざるをえない。枕詞が、それのかかってゆく語とのあいだに比喩の関係を有しているように、序詞にも、たとえば「露の」と「消ぬべく」とのあいだに比喩の関係がよこたわる。枕詞が、比喩の側面を伸長させて、新造の枕詞を出現させたり、新しいかかり方を示したりするのとおなじように、序詞の表現も、比喩の関係の新しさを求めて、さきに見た、「立ち(ても)—居(ても)—」なる下二句にかかってくる決まり文句として、浪や、山や、雲や、鳥が導かれてくる。

トモし火ノひかりに見ゆるさゆりばな—ゆりも—あはむトおもひそメてき（一八、伊美吉縄麿、四〇八七歌）
さゆりばな—ゆりも—あはむトおもへコソ—いまノまさかも—うるはしみすれ（一八、大伴家持、四〇八八歌）

前者の「……さゆりばな」は序詞としてあり、後者の「さゆりばな」は枕詞としてあることの、本質上の違いはほとんどない、といわざるをえない。後者は序詞の省略形式であるということもできよう。比喩の新しい関係が追求できるという点では、序詞のほうがはるかに可能性を有している。

## 7 散文らしさと詩的表現

古代歌謡あるいは『万葉集』に枕詞があふれかえる。福井久蔵『枕詞の研究と釈義』は、大化改新以前におよそ百二十種（先人の一たび用いたるを襲用せるもの十三種、その接続を変ぜるもの七種を除き百種）、万葉時代に作られたのが二百十二種（接続の仕方を異にせるもの百八種を加えると三百二十種）と、そんなかぞえ方を出してみせる。

ついでをもって言えば、三代集（古今、後撰、拾遺）には作者の知られるうたに、およそ百三十種、未詳のもの百四十種という。徳川時代にはいっても新種けっして少なからず、明治にさらに新作を見る、と。

一方で、福井が延喜式ほかの祝詞《のりと》類から拾う内容を見ると、それらのなかに枕詞がなかなか見あたらないとわれわれは悟る。神名や地名を多量に有し、また神話的説話を豊富に見ることのできる、祝詞類において、かえって枕詞が寥々たるさまだということはどう考えたらよいのだろうか。枕詞が神話のたぐいに淵源を発し、神名や地名に冠せられるという通行の考え方に対し、冷や水を浴びせるような事実ではないか。

続日本紀宣命（詔）にもまた枕詞を見ることがない。

じつは『古事記』の（歌謡を除く）本文を始めとして、『古語拾遺』にも、さらには『住吉大社神代記』にも、神名や地名があふれるにもかかわらず、めったに枕詞を冠する事例に出くわすことがない。「佐久久斯侶伊須受能宮」（『古事記』神代）、「栲衾新羅国」（『日本書紀』八・仲哀、『住吉大社神代記』）などの表現がまれにあることはある。『日本書紀』神功紀冒頭の神言のなか（『住吉大社神代記』にも）や、同・神武三十一年条、同・垂仁二十五年条、『出雲国風土記』の国引き条など、ほぼ神の語や特殊な言い回しの部位にのみ枕詞を見ることができる。つまり、端的に言って、枕詞は詩的言語であることの指標であり、古代散文からみずからを大きく分けへだてるためにあることが分かる。

祝詞類から比喩的表現の在り方をあらあら見ておこう。つまり、祝詞に〝枕詞〟性を思わせる事例がまったくないわけではない。

宇事物頸根衝抜弖（祈年祭祝詞・広瀬大忌祭・龍田風神祭）
鵜自物頸根衝抜弖（六月月次）
茂栫中取持弖（斎内親王奉入時）
茂槍乃中執持氐（中臣寿詞）
白玉能大御白髪坐、赤玉能御阿加良毘坐、（出雲国造神賀詞）

日本古典文学大系（武田祐吉校注）が頭注で認定したのはこんなたぐいだ。▼注7「宇事物」は「鵜自物」ともあるように、〈鵜でもないのに〉と、神職の動作を滑稽に言おうとした慣用句としてある。これとて、真に枕詞の成立と言えるであろうか。鵜が首根っこを水中に潜らせるごとくに地面へ頸をつっこむ形容であって、転化してほかの被枕と結びつくような発展は示していない。

「茂栫中取持弖」の「茂栫」は「茂槍乃」の例があるから、イカシホコ、イカシホコノ、二種があるのだろう。これも『日本書紀』舒明前紀や中臣本系帳に拠れば、かならずしも枕詞と認定しがたい。

そして「白玉……、赤玉……」は、続いて「青玉能水江能行相爾」とあり、これについて武田は「青い玉の、川水の江のような色の玉が、玉の緒を行きあうように。整っているさまの譬喩の副詞句」（頭注）とする。「青玉」はちょっと枕詞と判断しがたいというためらいが働いたのだろう。「白玉ノ」と「赤玉ノ」とは枕詞と認定してよかろう。

「朝日能豊逆登爾」「八束穂能伊加志穂爾」（祈年祭など）などの慣用句は〈朝日のように〉〈八束穂のように〉という形容句で、他への転用を見ないから、枕詞と認定してよいか迷わされる。「御膳持須留」（広瀬大忌祭）はミケモタスルと訓むなら六音で、神名に冠せられる。「振立流耳能弥高爾」「須須伎振遠止美乃水乃」「麻蘇比能大御鏡」（出雲国造神賀詞）などは枕詞の成長を促す表現だとしても、これらじたいをそうだとは言われまい。「麻知波弱蒜仁由都五百篁生出牟」（中臣寿詞）の「麻知波」は意味不明語で、真千葉とでも書くべき語だという意見を見たことがある、それならば枕詞に近いかもしれない。

祝詞には「伊加志夜久波叡能如久」（春日祭ほか）や、「科戸之風乃、天之八重雲乎吹放事之如久」（六月晦大祓）のような表現が見られ、基本的に直喩の文学であり、それらは古代散文らしさを誇る、というのがよかろう。

古代日本語には散文と詩とのはっきりした区別があったということだろう。詩は当然、韻文をもってその特徴とする。そのほかにも詩的言語の有無ということが指標となると分かる。というより、一般的語彙でもある語群が詩的言語と化すメカニズムには、詩歌を成り立たせることを始めとして詩の文法があるということだろう。けっして破格ということでないとすれば、その特権性は古代散文を解明するためにも、ぜひ俎上に載せられなければならない。

## 8　詩的表現の指標

「虚空見日本国」（神武紀三十一年）とは何だろうか。「そらみつ大和」（益田勝実）は、ソラツヒコ＝天皇が国見によって支配する、それが比較的小規模のヤマトというエリアだと見なしている。▼注8 なるほど、テクストの現実は虚空カラ見タゾでなく、あくまでソラミツであり、ヤマト国原をそっくり言い替えた表現でなくてはかなわない。ヤマトが他国よりは一段高い〈そらの郷〉だという原意であろう。しかし、語義未詳になってはことば遊びは滅び去るしかない。虚空カラ（タシカニ）見タゾとでもいうように解釈されきたってニギハヤヒの本縁譚へと成長しよう。虚空カラ見タゾへと化転させられて新たに生きられる。

コトワザとは何だろうか。「虚空見日本国」は何かということだが、『常陸国風土記』に類似する言い方がいくつもあって、風俗諺／風俗説とそれらが称されているのを見ると、「虚空見日本国」も風俗諺または風俗説だろう。

風俗説云、霰零香島之国（香島郡）
風俗説云、薦枕多珂之国（多珂郡）
風俗諺云、白〔＝「自」改〕遠新治之国（新治郡）
風俗諺云、立雨零行方之国（行方郡）
風俗諺云、筑波岳黒雲挂衣袖漬国（総記）
風俗諺云、握飯筑波之国（筑波郡）
風俗諺云、水泳茨城之国（茨城郡）

国（＝郡）ごとに一つずつ枕詞があるさまは、▼注9 まるで競争して定めているかのようだ。近藤信義はこれらを地名の持つ音を解釈する意味性から付いた枕詞だとする。アラレフリカシマは、カシマシ（囂）の連想から霰の降りが発想される。コモマクラタカは、タカ（高）の連想から、薦でつくられた枕が発想される。薦枕は特殊に高いらしい。シラトホ（フ）ニヒバリは、ニ（土）の連想から、タチサメフリは、ナメ（並）の連想から、コロモデヒタチは、ヒタチ（漬）の連想から、ニギリイヒツクハは、ツク（付着）の連想から、ミヅククルウマラキは、ウ（鵜）の連想から。これらの説明はいま近藤に拠った。

これらのなかには、旧来の枕詞を採用したり（香島郡、多珂郡）、苦心の新作があったり（行方郡、総記）する。訓みを確定できない場合（「握飯」「水泳」など）があるのは仕方がない。「しらとほ（ふ）」は諸説あるにしても、ニ（土）の連想でよいのではなかろうか。これらはほぼ懸け詞によって成立する、まさにことば遊びにほかならない。ことば遊びというと低く見られるかもしれないが、そうではなくて古代人たちによる、ことばとの戯れであり、実際に歌謡や和歌に用いられるように、大げさに言えば詩の発生だ。本縁的な説話によって決められてきた言語表現だろうか。そう考えるにしても、一例たりとも決定的に神話からこぼれてきた表現だとする証拠を摑めない。見られる限りは出来のよいのも、出来のわるいのもひっくるめて、音を介在させる一瞬の刷毛具合でできあがる、国名への装飾と見られる。かれらの詩心の所産であってこそ次代へ枕詞は発展的に受け継がれる。いたづらに朽ち果てる神話の権威の断片であるのならば、『万葉集』以下の詩の表現にとって、どうして大きな期待などできようか。

**注**

（1）宝亀三年＝西暦七七二年の成立。藤原浜成。中国詩学を応用しながら日本詩歌や歌謡について工夫を凝らし、位置づけてゆく。

（2）藤井、→前章（注2）

（3）「六つのさま」は真名序に「六体」とあるように、「さま」＝「体」。六歌仙への評言は「さま」をめぐって展開される。

（4）なお、論旨はすこし異なるけれども、当該旋頭歌から短歌への展開について、多田一臣『古代文学表現史論』一ノ七「歌の発生」（東京大学出版会、一九九八）が論じる。「コトワザ」についても氏から教えられる。
（5）福井、不二書房、一九二七。
（6）近藤、古代文学会編『文学の誕生　シリーズ・古代の文学3』武蔵野書院、一九七七、『枕詞論』桜楓社、一九九〇。
（7）武田、『古事記・祝詞』所収、岩波書店、一九五七。
（8）益田、『国語通信』二〇二、一九七七・一二、『益田勝実の仕事』3、ちくま学芸文庫。
（9）近藤、『音喩論』おうふう、一九九七。

# 四部　リズム　音韻　文字

詩学にとって（という限定づきだが）、ことばの意味を有《も》たない、ただ音楽としてのみ快く伝わってくる音律は、それこそ〈無意味〉というほかない。詩学があいてとするのは人間の声だ。ことばの韻《ひび》いているリズムが前提となる。自立語は意味を持つ。非自立語は機能を働かせて意味を繋ぎ止める。そういう言語活動の総体が音声を支える、という限定であって、逆ではない。そう考えることで、ある種の境界をこの四部は敷くこととなろう。

音声といえども、その声は人間のそれであって、たとい叫びや呻きであろうと、何をか訴え、だれかに届けようとする。だれかに届けようのない個人の営為であろうと、意味のない声をアーウーと発するということがあろうか。たといアーウーであろうと、われわれは類的実存によってそれを共有する。ここよりアーウーと発するならば、類の広がりのどこかでもだれかが、いや万人がアーウーを共苦のようにして発していることだろう。（動物にも類としての言語現象があるかもしれないことについては措く。）

ことばは人間社会に保存されている。われわれのことばの〝遺伝子情報〟は、われわれのなかにあるとともに、われとわれとのあいだに社会的に、客観的に書き込まれている。それが言語活動にほかならないのではないか（同義反復だが）。

ことばのそういう性格を詩学はけっして逸脱することができない。類的実存によってわれわれの詩学はついに活かされているということではあるまいか。一見して音声学（や音韻論）を掠めるようであっても、それらはことばの通過していった軌跡を調査しているようなしごとだ、とこれを言いたい。等時拍というのも、調べというのも、堂々巡りのようながら詩歌を代表とするそれらを第一に考えたい。時枝が詩歌というリズムだけを話題にしているということではないから、詩歌を中心に据えては考察として偏ることになるのかもしれないが、われわれには回路を辿って、いつでも詩歌と交感できるということを忘れたくない。

ことばが通過してゆく軌跡を音声や音韻が象るということは、文法的な場が生成されることにほかならない。日本語にとって文字使用は重大な言語現象を担っていると、だれもが知る通りだ。日本語の文字使用が、そのまま文法的な場の形成に寄与しているとは、驚くばかりだと言ってよい。すなわち、漢字かな交じり文で言うと、漢字が自立語のなかで使用されるのに対して、非自立語、つまり助動辞そして助辞という機能語は、みごとにかなで表現される。漢字とかなとで表記されてゆく文字使用が文法的な場を生成してゆく。

この四部ではそう言ったところまで論述して、以下、次第に文法的現象から離脱して行く。言語学へ向かう五部のシーンへと進みたい。

# 十三章　等時拍というリズム

## 1　時枝のリズム場

時枝はその「音声論」(『国語学原論』二ノ一)を〝リズム的場面〟の考察から開始する。そこでは、

　私はリズムの本質を言語に於ける場面であると考えた
　宛《あたか》もそれは音楽に於ける音階、絵画に於ける構図の如きものである
　リズム的場面があって、音声が表出される
　リズム形式が音節を構成し、音節に於ける単音の結合の機能的関係から、単音の類別が規定される
　舞の型、剣術の型である

と言われる。時枝は〝言語のリズム〟を、個々の言語活動の前提となる、ややむずかしく言えば「先験的な場」として設定した。その考えに対して、はるかな希望と、しかしある種の保留とを私などはいだいて、もうずいぶんの時間をけみしながら、その後の考えがかならずしも進まない。

一般に、パターンの繰り返しによってリズムが生じるから、分節的に繰り出されることとじたいにリズムは生じて

いると言われるべきで、

なにはづに、咲くや―この花。冬ごもり―いまは―春べと、咲くや―この花（『古今集』仮名序、《そへ歌》）

というらた表現について見ると、それじたいに、いくつものリズム感があるばかりでなく、現代語にしてみて、「なにわ津に花が咲く……」というような、散文的な言い回しに言い換えても、当然のようにリズムはあるので、な、に、は……（な、に、わ……）という意味の流れじたいがリズムを有する。

このことは、経験的に了解できることであり、経験的であることじたいに、実際の音節であるよりは、音韻的な音素の羅列として、リズムが話者に還元される。その限りでは、時枝のように「リズム形式が音節を構成」するということに、誤謬のあるはずもない。外国語、たとえば accent を日本語にする際に、

ア／ク／セ／ン／ト

と、五音節で言うのは、心理的に等時拍のリズム場面があるからだ、というのに異存はない。ただし、〝アク／セン／ト〟と三音節で言う人も多い。自転車は現代歌人なら四音とかぞえるとしても、他の人は三音とかぞえるかもしれない。

ことば以前に先験的にリズム場があるということとはちょっと違って、繰り返して言うことになるけれども、ことばと同時にリズム場があらわれる、つまり言語表現じたいのリズムがある、ということでよければ、〝リズム的場面〟を了承して議論を進めてよいと思われる。

すなおな観察としては、たしかに、意味とリズムとの出会う感覚が日本語の基調としてある、と主張したい。意味が言語活動にとって、この上ない重要な要目である以上、この『文法的詩学その動態』で取り上げないわけにゆかない。詩は特殊な実験を除いて意味を最底部の存在理由とする。しかし、意味はことばよりもはるかに広い領域

で生存し、活躍する。たとえば〈生きることの意味〉が言外に広がる、と言ったような。言外の広がりは言語学だけでは片付かない。

一音一音の音韻を古代では「文字」と呼んできた。

「ふと」ぞあぢきなき文字ななる。（『落窪物語』一、一八）

「ふと」という語が味気ない音に聞こえますぞ。

「文字」は万葉がなのような一字一音から音韻を認識したということかと思われる。

## 2 等時拍

基層日本語が、等時拍の一音一音であったという推定は、ハワイ語、マオリ語、太平洋諸語にも広がる、雄大な課題だ。数千年前のある時、優勢な諸言語が上から覆い被さってきたあとになっても、最古の日本語は基礎からしっかりと上部を支え続けたろうという、学的仮説に通じてゆく。

ハワイの土着英語は基層言語に規制されて、一音一音式になる。

ヨーロッパ諸語でも、基層語の強弱アクセントが、上位から覆い被さってきた長短アクセントを変化させたと言われる。

それらと類似することが日本列島（琉球／先島諸島を含む）でも起きた、という推定だ。

久羅下那州多陀用弊流〔之〕時（「くらげなすただよへる」時）（『古事記』上）

宇陀能多加紀爾志藝和那波流和賀麻都夜志義波佐夜良受……（「うだノたかキにしぎわなはるわがまつやしぎはさやらず」……）（中、九番歌謡）

というように等時拍が続く。基層日本語にそれはあると考えたい。

○○○○○○○○○○○○○○○……

と、模式的にあらわす。それらは自由アクセントであり（後述）、古い祝詞の唱え方や、古い民間宗教での祭文の唱え方として行われたろう。経文の読呪、芸能の演唱、あるいは短歌の棒読みや気取った朗読などで、現代でも時に浮上する。「数（＝よ）む」という語があるように、詠むことは音数をかぞえるようにすることをさすと言われる。律はリズムのことを言う。

等時拍の単調な日本語の流れを、たとえば「4、7、7」とか、「5、6、5、7、……」とか、分節するようになって、そこから次第に音数律を持つ詩形式が成長する。最初に切れ目を羊羹のように入れた人がいたとすると、意味の纏まりとして意識にのぼってくる時のナイフ捌きだろう。3音や6音もあった。分節する切れ目はけっして休止でなく、あくまで4音なり、5音なり、7音なりの纏まりを作るための節目としてある。

○○○」○○○○○」○○○○○○」○○○○○○○」○○○……

等時拍であることじたいのリズムは、本来、強弱や長短のアクセントがない以上、拍という音韻の一音一音が、アクセントを意識する上での最小の単位になるしかない。三音の語彙〝桜〟（＝さくら）は、それ以下に分解できない。ある時から日本語は高低のアクセントを獲得する。獲得したからと言って、絶対的ではない。高さのアクセントは方言によって、「さ」が高かったり、「くら」が高かったりしてよい。〝桜〟のあとに付属語「が」がくると〝桜が〟という四音のなかに新たにアクセントが生じてくる一方で、無アクセント地方も各地にあり、その自由さはけっして束縛であるはずがない。

拍の基本はそうしてみると、等時拍としてのみ意義がある。語彙の意味を不自然にわけた拍子の取り方は日本語の生理としてありようがない。音楽はそこに逆らう。ことばのリズムということと、音楽のリズムということとは、本格的に別の事柄として考え分けなければならなくなる。音楽はことばのリズムの上に自由にさ迷ってよい。

## 3　詩歌の音数律とは

音数律とは何か。唱え言に発し、詩歌を特徴づけてきた、日本語などに見るリズムを言う。日本語の詩だと、5音と7音との組み合わせによることが、ある時期より優勢になり、それを五句にしたてて短歌形式は成立する。5音や7音の組み合わせによるうたの形式を見ると、57577の五句による短歌の形式のほかに、577、577という旋頭歌の形式もあり、5（あるいは4）75777形式（仏足石歌体）もある。

577、577
海原《うなばら》ノ路に乗り（て）や―吾（が）恋ヒ居ら（む）。大舟ノ―ゆたに有るらむ、人（ノ）児ゆゑに（『万葉集』一一、二三六七歌）

475777
伊夜彦（ノ）神ノ布《ふ》本《モト》（に）今日らもか―鹿ノ伏すらむ。皮《かは》服《ゴロモ》著て、角《つの》附きながら（一六、越中国歌、三八八四歌）

みぎのような形式は音数律と言えるであろう。

古代歌謡には4、6、7など自由な形式を見せる一方で（自由詩と言ってよかろう）、四首に一首は57577型や、それに近い形式を有しており、５音や７音が優位にあることはいうまでもない。しかし、古代歌謡の基本は自由な形式にある。

……伊須久波斯久治良佐夜流古那美賀那許波佐婆多知曾婆能微能那祁久袁……（いすくはしくぢらさやるこなみがなコはさばたちソばノミノなけくを」）（『古事記』中、九番歌謡）

は、〈……５／６／４／５／５／６……〉という自由律。

音数の繰り返しというところにリズムが真に成立すると見たい。等時拍の語の連なりに区切れ（／）を入れて作り出されるリズムということになろう。音数によるリズムは、５や７が並列することによって出てくると見ることができる。５７５７７には、「なにはづに」歌で見ると、

５／５　なにはづに／ふゆごもり
５７／５７　なにはづにさくや―このはな／ふゆごもり―いまは―はるべと
７／７　さくや―このはな／さくや―このはな

となるところに音数律を見いだす。

長歌（５７５７５７……７７）と比較してみると、５７５７７が最小の「長歌」であると知られる。長歌の最終部分が５７を止める７７という破調になることは周知の通りだが、この破調を短歌は取り込む。つまり、繰り返しを破る非対称性に大きな〝詩〟が宿るということを、ここに指摘しておきたい。

５７５／７７

という非対称性を最大限にあらわす。対応のリズムが、

５７／７７

という、どうにも並列にならない非対称によってもつよく印象づけられるかもしれない。

575

という発句（俳句）形式とも決定的に異なる。

57／577

と見ても非対称だ。非対称性こそは短歌の本性と言えそうである。古代歌謡のような自由詩らしさと、短歌という定型詩とのあいだにも、非対称的な関係があるということができる。〝詩〟の理由は音数律にあるというよりも、この非対称性にこそ潜むと言いたい。短歌57577がかくも優勢な詩的形式たりえてゆく秘密がここにあるかと見られる。

5／75／77という、非対称の繰り返しになりうるリズム感が用意される。そこから75調が生じるのではないか。平安時代長／短歌のリズム感を用意する、これらの非対称の発見は、（長歌はほろぶものの）短歌を永続的な文化にしたてる大きな要因であったはずだろう。

## 4　俳句と連歌

俳句は音数律の直前で成立する開かれた詩的形式だと言いたい。

575

むざんやな。甲《かぶと》の下のきりぎりす（芭蕉『奥のほそ道』）

575

は、5／75と見ても、57／5と見ても非対称的であり、わずかに、

5（7）5

において55があると言えば言える。しかし、この55を並立的に受け取る俳人はおそらくいないだろう。

575（7）

の、（7）が省略されたという、もの足りなさの思い、ないし7へ向かってひらく思いを持つ俳人ならば少なくないだろう。ひらかれた思いがするという点で、俳句は自由詩に近い。

短歌と俳句とは、けっして「長い／短い」の争いに終始する区別ではない。その本性からして互いに独立する。57577は必然の詩の形式であったとか、5音や7音であることが日本語の生理にあっているとか、すべて当たらぬ臆測だろう。おなじ日本語の一類でありながら、沖縄語の古典詩（琉歌など）は8音や6音の詩を形成してきた。歴史や文化的形成の結果として沖縄の詩があり、大和の詩がある。

57557……77という長歌の形式は『万葉集』や平安時代の文献を通して知られる。もちろん、模式上、そうだということであって、4音の句があるなどの乱調がさしこまれることにもまた、長歌らしさがある。平安時代の長歌になると、5、75、75……77といったリズム感が前面に出てきて、おそらく今様歌の7575……に通じる。語り物のある部分や道行き文、早歌、謡曲の詞章に75のリズム感が見られる。隆達節などに7775その他を見るのは、どんなリズム感なのか、狂言歌謡にしてもなかなか複雑で、なお微細な観察を要する。

連歌（575／77あるいは77／575）は短歌と俳句とを総合する勢いを秘める。鎖連歌（5757557……）は近代詩や現代詩にも通じる行分け詩の様相を呈する。連句（歌仙など）は形式化して、やや袋小路にはいっていったかという憾みがのこるものの、本来の連歌の運動は勝れた詩的形式であり、定型ながら現代詩の起源に位置するとすら言えるかもしれない。

## 5　調べ

調べはもともと音楽用語で、楽器の調子をととのえ、音調を決めて（＝調律して）演奏すること、またその調子や節回しをあらわし、さらには調子よくしゃべること（＝「語りしらぶるもいとにくし」『枕草子』「にくきもの」段）、吟味すること、究明すること、尋問することなど、調査の意に広がる。詩歌について〝調べ〟という用語はないようであるものの、57調、75調などと言われる〝調〟に応用されている。

音楽でいう〝調〟は、

弾くものは琵琶。調べは風香調、黄鐘調《わうしきでう》、蘇合の急、鶯のさへづりといふ調べ。箏の琴、いとめでたし。調べは想夫恋。（『枕草子』「弾くものは」段）

とある語例や、「律《りち》の調べ」（『源氏物語』「帚木」巻、一―五一）などとあるように、雅楽その他の平調、双調、壱越調や盤渉調などのテウ（呉音はデウ）（＝調）であり、現代の長調、短調などを含めて、音階や旋法をあらわした。57調、75調、あるいは万葉調、古今調などという言い方は、いつごろよりのものかを知らないが、音楽用語との類推の関係でそういうのかと了解しておく。

7575……は新体詩として現代になじみやすい感じがあり、流行歌や歌曲、歌謡曲（演歌と言われる）として、大正、昭和、戦後にまで、リズム感の基調をなしてきた。繰り返すけれども、なじみやすいからといって、長年にわたり親しんできたことの結果かもしれないので、日本語としてそれが必然であったかのような論断はなしようがない。

リズム感ということでは、57、57、57……といった万葉調が、平安時代にはいって、75、75、75……となる。

くれ竹の―世ゝの古言《ふること》なかりせば、伊香保の沼の―いかにして、思ふこゝろを延ばへまし。あはれ昔べありきてふ、人麿こそは―うれしけれ、身は―下《しも》ながら言の葉を、天つ空まで聞こえあげ、末の世までのあととなし、今も―仰せの下れるは―塵に継げとや―塵の身に、つもれる事を問はるらむ。……(『古今集』一九、壬生忠岑、一〇〇三歌)

さらに5のなか、7のなかが、2や3や4やに分かれて意識される感じもリズム感としてある。その意識的な分け方は、ほぼ語彙の意味に沿っていて、不自然にならないようにわれわれによって受け取られる、ということを押さえたい。さきに詩の音韻は意味を越えられないと論じたことに、これは一致するのではないか。57577(短歌)は、自立語と非自立語とのうまい組み合わせによって、5音にしたり、7音にしたりする。おなじことは4音についても、6音についても言える。つまり4音にすることも、6音にすることもできる。古代歌謡は、そういう日本語の等時拍の進行をリズム場にして成り立っている。

57基調と別に、8音、6音をどう考えるか、おもろ(『おもろさうし』に見える宮廷歌謡)は、5音、6音、3音など、自由律というべきリズムのほかに、民間の琉歌(8886その他)へとリズムを整えてゆくらしい、8音、6音なども基調として観察することができる。

新羅郷歌《しらぎひゃんが》のリズムについては、8音をベースにして、8888のようなリズムを推定できるものの、なお決定的なことを言えない。

## 6 アクセント

日本語の本来は、〝無ないし自由アクセント〟だった。[注1]最初、すうっと流れるアクセント、自由に、どんなふうにでも言えるアクセントだった。今日の高低のアクセントといわれるそれだ。みぎにひだりに進む、深くもなり浅くもなる、自由アクセントとそれを言うことができる。

波が始まって、一型アクセソトであったり、単語によって、あるいは文脈によってアクセントを使い分けたりするようになると、その限りではもう戻らなくて、不可逆的に進化する。しかし、基部の無アクセントらしさ、自由であるらしさは復元不可能として喪われるのであろうか。現に無アクセントないし曖昧アクセント地域があるばかりか、日本語のレベルとしても、こう読まなければならない、という決まりはあるはずもなく、もし先生が押しつけるアクセントがあるとすると、それは方言矯正という非道な教育でしかない。

日本語のレベルとは、方言より、もうすこし広く大きいレベル、共通語という考え方をさす。どう朗読してもよい。日本語は自由アクセントであることを特徴とする。川の蛇行を、小学生のころ、砂場で実験してみたことのあるひとは、ぜひ思いおこしてほしい。静かに、まっすぐにくだっていた細い流れが、次第に蛇行を始めて川らしくなる。深い谷底をすすむ雄大な天龍川の蛇行を臨み見ると、周囲の隆起に伴う長い歳月がそこに刻み込まれてあることに感動する。日本語のアクセントは川の蛇行だ、と私には思える。少数意見だとしても、自由アクセントこそが日本語の原型であろうとする見解に、詩はしがみついて生きるしかない。

日本語のアクセントは、水の波のような高低のそれであるものの、だれもが知るように、日本列島の東日本と西日本とだけでも、単語や文のアクセントが正反対や複数対の高低の対立を示すことがよくあるし、歴史にさかのぼるなら、京都周辺のアクセントに限っても変遷があろう。いまなお波うちながら変化しつつある。

蛇行し始める理由としては、平仄を持つ古代中国語のはるかな影響があったろうとぜひ推測するものの、多くは隣接する方言、たとえば東日本と西日本とで、日本語が生きて波うち、アクセントの高低が正反対になるのだと思いたい。水の波の表面は高いところの隣が低く、低いところの隣が高くなって、つぎつぎに動きが伝わってゆくから生じるので、その動態はアクセントという現象の上にあらわれる。英語なら英語の強弱アクセントは、いってみれば光か音かの波動だとすると、高低アクセントは水の波のように、地域ごとにさまざまな波形を見せる。

歌謡についても述べておこう。歌謡は音楽とことばとの結びつきを特徴とする。現代に至るまで、唱歌など、音楽とことばとの結びついたすべてをうたと称して、われわれはそのようなうたを持たない日常の時間を考えにくい。その際に「歌はことばのアクセントから逃れ出す」（小島美子『音楽からみた日本人』▼注2）ということをぜひ確認してみたい。歌いもののメロディはことばのアクセントを消したところから始まる、と。音楽とことばとが結びつくということは、その結びつきじたいの恣意性とともにある、ということであって、互いに束縛するようなそれであってはならない。この恣意性ということは強調されてしかるべきだ。

注

（1）自由アクセントについては、参照、藤井『自由詩学』、思潮社、二〇〇二。
（2）小島、ＮＨＫライブラリー、一九九七。

# 十四章　音の韻《ひび》きを探す

## 1　ことばの意識

音韻は〈子音と母音、音《おと(おん)》と韻き〉とでも解しえようか。

漢語の成り立ちとしては〈音〉と〈韻〉とから成る。日本社会で漢詩を作ったり、学んだりする人にとっては、〈韻〉を絶えず脳内の一角に据える。

言語領域の基本的な、社会的在り方であるとともに、音韻は個人の意識に絶えずのぼってくる。人類の始まりとともにそれはあったはずだから、意識内の存在だと言える。

もう一度言えば、ことばを発しながら、それを意識する、という精神作用に、最初に音韻は浮上する。意識以前については音声学に委ねてもよいかもしれない。phoneme（音素）の翻訳語と考えてもらってよければ、音韻は言語学の根幹をなすらしい。

さらに繰り返せば、音韻が意識されることは、ことばの歴史とともに古くからであり、《コゑ（声）》というような語にその意識は籠ったろう。《コゑ》はもともと、動物や鳥、そして人間の声を言ったかと思う。神々や自然の音、楽器のねいろを意味したのも古くからだろう。

音韻は、われわれがことばを生きる時に、具体的に経験し、身体とともにあり、残像となってもつねに所有される。何かが抽象化されて意識的存在になると考える必要はあるまい。現行の言語学一般は、音韻と音声とを厳密に分離させる考え方かもしれない。音韻がソシュールのいわゆる「言語」（ラング langue）を成立させるという考え方は普通に行われるとしても、ここでは保留する。

しかし、言（パロール parole）にしろ、自立語としては意味そのものであり、非自立語（機能語）とともにあり、言語意識上、音韻であることに不都合さはあるまい。

音声は言語活動から具体的にそれを取り出すときに、いくぶん強調され、意識される、という程度だろう。つまり、音韻と音声 voice とを分ける必要は、さしあたってないのではなかろうか。

諸言語（日本語、中国語、アイヌ語、欧米諸語、……）ごとに、音韻はそれぞれ特徴を有する。それでも、諸言語のすべてにわたって、だいたいおなじように、子音と母音という音素 phoneme 同士が連動する。日本語もまた、子音だけだと意味をなさず、機能も果たさない。母音 vowel を迎えて初めて意味や機能に参入する。

中国語や朝鮮語やアイヌ語では、さらに末子音（朝鮮語ではパッチム）を従える。日本語の標準的な場合では子音と母音とがかたく一体をなすのみで、方言域（地域語〈宮古島語など〉）や擬音などでの音声上の広がりを除いて、末子音を持たない。末子音を持たないことは等時拍や音数律といった日本語の特徴と関係してこよう。

## 2 日本語の形成

子音と母音とのかたい結びつきは、等時拍の在り方とともに、日本語のベースを形成するように見える。太平洋諸語に近いかもしれない。日本語の古層としては、等時拍が原始的な文化を支えたろう。しかし、大陸や北方諸語に見られる母音調和もまた、子音と母音との結びつきや、等時拍を前提とする。「国語にあらはれる一種の母音交替について」（有坂秀世、一九三四）▼注1は古代日本語に分けいり、上代音の母音調和にまで論じ及ぶ。

中国語の音韻体系は、早い時期から、日本語の根幹に影響を与えたろう。その「早い時期」がいつかを言い当てることはむずかしいが、世界史上の民族諸語の移動や変動（戦争など）をへて、古い日本語が成立してきたとは言えよう。

古代中国語は音韻学を発達させてきた。中国音韻学で言う音韻は「音」と「韻」とからなる。一音韻一意味（一機能）で、一音韻のなかが「子音プラス母音（母韻）プラス末子音」に分かれる。

音（子音）に対して、「母音（母韻）プラス末子音」が韻を形成する。音（子音）と韻（「母音（母韻）プラス末子音」）とはやはりかたく一体をなす。とともに韻を独立して捉える意識が、古代中国語以来、発達していったろう。

基層日本語（縄文時代語）が模式的に一つだったと考えるとして、やはり模式的に、上から別の民族語（弥生時代語）が覆い被さってくる。

a（「あ」、ア）、tu（「とぅ」、トゥ）、
we（＝uue「ゑ」、ヱ）、ye（ie「いぇ」、イェ）、
n（「ん」、ン〈英語のn音〈ンヌ〉とは別音〉）、
gya（gia「ぎゃ」、ギャ）、pu（「ぷ」、プ）

など、日本語の音韻は原則として子音プラス母音（また母音のみ）からなるとして、しかし基層語から来るのがどれで、上層の民族語から来るのがどれであるか、よく分からない。音韻の探求は諸言語の系統論になかなか役立ちそうにない。

古代中国語は隣接語というように理解しておきたい。古代中国語は書記言語である漢文をわれわれの手にのこしてくれたから、漢字音の歴史を辿ることができる。

アイヌ語もまた隣接語、貴重な隣人だ。
やはり隣接語である朝鮮半島の諸言語は、日本語の形成に深く関与する。
大きな民族移動の一環で激動するアジアの一角に日本語もまた置かれていたと思われる。すべては日本語のほぼ史前史段階へ向けて発せられる推測としてある。

## 3　音韻の単位

《声（＝コゑ）》とは何よりもまず音韻としてある。だから《声》（＝音韻）というように、括弧とイコール符号とをほどこしてもかまわない。〝詩〟の試みの深い奥にphoneme（音の韻き）があると称して、いろいろに生じる誤解は避けられないとしても、多くのひとの関心事にあり、異論がそんなにないのではないか。

詩文のことばの最小の、それ以下を分けられない単位は、ナンセンス詩を除いて、意味（sense meaning）にあるとすると、その構成要素である《声》（＝音韻）じたいは、詩にとって、意味に参入するための道筋であって、a（あ）にしろti（てぃ）にしろ、chi（ち）にしろ、go/gö（ご／ゴ）にしろ、〈無意味〉でなければならない。一音語でない限り、一拍beat一拍の音は意味がない。音義説は採らない。

つまり、意味を構成しないという点で、無意味であるとともに、拍に詩文としての積極性を持たせようとする考えがあるとする（根づよくあるのだが）、意義のない考え方としてある。同様に、二拍なら二拍で音のひと纏まりをなす、というような理論もまた、行われているとすると、一拍の語もあれば、三拍以上の語もあるのだから、日本語の生理に合いそうにない。

現代語で言うと、たとえば、

うま

と、

うまれ

との相違は、馬でなく生まれであることを、「れ」まで聴きとって了解するのだから、音韻にしろ、リズム（後述）にしろ、言語学者の関心とやや違って、詩文などの音韻としては、うま、うまれ、というのがそれぞれ最低の単位であり、それ以下の分解はできない。

「うま」と「うまれ」との区別は、単語 word という課題となろう。「うま」なら「うま」の場合、それが早く古代中国語からある種の文化とともにやってきて、んま nma とも発音できそうな（実際にそう発音してきたろう）歴史が籠り、メ më（馬《メ》）でもあるというように、不活発な沈殿物となって、現代に至るまで、そのイメージ（＝像）を、振り払っても振り捨てても纏わりつかせる。

一方の、活用語らしさをのこし、自然勢（あるいは受身という態）に由来する「うまれ」（産む→生まれ）は、三音節の音韻からなる単語としてある。音韻よりも上に単語を置くことで詩文は成立する。意味を生成するために音韻が一定の連なりを作って単語を生まれさせる。

これらが古語ののちに、いわゆる音韻変化を含みつつ、今日に成立している、現代語までに至る、一貫した日本語の実質としてある。現代人がものを書くとして、自由詩の書き手である場合に、すりへった靴底みたいな現代の音韻であろうと、それを使って書く。音韻はだれの味方でも敵でもなく、絶対平等に万人のためにある。

## 4 擬音と声

上代音の乙類をカタカナで書けば、《声》は「コゑ」。〈ゑ〉は we のかな文字をあらわす。

現代人にとって、しかしそういう表記の意識はまったくないし、またなくて一向にかまわない。

けれども、「コゑ」が、köw-eという、古い発音（上代音）を覗かせている、ということは多くのひとが知っている。「こえ」と現代語の表記で書いて、ko-e（あるいはko-ee）と発音しているのに、どこかにköw-eの印象がのこりはしないか。無い音が響くという感じが、かすかに、どこかに、ありはしないことだろうか。「こわ（＝声）づかい」「こわ（＝声）づくる」という語をわれわれは知っている。「こえ」が「こわ」と連動してw音が出てくると、認知しているからではないか。あるいは、漢字という、一千年以上を平気で越える装置が何かをそこに閉じ込めているのかとも思える。

しかし、真には、短歌のような定型という文化を持たない、現代詩のような、いわば原始的な作業場では、音声の複雑さをも含めて、実際には音韻の現象が、一般に考えるよりもはるかに大きく広がっており、頭脳の言語能力は未成の、半音韻みたいなそれを含め、ぐるぐると動きまわって、述べたような詩文の定義によると、意味であろうとすることをやめない、むしろ意味を獲得しようとして、脳のなかがはげしく動揺するから、《声》一つをとっても、まさに、語呂合わせ式に言ってよければ、多声的になる。

we（ゑ）そのものは音声でしかない。日本語にはw（＝uu）音がある時から存在する、ということに尽きる。köw-e（こゑ）はそういう問題でなく、「こわづくる」の「こわ」（kow-a）と共通のkow（köw）を取り出してみると、その「こうぅ」kowはおそらく何らかの擬音であり、人為、あるいは自然の音、咳払いや、呼ぶ喉音や、風、鳥の鳴き声や羽のね、葉のこすれる音、あるいは神や人やの訪れるかのごとき幻聴でもよい、どれかが原型であろうが、ともかくも擬音としてあったろう。

こうぅー、こうぅー（コウゥー、コウゥー）

古い日本語の単語には、つづみ（＝鼓tudumi）が、とんとん、どぅんどぅん、ふえ（＝笛phuye）が、ぴゅう、ぷう、こと（＝琴kötö）が、コトコト、ゴトゴトなど、音を出す道具の名に擬音が多く、そのことは無論、世界の諸言語についても言えることだ。

《声》は音韻としてあり、神秘な憑依でもなければ、単純な沈黙でもないから、たとい現実に音声を発揮しないということがあろうとも、能力としての《声》をわれわれのすべては付与されている。言語能力という天与の人類遺産のもとにある。

wu は「う」と書くしかない。ワ行「わ、ゐ、う、ゑ、を」（wa wi wu we wo）の wu（う）はア行の u 音（う）と紛れやすい。

ちなみに《おと（音）》は、もの音、音響、うわさなどを広くさすほかに、人の声や動物の声を言う時もあり、《コゑ》とややかさなる。《な／ね》（音、名、哭）は人の泣き声、鳥の鳴き声、鈴のねなど、《おと》よりも狭いかと判断される。《おと（音）》と《うた（歌、唄）》と、関係があるか、これはよく分からない。

## 5　上代音について

万葉がなのうち、上代特殊かな遣いに対応する音韻を上代音と名づけよう。

大系本『万葉集』一（岩波書店、一九五七）▼注2 は、推古期および奈良時代の音節並びに万葉がな（『万葉集』『古事記』『日本書紀』）を一覧して示す。大野晋作成の表だ。私の事始めはこれとの付き合いだった。「き／ぎ」について見ると、

き ki（甲類）

| | |
|---|---|
| 推古朝 | 支、岐、吉 |
| 古事記・万葉集 | 支、伎、岐、妓、吉、枳、棄、企、寸（訓がな）、来（同）、杵（同） |
| 日本書紀 | 岐、吉、枳、棄、企、耆、祇、祁 |

ぎ gi（甲類）

推古朝　伎、祇、藝
古事記・万葉集　伎、儀、蟻、藝、嵜
日本書紀

キ kï（乙類）
推古朝　帰
古事記・万葉集　奇、寄、綺、忌、紀、貴、幾、木（訓がな）、城（同）
日本書紀　奇、己、紀、気、幾、機、基、規、既

ギ gï（乙類）
推古朝
古事記・万葉集　疑、宜、義
日本書紀　疑、擬

というように。清／「濁」の相違までが書き分けられる。
万葉がなをいまひらがなで示すと、
きひみけへめこそとのもよろ、ぎびげべごぞど
のかなについて、甲類と乙類とがあるという。ひらがな／カタカナで書き分けると、「きひみけへめこそとのもよろ、ぎびげべごぞど」（甲類かな）と「キヒミケヘメコソトノモヨロ、ギビゲベゴゾド」（乙類カナ）という、二種の群にきれいに分かれる。
ほかにア行の「え」とヤ行の「エ」とがあり、これも甲類／乙類とされる。
これらの二種分けは単語ごとに決まっていて、「き甲」と「キ乙」とで言うと、きコゆ（聞こゆ）、きぬ（衣）、あき（秋）、き（助動辞〈過去〉）に含まれる「き」は、吉（き）、伎（き）、枳（き）、寸（き）といった万葉がな

を使う。けっして紀・奇・寄を使うことがない。つキ（月）、キ（木）、たかキ（高城）、しキしまノ（枕詞）に含まれる「キ」は、紀（キ）、奇（キ）、寄（キ）、記（キ）を使う。吉・伎・枳・寸を使うことがない。

かな遣いのこの甲類乙類の区別は、音韻の区別に対応していよう。かなと音韻とが対応する。そうすると、音韻の区別は子音が二種あるからなのか、母音が二種あるからなのか。子音が二種あるとは、たとえば沖縄語で、口蓋音化した「き」（chi「ち」に聞こえる）と口蓋音化していない「キ」との区別とか、おなじく沖縄語の有気音と無気音とによる区別（骨〈ふに〉と船〈ふに〉とを微妙に使い分ける）とか言うような説明になるのだろうか。

現代沖縄語で口蓋音化（舌が前面に出て来易いために起きるという）が、「きも」（肝）については起き（「ちむ」）、「つキ」（月）については起きない、というような現象があるとすると、世界の諸言語でも、口蓋音と非口蓋音とで意味の相違を生じるというようなことが、少数ながらあるようで、それを応用した「説明」となろう。しかし、骨〈ふに〉と船〈ふに〉とは音韻変化するまえに、前者はphone（ほね〈骨〉）、後者はphune（ふね〈船〉）だったことを考慮に入れると、子音の二種でなく、やはり母音の別に起因するのではなかろうか。▼注3

万葉歌の筆録者は、あとになればなるほど、日本語ネイティヴが参加し、担い手になるものの、本来は中国語漢字使用文化の人々（中国語ネイティヴ）ではなかったかと、『文法的詩学』（二十二「清、「濁」と懸け詞」）で論じた。日本語の音／韻体系を聴き分けて、清、「濁」を書き分けたのは、中国語ネイティヴだったろう。韓国語ネイティヴもまた参加していたかもしれない。

f音はph音であり、さらに古くはp音であったと言われる（現代の沖縄語にのこる）。擬音としては現代に使われる「ひ」hi音もあったろう。馬の嘶きは古来、ヒヒンだったろう（五二頁）。ピピーンと嘶いていたわけではあるまい。

## 6 上代特殊かな遣い

上代特殊かな遣いに見られる甲類乙類の区別は、音韻のうち、母音の違いに基づいて起きた現象と推定してよかろう。たとえば、か行で言うと、

か き甲 キ乙 く け甲 ヶ乙 こ甲 コ乙

というように、き段、け段、こ段が書き分けとなり、あ段、う段をあわせて八種の母音と対応する。書き分けを、ひらがなとカタカナとを利用して、書くことにした。

上代音およびその区別をも、それらはあらわす。一音の語で言うと、

ひ fi（日、霊、氷、檜、梭といった意味をあらわす）

ヒ fï（火、樋、簸といった意味をあらわす）

というようになる。語頭や語中に「ひ fi」や「ヒ fï」を持つ語をもかぞえると、無数にあるのに対して、音韻（母音）の数は〈i ï〉二種だから、当然、音韻と意味とが対応するというようには言えない。ただし、語群が二つに分かれ、それぞれの群の範囲内で音韻を共有するとは言える。

石塚龍麿は、た行第二段（「ち」）についても、万葉がなの書き分けがあるとする。しかし、有坂秀世らによって否定される。一方で、「し」「じ」に書き分けがあるのではないかという発見も近年になって出てくる。

『古事記』には「も」の甲乙の区別が明らかにあり（有坂）、『万葉集』よりも古風な音韻を保っていると言われる。推古時代のフルコト、「旧辞」の面影を『古事記』は持ちこらえているのではなかろうか。

日本語が八母音になるまえは、四母音だったとか、いや五母音だったとも議論される。現代日本語は五母音である。沖縄語の現在の三母音は古い在り方から数を減らしてきたろう。沖縄語では甲類乙類を部分的にのこしている

ようで、もとはどうだったか、議論の余地がある。なお、アイヌ語は五母音。

子音もまた、現代との違いがあるようで、サという音節はtsa（ツァ）であるとか（ザはdzaになる）、ハ行の頭子音はf音で、fa（ファ）であるとか、大系本『万葉集』（一）から教えられた。清、「濁」については係助辞「ゾ」がもともとは「ソ」であるなど、平安時代以後には表記上、消える区別が、奈良時代以前の文献では書き分けられているなど、幼い私にとり衝撃的なことばかりだった。かな遣いと対応しているならば、上代音についても甲類／乙類というように区別してそれぞれ命名するのでよかろう。

このことは文法の理解にも重要な知見をもたらす。四段活用の活用語尾が、か行などにおいて、

あ列（未然）　い列甲（連用）　う列（終止、連体）　エ列乙（已然）　え列甲（命令）

となる。

「己津物」（『万葉集』一—四三歌）は、「おくつ物」（奥つ物）と訓むのか、「おきつ物」（沖つ物）と訓むのがよいか。後者のように読みたいし、そのように読まれてきた。しかし、「己」は「起」の略字だとすると、〈起き〉は上一段だから「おキ」（キは乙類）がよく、沖（おき〈「き」は甲類〉）とはかな違いとなる。かな違いを認めなければ、「おくつ物」という訓みを採用する。やや柔軟に、甲類乙類の乗り違えを許すならば、「おきつ物」でよくなる。どちらかと言えば柔軟に処理したい。

「きひみ……」以外（たとえば「し」など）にも、甲／乙の区別が見いだされるのでは、など研究が続く。万葉がなの甲類乙類を子音の差に求める説は、検討に値するとしても、いま採らなくてよかろう。批判が出ることはたいせつであるにしろ、反論する立場とても主張を繰り返すことに終始しては、低調になるのが残念だ。甲類乙類を軽視して『万葉集』を論じる研究すら見かけるようになったことはさらに残念に思う。

注

（1）有坂、『国語音韻史の研究』（増補新版、三省堂、一九五七、所収）による。有坂の最初の著『音韻論』（三省堂、一九四〇）は音韻体系及び変化についての総論的叙述。

（2）私の所持本は第四刷、一九五八・二。

（3）服部四郎は琉球語において日本古代の母音の残存をたしかめようとしていた。『日本語の系統』岩波書店、一九五九。

# 十五章　文字と表記

## 1　表意文字、表語文字、表音文字

書記行為 writing（écriture　書くこと）によって、文字が姿をあらわす。ことばの書記行為であるから、文字が言語学の対象となることについては異存がない。それどころか、日本語の書くことは『万葉集』や『源氏物語』などでだいじな要素をなす。

つまり、書くことは文法事項とどうかかわるか、という課題が日本語にありそうである。もし文法事項にはいってくるのならば、書記行為を通して、文法の奥の間へはいり込むことができるかもしれない。日本語には表意文字 ideogram と表音文字 phonogram とがあり、その組み合わせを書記行為の基本としているとは、文法構造の反映ではないのか。日本語だけの特色だとは言えないにしても、表音文字しか持たない諸言語からは、なかなか分かってもらえないことの一つだ。

繰り返すと、日本語の書記行為の大きな特徴は、表意文字のブロックと、表音文字のブロックとが、文の進行に伴い、ほぼ交互に出て来るところにある。

表意文字には、漢字語、（漢字かな交じり語の）漢字部分、表語文字 logogram および算用数字 arabic numerals がある。表意文字は、表語文字と算用数字とを除いて、音韻を持つから表音でもある。

漢字語を小学生などがかなで書く場合や、メモ書き、訓めない場合などにかな（やローマ字）で書くと、表音ということになる。

やまとことば（和語）をどう漢字であらわすか。ここから漢字語が発生する。「ふるコト」というやまとことばを「古語」と書いても、「古事」と書いても、「旧辞」と書いても、「布留許等」と書いてもよい。「コト」を「言」と書くか、「事」と書くか、「許等」と書くか、意義の差別や、同音の別語「琴」「異」との差異を漢字に委ねるのは表記意識だ。

現代語で言えば、「しる」をどう書くか、「知（る）」「識（る）」「領（る）」などに書き分ける苦心に通じる。いわゆる宛て字もこの部類にはいる。

漢字語を訓むのは訓読で、その一類に漢文訓読がある。いま、「頼」字を「たの（む）」か「たよ（る）」か、両様に訓めるのは、漢字の固定した訓みが成立したあとでのことに属する。音読にしても日本語の音韻体系に取り込まれた和読だった。

漢字かな交じり語は、時枝の言う、「部分的表音表意」語ということになる。「乎等女」（をトめ）や「乙女」（同）は表音表意の混用だという（『国語学原論』二ノ二）。漢字かな交じり語を訓むことも訓読にかぞえてよかろう。難読漢字を訓んだり、漢字検定に向かったりと、遊ぶことがあるのは学習のうちだ。

表語文字というのは、和訓や和読が成立したあとでの漢字を言うとされる。「敵」字は意味をあらわすという点で表意文字であるとともに、「かたき」「てき」という和読があり、それを探り当てて「てき」と言ったり「かたき」と訓んだりする。〒（郵便）などの記号なども表語文字として扱われる。

算用数字は、「1」（いち）、「2」（に）……と、訓むことが決まっているという点で、表語文字であるとともに、英語ではoneの意味で{wan}というように発音し、中国語ではイー、朝鮮語ではハナと訓むというように、一つの文字が民族語ごとに別々に訓まれる。典型的な表意文字だと言える。

表音文字はひらがな、かたかな、万葉がな、ローマ字表記、ハングル表記、音声記号など、豊富にひろがる。

以上のような、表意文字と表音文字とが、ごく大ざっぱに見て、時枝文法に言う詞（客体的表現）と辞（主体的表現）とに、対応しているのではないか。詞には漢字（表意文字）もあれば、表音文字もあろう。一方、辞の絶対多数は表音文字であらわされよう。だから厳密に詞／辞と対応するわけではないにしろ、詞＝表意文字プラス表音文字、辞＝表音文字という、大まかな対応を認めてよいならば、文字が文法事項となっている、と言えるのではないか。

表意文字と表音文字とを組み合わせて表記するとは、詞と辞とを表記の上に示す、ということでもある。「散去奚留鴨（ちりにけるかも）」（『万葉集』三、二七七歌）など、「漢字の性質と国語の語性との両方面から規定」（時枝）された書き方で、すぐれた方法であるとともに、古朝鮮の漢字文化（吏読《イド》）から学んだ方法だったろう。新羅郷歌はこれによって書き止められた。

千数百年、日本語はこの書き方を貫いて今日に至る。

## 2　「助字」と『万葉集』

漢文では助動辞および助辞に相当する「助字」が発達する。副詞・接続詞・連体詞にもあい渉り▼注1、われわれの漢文の学習では助字の一覧表と睨めっこする。「助語」（三好似山『広益助語辞集例』一六九四）とも「助辞」（伊藤東涯『助辞考』一七五一）とも言った。『広辞苑』に「于、者、焉、乎」などの類を「虚字」とする。しかし、『虚字詳解』（皆川淇園、一八一三刊）および『訳文須知（虚字部）』（松本愚山、一八〇八）では動詞や形容詞を「虚字」

と称する。実字（名詞）・虚字（動詞・形容詞など）・助字という三分類がよいかと思われるので、「虚字」という語は助動辞・助辞について使わないことにする。

漢文とは何か。古代の書記語であるから、基礎的な手がかりは多くあるとしても、古代中国語じたいがそれで完全に分かるわけではない。動詞や形容詞に活用があったか、厳密に知ることができない。活用がないとすると、接尾語もなかったろう。活用がないということは、過去時制がなかったということでもある。『論語』にしろ、『史記』にしろ、非過去の現在時制の文学だ。副詞・接続詞・連体詞や、助動辞や助辞に相当する語である助字が大発達する。それらが活用や接尾語の代わりを果たす。語順によって構文を明示できることと、それらの助字類の多様な在り方とを通して、古代中国語は文法的な諸言語だったろうと推測される。

漢文にまみれて古代日本語は史上に姿をあらわした。『万葉集』は漢文の流儀を駆使し、とりわけ助字に文字通り助けられて日本語の詩歌を筆記する。助辞助動辞に宛てられた助字その他を摘記しておこう。

与―か・コソ　疑―か・かも・らし・らむ　乎―か・を
疑意―かも　哉―かも・か・や・をや　之―が・ノ
欲得―がも　故―から
許―がり・ばかり　所―がり　乞・欲・欲得・社・与―コソ
如―ゴト（き・く・し）　毎・別―ゴト（に）　共―さへ・ト
共・并・兼・副・障・塞―さへ　不・莫―じ・ず・な・に・ぬ・ね　勿―な
尚―すら　乍―つつ　而―て　雖―ド・トモ・ドモ　将―なむ・む・らむ
於―に・を　而―に　耳―ノミ　者―は・ば　方―へ
不・不得・不可―ましじ　及・至―まで　従・自―ゆ・よ・ゆり・より・に
可・応―べし（く・き・み）　去・焉―ぬ

不読とされる助字は少なくなくて、不読とされた上で読み添えるといったケースもあった。

## 3　新羅郷歌

得烏谷が竹旨郎を慕うという、新羅郷歌を見る。下段に見る、日本語訳は小倉進平『郷歌及び吏読の研究』▼注2（一九二九）による。

得烏谷慕郎歌（『三国遺事』二、孝昭王代）

去隠春皆理米　　行く春は過ぎ果てて、
毛冬居叱沙哭屋尸以憂音　　総てのものぞ哭き憂ふ、
阿冬音乃叱好支賜烏隠　　何処をか好み給ひて、
皃史年数就音堕支行斉　　姿、齢を終へて散り果て行くぞ、
目煙廻於尸七史伊衣　　目煙遥けき境に、
逢烏支悪知作乎下是　　逢はまほしくこそ、
郎也慕理尸心未　　郎よ、恋ふる心の、
行乎尸道尸　　行く道は、
蓬次叱巷中宿尸夜音有叱下是　　蓬萎ゆる巷に眠る夜のあるべきか

「去」は現代韓国語で言えば、가다（カダ、行く）。「行く」が春《ポム》に接続するためには連体形となるので、「隠」（ン、ヌン）を必要とするという。「去」が「表意文字」（ただし厳密に表意文字であるかどうかは措く）であるのに対し、

「隠」は表音文字としてあり、あわせて「行く（連体形）」となる。これが『万葉集』の主要な部分の表記とまったくおなじ形態であることを、どんなに強調してもし過ぎることがない。

　籠毛与美籠母乳
　籠《こ》も―ヨ、み籠もち　　　かごも、ええ、よいかごを持ち、
布久思毛与美夫君志持
　ふくしも―ヨ、みぶくし持《もち》　　　ふくしも、ええ、よいふくし持ち、
此岳亦〈菜採須〉児
　此（ノ）岳に、菜採《つま》す児　　　この丘に若菜をお採みのおなご、
家吉閑名告紗根
　家きかな、名告《のら》さね　　　家を聞きたい、名乗らっしゃい。
（下略）　　　（『万葉集』一、一歌）

みぎのなか、〈菜採須〉で言うと、「採須」は「採《つ》ます」という、敬意の籠る言い方にするために、表意文字の「採」と表音文字の「須」とを組み合わせて、ツマスと訓む以外には訓みようのない訓みをあらわす。「名告紗根」（名告さね）もおなじこと。原資料である『三国遺事』の「成立」が十三世紀であることを楯に、万葉表記が新羅郷歌の影響のもとにできたとする意見を否定する研究者は多い。百歩ゆずっても、日本社会および古朝鮮語で、おなじような漢字利用の仕方に成功したとすべきではなかろうか。
　時枝は「部分的表音表意」の箇所で、「乎等女」「乙女」のほかに、「話礼《かたれ》」（二―二三七歌）「荒夫流《あらぶる》」（『古事記』中）を挙げて、用言について、「支那文字としての漢字によっては表し得ない語尾を表音的に転化記載」する方法

だと指摘する。
「告目（告らメ）」（一、一）、「為者（為れば）」（一、二歌）、「立之（立たしし）」（一、三歌）、「宜久（ヨロしく）」（一、五歌）など、《新羅郷歌》式表記は非中国語の漢字使用圏でのまさに苦心を日韓共同で担う。

## 4 『万葉集』表記私案

『万葉集』の原文の表記を生かしながら、現代人にも分かるような書き下し文を作ることができる。つまり、表意的な漢字はそのまま表記としてのこし、表音的な漢字をかな表記にしようという、見通しを立てる。
たとえば、巻二の巻頭歌は、

君之行気長成奴山多都祢迎加将行待尓可将待（二―八五歌）

とあるのをこうする。まず、

君之行、ヶ長成ぬ。山たづね、迎か将行、待にか将待（書き下し文、その一）

という書き方がありうる。つまり、「君・行・長・成・山・迎・行・将・待」は表意文字、「気・奴・多・都・祢・加・尓・可」は表音文字であるから、前者を漢字に生かし、後者はひらがなカタカナ表記とする。漢文の助字「之・将・将」は厳密に表意であるから、それも活かしてある。助字を〔括弧〕に入れる。

君〔之〕行、ヶ長成ぬ。山たづね、迎か〔将〕行、待にか〔将〕待

それらの助字を思い切って日本語に置換する。「之」→「が」、「将」→「む」。

君が行、ヶ長成ぬ。山たづね、迎か行む、待にか待む

送りがなを起こして、

君が行き、ヶ長く成りぬ。山たづね、迎へか行かむ、待ちにか待たむ（その二）

とする工夫は分かりやすいと思う（「行き」は名詞）。

助字を〔括弧〕にのこしておく方法もある。場合によって、必要かもしれない。

君〔之〕が行き、ヶ長く成りぬ。山たづね、迎へか〔将〕行かむ、待ちにか〔将〕待たむ（その三）

となる。

万葉がなの甲類乙類の区別は、乙類をカタカナで示すか、原文併記によって示すこともできる。いずれかを選ぶ。かくて、現代の文章の表記とほぼ変わらない、万葉歌ができる。そうなのだ、日本語の表記の基本は一千数百年、変わっていない。万葉びとは後代のわれわれへ向けて、そこを伝えたかった。

みぎのごとき表記の私案は、改良の余地があるにしても、万葉集の全体にわたってなしえないかどうか。一字一音式の箇所ならば、そのままかな（ひらがな／カタカナ）にひらくのでよい。『古今集』以下の平安詩歌に通じる、やわやわとした感じの作品になろう。それでよいのではなかろうか。棒点をもほどこしておく。

君が行き、ヶ長く成りぬ。山たづね、迎へか―行かむ、待ちにか―待たむ（その四）

「ケ」は「日」の複数と言われる。「君が行き、ヶ（＝日）長く成りぬ。山たづ（＝尋）ね、迎へか―行かむ、待ちにか―待たむ」（その五）というような書き入れは許されよう。現代人としての表記を作品理解の一端として「ケ（＝日）」というように書くことは許容範囲にある。「たづね」は「たづ（＝訪）ね」でもよかろう。

## 5 万葉びとの遺産

大津皇子が密かに伊勢の神宮へ下って、上京する時の、姉の大伯皇女の作歌を見よう。原文は、

吾勢祜乎倭辺遣登佐夜深而鶏鳴露尓吾立霑之（二、一〇五歌）

これを万葉びとの表記を活かして、助字書き下し文にする。

吾（が）せこを「倭《やまト》へ遣る」ト、さ夜深ケて、鶏鳴露《あかトきつゆ》に、吾（が）立ち霑《ぬ》れし

「吾（が）せこを」は「（が）」と、訓み添えをほどこす。「を」、つまり「乎」字は、古い推古時代から来た〈音がな〉だろうと判断して、ひらがな表記とする。すこしあとの時代ならば、「こ」あるいは「コ」という和音であるべき漢字で、ヲという音を見ない。「を」という読みを成立させる根拠が中国音にあったか、それとも、「呼」字とともに、もともと「を」という間投助辞があり、それを訓がなとして使っているか、平安時代以後でも古典がなの字体として知られる。

「さ夜深ケて」（原文「佐夜深而」）の「而」は漢文の助字で、これを日本語の「て」に宛てて利用する。〈訓がな〉として成立しているというべきか、漢字じたいとしては不読である。「助字がな」とでもいうべき一類が成立していなかったかという提案として言っておこう。「倭へ遣るト」（原文「倭辺遣登」）の「へ」は甲類。「どこどこへ」の「へ」をあらわす。

万葉びとが、後代のわれわれへ向けて、この程度には書いてほしいという書き方ができた。原則をさき立てて、恣意的でない変換操作をへて、万葉歌が現代によみがえる。これが現代の注釈書や教科書では、

わが背子を大和へ遣るとさ夜深けて暁露にわが立ち濡れし

などと書かれ、暁という字に「あかとき」とルビをうつことが一般に行われる。吾→わが、せこ→背子、倭へ→大和へ、鶏鳴→暁、霑れ→濡れ、と、何箇所も書き変えられる。それでは何のための万葉びとの表記の苦心か。現代の注釈家たち（あるいは教科書など）が、かれらの思いを忖度したつもりで、現代ふうの漢字かな交じり文へと書

き改めるというのは、一つの見識だとしても、一方で、かれら万葉びとの苦心に寄り添う表記のようにしてみせることもまたあってよかろう。

## 6　巻頭歌二十首表記案

以下に、表記について、巻頭歌（二十首ある）を書き出してみよう。《新羅郷歌》式表記、《一字一音》式表記という二種に分ける。もう一種、《漢詩》式表記というのも『万葉集』にはありそうだ。

**《新羅郷歌》式表記**

籠《こ》も―ヨ、み籠もち、ふくしも―ヨ、みぶくし持ち、此（ノ）岳に、菜採ます児、家きかな、名告らさね。虚《そら》みつ―山跡《やまと》ノ国は―押しなべて、吾コソ―居れ。しきなべて、吾コソ―座せ。我コソば―告らメ。家をも―名をも　（一、一歌）

籠毛与　美籠母乳　布久思毛与　美夫君志持　此岳尓　菜採須児　家吉閑　名告紗根　虚見津　山跡乃国
者　押奈戸手　吾評《―許》曾居　師告《―吉》名倍手　吾己曾座　我許〔者〕＊背歯　告目　家呼毛名
雄母

君が行き、ケ（＝日）長く成りぬ。山たづね、迎へか―行かむ、待ちにか―待たむ　（二―八五歌）

君之行　気長成奴　山多都祢　迎加将行　待尓可将待

皇《すめロき》は―神にし―座せば、天雲ノ、雷《いかづち》ノ上に、廬為《いほりせ》るかも　（三―二三五歌）

皇者　神二四座者　天雲之　雷之上尓　廬為流鴨

一日社（＝コソ）―人も―待ち吉き。長きケ（＝日）を、此《か》く待たゆるは―有りかつましじ　（四―四八四歌）

一日社　人母待吉　長気乎　如此所待者　有不得勝

滝（ノ）上ノ、御舟ノ山に、水枝指し、しじに生有《おひた》る、とがノ樹ノ―弥継《いやつ》ぎ嗣《つ》ぎに、万代（に）、是くし―知らさむ、み芳野ノ、蜻蛉《あきづ》ノ宮は―神からか―貴く有らむ。国からか―見（が）欲し有らむ。山川を、清（み）清け（み）、諾し―神代ゆ、定メけらしも（六―九〇七歌）

滝上之　御舟乃山尓　水枝指　四時尓生有　刀我乃樹能　弥継嗣尓　万代　如是二二知三　三芳野之　蜻蛉乃宮者　神柄香　貴将有　国柄鹿　見欲将有　山川乎　清々　諾之神代従　定家良思母

天（ノ）海に、雲ノ波立ち、月（ノ）船、星ノ林に、榜ぎ隠る見ゆ（七、一〇六八歌）

天海丹　雲之波立　月船　星之林丹　榜隠処見

石激《いはばし》る、垂水ノ上ノ、さわらびノ、もエ出づる春に成り（に）来《け》るかも（八―一四一八歌）

石激　垂水之上乃　左和良妣乃　毛要出春尓　成来鴨

暮去《ゆふさ》れば、小椋（ノ）山に、臥す鹿ノ、今夜は―鳴かず。寐ね（に）けらしも（九―一六六四歌）

暮去者　小椋山尓　臥鹿之　今夜者不鳴　寐家良霜

久方の―天（ノ）芳山。此（ノ）夕、霞霏霺（＝たなびく）。春立つ（ら）しも（一〇―一八一二歌）

久方之　天芳山　此夕　霞霏霺　春立下

新室《にひむろ》（ノ）、壁草苅りに、御座給《いましたま》はね。草（ノ）如、依り逢ふ未通女《をトめ》は―公（が）随《まにまに》（一一―二三五一歌）

新室　壁草苅邇　御座給根　草如　依逢未通女者　公随

我（が）背子が朝明《あさケ》（ノ）形《すがた》―吉く見ず（て）、今日（ノ）間（を）恋ヒ暮すかも（一二、二八四一歌）

我背子之　朝明形者　吉不見　今日間　恋暮鴨

冬《ふゆ》木《コ》成《もり》―春去り来れば、朝には―白露置き、夕には―霞たなびく。かぜノ振く、樹《コ》ぬれがしたに、鶯鳴くも（一三、三二二一歌）

冬木成　春去来者　朝尓波　白露首《—置》　夕尓波　霞多奈妣久　汗瑞《—湍》能振　樹奴礼我之多尓
鶯鳴母

春去らば、挿頭《かざし》に為むト、我（が）念ひし、桜（ノ）花は—散去（にけ）るかも　（一六、三七八六歌）
春去者　挿頭尓将為跡　我念之　桜花者　散去《流》香聞

春（ノ）苑、紅にほふ、桃（ノ）花。下照る道に、出で立つ𡢳嬬（＝をトめ）（一九、四一三九歌）
春苑　紅尓保布　桃花　下照道尓　出立𡢳嬬

## 《一字一音》式表記

ヨノなかは—むなしきモノト、しるトきし—いヨヨますます、かなしかりけり　（五、七九三歌）
余能奈可波　牟奈之伎母乃等　志流等伎子　伊与余麻須万須　加奈之可利家理

なつそびく—うなかみがたノ、おきつ渚に、ふねは—トドメむ。さよふケにけり　（一四、三三四八歌）
奈都素妣久　宇奈加美我多能　於伎都緒《—渚》尓　布祢波等杼米牟　左欲布気尓家里

武庫ノ浦ノ、いり江ノ渚鳥—羽ぐくもる、きみをはなれて、こヒにしぬべし　（一五、三五七八歌）
武庫能浦乃　伊里江能渚鳥　羽具久毛流　伎美乎波奈礼天　古非尓之奴倍之

わがせ児を、あが—松原よ、見度せば、あまをトめトも、たま藻かる—みゆ　（一七、三八九〇歌）
和我勢児乎　安我松原欲　見度婆　安麻乎等女登母　多麻藻可流美由

なごノうみに、ふねしましかせ。おきにいでて、なみたちくやト、見てかへりコむ　（一八、四〇三二歌）
奈呉乃宇美尓　布祢之麻志可勢　於伎尓伊泥弖　奈美多知久夜等　見底可弊利許牟

あしひキノ—山行きしかば、山人ノ、われにエしメし、やまつとソ。コれ　（二〇、四二九三歌）
安之比奇能　山行之可婆　山人乃　和礼尓依志米之　夜麻都刀曽許礼

これらのほかに、巻頭歌以外から、第三種として、《漢詩》式表記を挙げたい。いわゆる略体歌である。

**《漢詩》式表記**

物皆は―新しき吉し。唯《ただ》しく（も）―人は―旧きし―宜しかるべし（一〇、一八八五歌）

物皆者　新吉　唯　人者旧之　応宜

春山（ノ）、霧（に）惑在《まどへる》、鶯（も）―我（に）益り（て）、物念は（メ）や（一〇、一八九二歌）

春山　霧惑在　鶯　我益　物念哉

白玉（を）、手に纏き（し）より、忘らエず、念《おもふココロは》―何か―畢らむ（一一、二四四七歌）

白玉　従手纏　不忘　念　何畢

春楊《はるやなギ》―葛山《かづらキやま》（に）、発つ雲（ノ）―立ち（ても）―座《ゐ》（ても）―妹（をしソ）―念ふ（一一、二四五三歌）

春楊　葛山　発雲　立座　妹念

これらを現代へ持ってくる。万葉がなを捨て、戯書を捨て、漢文の助字を捨てるとともに、はっきりできる送りがなはほどこし、句読点（棒点を含む）を打ち、原文を併記するか、あるいは原文を併記しない場合には、乙類の万葉がなをカタカナであらわす。みぎは原文は新出の広瀬本〔『校本万葉集』別冊〕を、せっかくだから参照する。ただし、通行の新字体にする。

なお、記号を説明すると、＊は訓みがたい場合をあらわす（『万葉集』にたくさんある）。原文を批判したい場合には《何々》にして掲出する。《―何々》は差し替えるという提案、〔何々〕は他本による補入。削除する提案は注記する。ルビを打たない場合に（訓み）について（＝何々）とあらわすことがある。（括弧）は訓み添え。地名はたいてい万葉がなだから、ひらがな／カタカナ表記となる。そのように書き下し表記にしてみて何か不都合があろうか。

## 7 かな文化の始まりのころ——「斗」と「升」

「帥」と書いて何と読む。「そち」と読むのが正解。『源氏物語』のなかで、帥《そち》と言われる人に筑紫五節《つくしのごせち》（五節の君）の父親がいる。大宰府の次官（大弐）なのに、長官を意味する帥という呼称で呼ばれる。長官は赴任しないから、実際に現地に赴く大弐を「帥」と呼ぶのだという。

五節の君は、筑紫（九州）から船で浦伝いに上京する。須磨の浦にさしかかるところ、

琴の音にひきとめらるる、綱手縄《つなでなは》——たゆたふ心、君知るらめや（「須磨」巻、二——三五）

と、この女性の作歌はちょっと悲しい。

『源氏物語』には長官である帥も出て来る。螢兵部卿宮（光源氏の弟）は最初から「帥の宮《そちのみや》」と呼ばれて京都にいる。何もしないかというと、風流三昧の生活を送っているらしい。

花の香をえならぬ袖に移しもて、ことあやまりと妹《いも》や——咎めむ（「梅枝」巻、三——一五八）

宴の帰りしなの挨拶のうたで、「贈られた直衣《のうし》の袖に薫物《たきもの》の香を匂わせては、浮気したのではないかと妻が咎めるだろう」といった歌意だ。螢宮の北の方は亡くなっているはずなのに、このうたに拠ると、ここ「梅枝」巻では

生きている。この辺り、複雑な成立事情がからむ。大宰帥であったことも、いつのまにか退任して、下の弟の親王に職を譲っているらしい。

大伴旅人は大宰帥として、当然のことながら九州に赴任する。帰任の際には大宰府の官人たちが餞別の宴をひらく。

山跡辺《やまとへ》に君が立つ日ノ、近づけば、野に立つ鹿も—動《トヨ》みてソ—鳴く　（四、麻田陽春、五七〇歌）

すなおな作歌に見えて、出立の「立つ」と鹿が「立つ」（見送りに出てくる）のとをかさねるあたり、『万葉集』歌らしい。

ここで話題にしたいことは、「帥」についてだ。元帥と言うような場合に「すい」と読む。よく似た例では「出」をシュツともスイ（「出納《すいとう》」の「出《すい》」）とも読む。漢音と呉音との差であるとは中学生でも理解できる。「帥」はソツで、それをさらにソチと読むのはよほど日本化した読み方だ。

帥というようなかれらの呼称はいつごろからあったのか。大宰府の昔は海岸近くにあって、大和朝廷の出張機関で、外交の拠点でもあった。魏志倭人伝にその大宰府のことが出てくる。つまり、その長官を「一大率《いちだいそつ》」と言う。「女王国（卑弥呼の国）より北は、一大率を置いて諸国を検察させた」とあって、一大率はそのまま「大宰帥」ではないか。「一大」を、ある時すこし替えて「大宰」にしたのか、「率」（率いる）は帥にほかならない。

三世紀代の記録である魏志倭人伝は、日本列島にたしかに日本語や日本文化が行われていたことを示す証拠として、貴重だ。官職も、人名も、日本語として記録されている。古代史の好きな人なら、何度も、あるいは何十回も挑戦した文献だろう。

かな文字の字体が、漢字の草書体をさらに崩したり、漢字の一部を取って作られたりしたことは、それこそ小学生でも知っている。そのなかに未解決のまま、放置されているひらがなやカタカナの字体があるのではなかろうか。ひらがなの「つ」と「と」、カタカナの「ツ」と「ト」についてだ。「つ」はトゥというような音で、「と」の発音に近かったろう。

「つ」は「川」の字体を崩したなどと辞書の説明にある（「州」字説もある）。「川」はどう訓んでもセンであって、トゥにならない。「と」が「止」字だと言われる説明にしても、「止」はシだ。カタカナの字体「ツ」とひらがなの字体「つ」とは同一のはずで、「ト」も「と」と同一の文字だろう。

魏志倭人伝に「難升米」という人名や、「師升」という国王の名が見える。かたちから探ってゆくと、「升」は「斗」の書き間違いではないかと気づく。「斗」字はまたカタカナの「ツ」や「ト」によく似る。ひらがなの「つ」は「ツ」とおなじだろうし、「と」は「斗」を崩したかと思われる。「つ、と、ツ、ト」は、すべてがそうかは分からないが、「斗」字に由来する字体だったのではなかろうか。

そうすると、難升米は「なとメ」（＝「なとぅメ」）であり、師升はそれこそ「師《そち》である「と」」という人ではなかったかと推定したくなる。ただし、上代音に見ると「斗」は甲類、「止」は乙類である。

## 8 句読点とは何か

句読点はあくまで書かれた文について、意味上の切れめを入れてゆくときに使う。欧文で、なくてならない記号であり、明治時代に新たに輸入されたときにも、数種の句読点（白ゴマ点など）をかぞえた。いまは二種という寂しさである。もう一種、ふやせないことだろうか。

句読点を呼吸法と結び付ける考え方には根拠がない。読者の自由な行為として、読むときに朱筆をほどこしてゆく。日本詩歌に句読点の省略される理由は、意味上の区分けが音韻の上での切れめと一致するために、要らないような気がするからだろう。散らし書きする習慣にも預かっていよう。しかし、５７５７７のような音数律形式の詩歌といえども、もし散文に句読点がほどこされるならば、それとまったくおなじ理由で句読点を打つべきだ。私はさらに第三の句読点として棒点（「―」と書く）を提唱したい。

『万葉集』の原文は万葉がなを含む漢字のみからなるものの、その万葉がなや字訓、訓がなをひらがなに置き換えてしまえば（助字を〔括弧〕に書き入れると）、

茜草《あかね》指す―むらさき野逝《ゆ》き、標《しめ》野行き、野守は〔者〕―〔不〕見ずや〔哉〕。君が〔之〕袖ふる（一、額田王、二〇歌）

と書く。助字を省略して読み易く書き直すと、

茜草《あかね》指す―むらさき野逝《ゆ》き、標《しめ》野行き、野守は―見ずや。君が袖ふる

となる。

「、」（読点）、「。」（句点）が、文を途中でおしとどめ、あるいは句末にするのに対して、「―」（棒点）は勢いを下へ押し流すような指示を与える。具体的には、序詞の下、および係助辞の下に「―」がほしい。「し」「しも」のあとにもあるとよい。枕詞の下にも「―」をほどこしたい。枕詞の判定には難易度があるものの、枕と被枕との関係が比喩らしさをしっかりとどめている場合に「―」をほどこす。

すべての懸け詞がそれで指示できるわけではないとしても、多くの懸け詞が「―」の前方で浮上することはありがたい。纏めると、

（1）上句と下句との関係が比喩的である時に「―」を入れる。序詞の下、枕詞の下にほどこす理由である。しかし、判断のむずかしいケースが多い。まさに読者の自由な行為として任される。

（2）係助辞（ソ、ぞ、なむ、や、か、コソ、は、も）の下、および「し」「しも」のあとに「―」をほどこして、下へ下へと流れる勢いを示したい。係り結びが流れる場合があることもそれによって示せるかと思う。詩歌であるから、歌末の句点は省略して感情をやや保たせたい。

くれぐれも、繰り返すと、句点や読点を呼吸法や休止と混同しないようにする。

折口信夫（釋迢空）の表記の仕方からのヒントによるとは告白しておこう。

「なぜ日本詩歌（和歌など）に句読点がないのか？」「句読点をほどこしなさい！」というように教室の指導をすると、きまって「句読点のないほうが自然だから」「文の流れを遮るのはよくないから」といった「答え」が返ってくる。残念だと思う。

**注**

（1）以下、漢語文典叢書一、六、汲古書院。
（2）小倉進平、京城帝国大学法文学部紀要一、一九二九。

# 五部　言語社会とうた

『万葉集』のうたを、うたと称するにもかかわらず、うたわれているのはどれとどれとか。人麻呂はうたうか、家持はうたうか。かれらはほぼうたったという証拠がない。うたうとはどうすることか。そんな基本の突き詰めを怠りたくない。

平安時代になっても、『古今集』の歌群、歌合せのうたかず、『伊勢物語』や『源氏物語』の物語歌など、ほぼ、うたううたでなく、詠むうた、作るうたどもとしてある。『源氏物語』にうたう５７５７７はたぶん三首か、という程度だろう。のこる七百九十余首はうたっていない。うたを作る時に「うたう」ということはありえない。声に出して苦吟することはあろう。披露するのに誦したり、詠じたりということはあろう。しかし、５７５７７は基本としてうたわざる、つまり詩であり、作り物だった。詠み手、作り手がいる。うたい手がいるとしたら、音楽の担い手や芸能者たちだ。

ここまで、一部から四部まで、一貫して「うた」と呼び慣わしてきた。詩歌と言ってもよかったし、〝歌〟と漢字で書いてもよかった。歌謡や万葉歌、物語類のテクストに縛られながら、その発生状態や、時代をすこし遡る史前史的な段階をも時に窺いたくて、「うた」という書き方をしてきた。

詩と言語活動との区別は次第に、どうでもよくなってゆく感触で、その中心にことばを取り戻したいように思う。社会と個人との交換（あるいは交感）体系のうちに、ことばを積極的に位置づけるというような。この五部は時枝国語学を追いかけてきた旅路の終りであり、文法論議からだんだん離陸するのでよいと思えるとしても、ことばを生き生きとさせたいという欲望はなお終わろうとしない。〈うた、詩〉とことばとの関係は、前者が後者よりやや凝縮性がつよいといった程度のことではないかと思われる。

# 十六章　うたを詠む、作る、歌う

## 1　詠み手とその人称

詩歌には作り手がいる。

伝承歌謡類にあっては作り手が集団そのものと考えられていたろう。歌謡を〝うたう〟という行為（演唱）については、作り手が集団である場合に、演唱者たちと未分化かもしれない。未分化状態をあれこれ構想することは楽しい。

未分化状態が終わり、集団と作り手との分化をへて、詩歌の担い手が作中に姿をあらわす直前から、文献的視野にはいってくる。口承文学での演唱者たち（うたい手や語り手）が、詩歌のなかにうたや語りの担い手、〝詠み手〟として据え直される。〝書き手〟も語り手の一類として存在する。うたや語りのなかにあって、うたや語りを支えるかのように振る舞う、そのような担い手／詠み手あるいは語り手や書き手を、表現文法上の真の主格として位置づける。

〝よむ〟（詠む、読む）うたである古日本詩には、作り手を確乎とした存在として想定することができる。複数かもしれないとしても、作る担当者はいなければならない。〝詠み人知らず〟も和歌作者の一種と認定する（この場合の〝詠み人〟は作り手を意味する）。

作り手は詠み手になってうたを詠む。詠み手が詠むことによって表現を産み、作品が生まれる。逆に言えば、一首の短歌５７５７７がいま目の前にあるとすると、それを統率し、表現者として一首ぜんたいを表現から支える主体を想定して、詠み手の名を与える。そのような詠み手は〝表現主体〟と一般に呼ぶところの在り方だろう。詠み手はうたの担い手であるものの、作り手に懸かって作られた詠む担い手としてある。

詠み手は作中の〝われ〟を名のることができる。さき走って言ってしまえば、作中に〝われ〟を名のって出てきた人称は、無論、一人称（第一人称を略して一人称と言う）ということになる。けれども、物語歌などでは、作り手によって設定された人称であると考えると、一人称と三人称とがかさなってくる。一人称と三人称とがかさなる人称とは何だろうか。

四人称、と私はそれを名づけてきた。物語中の語り手は、もし作中に出てくるとすると（草子地などで出てくることがありうる）、引用の一人称＝四人称（物語人称）となる。

みつみつし―くメノこらが、かきモトに、うゑしはじかみ―くちひひく〈われ〉は―わすれじ。うちてし―やまむ（『古事記』中、一二番歌謡、くメ歌）

みつみつし（枕詞）来目の戦士たちが、垣の根元に植えた薑。（その薑が）くちびるにぴりぴり。（そのぴりぴりを）おいらは忘れまいぞ。打ち懲らしてしまう（までは）

みぎの「われ」は詠み手であるとともに、説話のなかで神倭《かむやまと》いはれびこ（神武天皇）がそれと名のる。トみびこを撃つにあたり、士気を奮い立たせるべく〝みずから〟うたう。この歌謡を真に起動する集団と別に、「われ」は一人称であって、同時に物語に仕組まれた「われ」であるから、物語人称でもある。
・作歌　詠み手の「われ」＝一人称
・物語歌　作中人物の「われ」＝四人称（物語人称）

## 2　ゼロという人称

詠み手や語り手は普通、作中に出てこない。かれらは作品の奥にいる表現者であって、人称的にはゼロとなろう。

わがつまも─画にかきトらむ。いづまもか、たびゆく〈あれ〉は─みつゝしのはむ（『万葉集』二〇、物部古麿、四三二七歌、防人の歌）

私の奥さんをよう、絵姿にするいとまが欲しい。
旅行く私はそれを見ながら恋い慕いましょう（ああ時間がない！）

作中に言及される一人称「わ（が）」や「あれ（我）」は、詠み手が〝それは私だ〟とアイデンティファイする自己言及の対象としてある。それに対して、詠み手そのひとはあくまでこのうたの表現を支える存在であり、作中の一人称にそのままなるわけではないから、ゼロ人称と認定する。その「つま」は話題として三人称を与えられる。作り手が物部古麿その人であることは疑えないから、詠み手は和歌作者古麿によってアイデンティファイされるものの、アイデンティファイするとはみごとに〝自己〟言及を言い続けることにほかならない。身分証明書をゆびさして〝これは私だ〟と叫び続けても、ついに証明書そのものが〝私〟でありえないのと同断だ。繰り返して言うことになるが、作中にあっては〝われ〟が出ているならば一人称であり、あいて（二人称）がいて、話題は三人称としてある。一人称、二人称、三人称はインドヨーロッパ語による言語学を応用してそのように認定されるものの、一人称、二人称が当事者であるのに対し、三人称は場面にある話題をなす。私としては言説内部での、そのような一人称、二人称、三人称と別個に、表現主体そのものの人称をゼロ（ゼロ人称）として認定したいと思っている。

論理上の文法における人称と、それを下支えする表出文法での人称という関係になるのではなかろうか。

A詞―B詞

を辿って受け取ることのできる人称体系は「われ」＝一人称であり、あいてであり（たとえば吾妹子）＝二人称であり、話題が三人称となる。

C辞1―C辞2

と辿って表出主体が〔A詞―B詞〕という表現を支える。文法構造の二重性ということに当てはめれば、そういうことになるのではなかろうか。

日本語は表現主体のおもわくを直接に担う機能語（助動辞や助辞）のたぐいが発達している。その表現主体語の窓を通して、表現空間を支える主体の存在が覗かれるようになっている。表現空間が一人称、二人称、または三人称（時として四人称）からなる話線discourseの進行を通して、語られ続けるとすれば、それを語る語り手の主体は一人称でありえず（従来は一人称とされてきたにしろ）、無論、二人称でも、また三人称でもないからには、ゼロという人称として背後に生きていると考えられる。助動辞や助辞や、それらに相当する（時枝の言う）零記号という窓から覗き込めば、背後に表現主体という語り手の人称があるはずだろう。それをゼロという語り手人称としておきたい。

## 3 自然称、擬人称

なにはづに、咲くや―この花。冬ごもり、いまは―春べと、咲くや―この花（『古今集』仮名序）

は、どんな〝人称〟なのか。〝花が咲く〟というようなのは、正確に言うと、人称 person でありえない。動植物称というべきか、より正確には自然称 nature とでも言うべき概念をはっきりうち立てて、その一類にしておくのがよかろう。風が吹く、雨が降る、といった自然現象を始めとして、このような表現はきわめて多い。非人称や不定人称、つまり人為にあらざる動作について、人称をさき立てた上でそれらを非人称や不定人称であるとするようなのは、あらずもがなの回りくどさではなかろうか。

あまくもに、かりソ―なくなる。たかまとノはギノしたばは―もみちあへむかも（『万葉集』二〇、中臣清麿、四二九六歌）

空の雲に雁の鳴くのが聞こえる。高円山の萩の下葉はちゃんと色づくことかしらよう

雁が鳴く、萩の下葉が赤くなる、というのは動植物の現象あるいは自然現象としてある。雁が鳴くのを人称とは言えないから、鳥称ないし動植物称であり、葉っぱが色づくのも動植物称だ。自然称の一類と見ることはよい。〝鳴（＝泣）く〟ことや〝赤くなる〟ことが人類にもないわけではないから、擬人称《ぎにんしょう》と言うべきかもしれない。

霜（ノ）上に、あられたばしり―いやましに、あれは―まゐコむ。年（ノ）緒ながく（二〇、大伴千室、四二九八歌）

霜の上にあられが走ってくるように、もっともっとしきりに、私は参上いたそう（ばらばらばら）。年月いつまでも長く

「あられたばしり―いやましに」が自然称で、その「いやましに」が「あれ（＝吾）は―まゐこむ」という、人称へと転化する要石として置かれている。懸け詞とは本来、〝称〟を越えて懸けられる橋ではないか、というのが見通しとしてある。自然称と人称とにまたがる懸け詞の成立は、その技法をして、単なるだじゃれでありえない達成を約束せしめた。もし、自然称の範囲内で、あるいは人称の範囲内でのみ懸け詞を成り立たせるならば、いわゆるだじゃれでしかなくなるのではないかということを恐れる。

トへたほみ―しるはノいそト、にへノうらト、あひてし―あらば、コトも―かゆはむ（二〇、丈部川相、四三二四歌、防人の歌）

遠江（静岡県）、しるはの磯と、にへの浦と、隣り合っているのならば、ことばを通わせよう

みぎには地名が詠み込まれる。命名により固有名詞化するそれは一種の擬人であり、そういう地名を擬人称としておきたいように念願する。

五月闇―倉橋山のほととぎす、おぼつかなくも―鳴きわたるかな（『拾遺集』二、藤原実方朝臣、一二四歌）

五月の暗闇（は暗い）。暗い倉橋山のほととぎすよ、
（暗くて）足下不安というのにさ、鳴いてわたるのかなあ

上の句で〝五月闇が暗い〟という自然と、倉橋山という同音からなる固有名詞とを、またがらせて懸け詞にしたて、下の句でほととぎすの鳴き方のおぼつかなさへ融合させる。懸け詞らしさは〝称〟を横断する仕方に出てくるのではないかと思いあたる。しかし、「あまりに秀句にまつはれり」（藤原俊成『古来風体抄』）という批判はそのあたりから出てくるのかもしれない。

## 4　時称と〝現在〟

場面の〝現在〟を大きな前提とすると、そこには避けられない〝現在〟の時間があることになる。詠み手からの究極的な時称（狭義には時制 tense におなじ）はいつでも〝現在〟を起点とする。歌謡にあっては説話（物語）の主人公たちが詠み手となる。

あしはらノ、しけしきをやに、すがたたみ、いやさやしきて、わがふたりね〈し〉（『古事記』中、一九番歌謡）
（あのとき、）葦原の、ひっそり隠れる小屋に（しけこんで）、菅畳を（すがしく）敷いて、
私が二人で、さやさやと（きもちよいこととして）寝たよ

の場合は「ね〈し〉（寝し）」という連体形に〝現在〟の表現主体の感懐を覗かせている。表現主体を顧慮すると、過去のことを主人公たちは〝現在〟から歌い、あるいは詠む。

さねさし―さがむノをのに、もゆるヒノ、ほなかにたちて、とひ〈し〉きみは―モ（同、二四番歌謡）

（あのとき、）さねさし（枕詞）相模の小野に、燃える火の
炎のなかに立って、呼びかけたあなたは、ああ

の「は―モ」に、表現主体の〝現在〟での感懐がこもる。

をトめノ、トコノべに、わがおき〈し〉、つるきノたち、ソノたちは―や（同、三三番歌謡）

おとめの床のそばに、私が置いた剣の太刀。
その太刀は、やあ

の「は―や」は〝現在〟の感懐を示す。古代歌謡類は、いずれも神話や説話にかかわって、過去を語る内容のそれであり、「き」の連体形「し」によってそれは示される。表現主体、ここでの主人公は「わ（が）」と言い、親しかったひとを「きみ」と呼びかけている。時制が過去だというのは、〝現在〟との対比によってそうあるということで、そういう〝現在〟が説話のなかで造成されて、主人公は感慨深くこのうたどもの詠み手となる。

あらずもがなの説明をほどこすと、時制は欧米語において、動詞や助動辞に見られる主要な文法的カテゴリーとしてあり、日本語でも、動詞を連用形に活用させて、あるいは活用語尾といわれる接辞を利用して助動辞「き」を導く、という在り方には、明らかに時制的な特徴があると言える。「き」は確実な過去や、現在と対比される断絶的な過去をさしたろう。

過去を振り返る叙述のように見えようと、表現主体が〝現在〟であるばかりでなく、表現されている内容まで現

在に深くかかわるのが一般ではなかろうか。古代歌謡の神話や説話のそとわくは過去のことであるにせよ、神話、説話のなかで主人公たちがうたったり、詠んだりする詩歌は、その時々の主人公たちの思いに沿う現在であることが通例であるように思える。

なにはぢを、ゆきてくまでト、わぎもこが、つヶしヒもがを、たえにヶるかも（『万葉集』二〇、上毛野牛甘、四四〇四歌、防人の歌）（「ヒも」「ヶる」かな書き違例）

難波への旅路を、行って帰るまでと、吾妹子の縫いつけた紐の緒が、切れてしまってあるよ、なあ

「き」と「けり」とを対比して詠むうたは少なからずあり、それは過去と現在との対照を浮かびあがらせる。時制的な「き」と、時間の経過をあらわす「けり」とは、前者の過去に対し、後者は現在であろうとすることだろう。強調してし過ぎることのないことがらとして、「けり」の中心的な意味は以前からし続けていまに至る時間の経過を指し、それはけっして過去でもなければ詠嘆でもない、ということがある。詠嘆は「かも」が引き受ける。

# 十七章　うたとは何か

## 1　うたの語源

うたとは何か、うたという行動は人類にとってどんな意味があるか、それは人生に何をもたらしてきたか。もし、それらのことを定位づけたいのならば、原古ないし古日本語（おなじように原古ないし古朝鮮語、……）での〈うた〉という語（あるいは古朝鮮語でのそれ……）を、提示する必要がある。およそ語言語が成立する先端において、人類がうたらしき現象を持たなかったとは、とうてい考えることができない。日本語なら日本語がもし、数万年の規模で原日本語から生存し、いまに至るとすると、原日本語以来のうたもまた数万年という歳月を遡りうる。

うたのありえたかもしれない未来についても、定義は十分に語られるべきだろう。整備されたかたちでの、うたという観念で考えにくいならば、《うた状態》というべきを想定することになる。それはしかしながら、単なる想定でしかないのだろうか。現代にまで、何らかの形状をとってその動態があり経てきているからこそ、いまにわれわれもまた、うたを所有し、うたにおいて思い、それなしには日々をいられなくさせられている、ということではなかろうか。

しかも、その《うた状態》は日本古代のある段階で、限定づきながら、言語のうえで証明されることであるように思われる。古代歌謡(=うた)というのは『古事記』(八世紀)や『日本書紀』(同)、古い風土記類(同)などに見いだされる「うた」で、大和時代(三―六世紀)の五世紀代を頂点にして、四―六世紀代のそれらが、延べ二百二十あまりある。朝鮮半島では新羅郷歌と呼ばれる古代歌謡が二十五首ほど知られている。単語としてならば、より古い時代の語がそれらのうちに捕獲岩のようにしてはいってくる、ということが注意されなければならないことだろう。

日本語の場合、「うた」という語を含む、「うただのし」(=わけもなく楽しい)、「うたたヶだに」(語義不明)、「うたづきまつる」(語義不明)、「うたき/うたく」(=うなり声をあげる)などがそれだ。古文によく見る単語としては、「うたた」(=いよいよ、ますます)、「うたて」(=何だか不思議に)、「うたがたも」(=一途に、わけもなく)、「うたがふ」(=疑念にとりつかれる)などがある。これらを総合すると、個人的にであろうと、集団的にであろうと、むやみに高揚し憑かれたようになっている心的騒乱状態であって、これらを《うた状態》と認識するならば、まさにうたはそのような心的状態において律動を伴い、全身による動作を誘いながら、表現として口をついて出てくる実質であることが分かる。

歌謡の原型について、アイヌ語の場合、こんな女性の証言がある。イヨハイオチシ(=あとを慕い呼ぶ、泣く)は、ヤイシャマネナというような繰り返し句を繰り返してうたう。それをある女性は説明して、

それは可笑しなものよ、心で男なら男を思つて、人前で云へないことを、ひとり野良仕事などに出た時、若い時は可笑しなもので、「食ふ物も喉を通らない、仕事する力も抜けてしまふ、今頃どう考へて居るのだらう、風にでもなりたい、飛んで行つてさはるもの、鳥にでもなりたい、飛んで行つて捕まつて啼くもの!」そんなことを、誰も聞く人がないと思ふもんだから、木など叩きながら、ぼろ〳〵涙をながして、思ふ存分、声を

出して、自分の節をつけて、いつまでも〳〵歌ふものだ、それがIyohai-o-chishといふものだよ。（金田一京助『（アイヌ叙事詩）ユーカラの研究』、（財団法人）東洋文庫、一九三一）

と証言する。この証言には歌謡の原初の何たるかの条件がぜんぶ出揃っている。だれか聞いているひとがまわりにいなくてもよい！　そして個人個人の曲節がある！　もし、うたが音楽と不可分である、ということをいうひとがいるならば、上のような状態において言えることだろう。

彼女は一人でうたううたを楽しんでいるのだろうか。そうではない、いま眼前にいない男に向かい訴える全身の行為として、うたが出てくる。これが《うた状態》にほかならない。〝うたは「訴え」である〟とは古くからある説で、その語源説はよく行われるけれども、ウルタヘ→ウッタヘというようにしてなった語であるから、ウタ（フ）とは無関係で、誤れる考え方でしかない。しかしながら、うたが訴える何ものかという真実はかえって印象づけられる。漢字の「歌」が、「かっ！」と責めて訴える音からできた、あるいはのどをしめる型（＝可）からできた、などの説明も世上にあって、そういう説明が諸言語ごとにきっとおもしろくあるに違いない。

「うたう」という行為は、音楽そのものとしてあるといってよく、その限りで〝うたは音楽を必要とする〟ということになる。その度合いは、言語行為の一種である「かたる」という場合の、音楽と結びつく深さよりもはるかに深い。そのことを突き詰めると、音楽はことばをほんとうに必要としているのだろうか、という疑問にふくらむ。実際、よい音楽にふれていると、「ことばなんか要らない」「ただそこに身をひたしていたい」という気がしてくることだろう。歴史のどこかの分岐点で、ことばが、音楽に逆らって、自己主張し始めた時があったのだろうと推定するしかない。ことばによる音楽は、音楽を道連れにしながら〈うた〉という自分を主張し始める。このことははるかなのちになって、「うたわない」うた、日本語の詩でいうならば和歌が成立したあとでも、ことばの内部での声や韻《ひび》きのたいせつさとなって、原初の音楽との関係を忘れないかのようである。

## 2 文化としてのうた

シャーマニズムの担い手、シャーマンたちはうたを利用して神の声をわれわれに伝えようとするかもしれない。シャーマニズムの解釈者たちはそういう説明に酔いしれてきた。それは一理あることであり、中北部アジアや韓国を始めとするシャーマニズム文化のつよい地域で、うたとシャーマニズムとが不可分なほど密接に関係する。しかし、そのような文化的特色や価値に帰せられるかもしれないことを、普遍として拡大解釈し、うたの発生を神授のものと説明するならば、近代のロマンティシズムではないか。われわれの考察はそのような説明にどこまで同意できることだろうか。日本国内ではそういう解釈を試みた近代の国文学者折口信夫（「国文学の発生」『古代研究』国文学篇）[注1]の影響が大きくて、うたの神授説があとを断たない。うたが神々を讃仰し、人間社会を謳歌するさまには、事例にこと欠かない一方に、それが神より与えられたとする意見に対しては、証拠らしい証拠がなかなか挙げられないことを、とりあえず指摘しておくほかない。折口は折口なりに八重山諸島から証拠を出してくる。うたがシャーマニズムと結びつくことは、神の声を持ち出さずとも説明のつくことだと思われる。それの持つ、心身を高揚させ、心的に日常的現実を越えるかと思わせる機能をうたの魔術性ないし呪性と言いたい。

うたが社会的に機能する場合でよく知られることとして、歌垣文化と言われる、掛け合いによる求婚ないし村落社会の活性化がある。そこでは、村々が次代を創成してゆくにあたり、うたが要石になる。つまり、歌垣はうたを通してあいてを見つけ出すというのが本来だった。日本社会では七世紀になるとほぼ途絶えるものの、なお『万葉集』の「相聞」（＝手紙や伝言）でのうたの贈答や、平安時代の歌合などにおいてうたが交わされる、行き来して成り立つ、という機能を与え続けて、ずっとあとまでうた文化の基本をなす。

一方に、イヨハイオチシのような、だれに聞かれなくとも「うたう」という原型が、うたわれなくなってからも、

〝独詠〟という、自己との対話となって高い精神性を支えることができる。『源氏物語』「手習」巻の女主人公、浮舟の君の手習い歌のように。

八月踊りや、あるいは葬送儀礼などで、奄美諸島などに生きる文化として、即興歌としての性格を持たされることは、これも伝承歌謡が生き生きと次代へ受け渡されてゆくための方法としてある。そのような歌垣文化などの掛け合い歌の文化などは、唱歌、歌（謡）曲の演唱、斉唱のたぐい、ことばが人間社会に生きられることの喜びや快楽、または悲嘆や怒りの直接表現として、なくてはならなかった。うたわないうたになってからでも、「花に鳴く鶯、水に住む蛙の声を聞けば、生きとし生けるもの（＝人間たちは）いづれか歌を詠まざりける」（『古今集』仮名序）と認識された。

和歌のことを〈うた〉という。57577という音数律の五句形式を持つ場合を短歌と言い、57に始まり、それを繰り返して77で止める長歌その他があり、短歌でいうと五世紀には完全に成立していたから、現代で約千五百年を越えてきた計算だ。無論、その五世紀代にはうたわれてもいたはずで、六―七世紀以後、うたわれなくなった場合でも〈うた〉と呼称される理由は古いその淵源に基づく。

もう『万葉集』（八世紀中心）時代において、万葉歌としてはほぼうたわれていなかった。つまり詠む、作る文学としてあった。57あるいは75というリズムは、日本語の生理的な要求というようなこととしてはなかったはずだ。そのことは漢代以後の詩（いわゆる漢詩）が、五言あるいは七言を中心にして成長してきた歴史を考えあわせるならば、だれもが自然に思い当たる。極端に言うなら、つまり極論してもよいなら〝和歌はアジアの文学〟であった。漢詩の日本語への影響、つまり文化的適用として和歌が始まった、という事情は歴史的考察の範囲のことに属する。

現代歌人が、短歌を作ることを「うたう」と言うのは、57577がはるかな過去に、うたっていた時代としてあったことに繋がれたい意識がそう言わせているのではなかろうか。語源的に「よむ」とはかぞえること、音数を踏んで表現することをさした。沖縄社会ではウタというとおもに琉歌（886その他の音数律からなる四句形式その他）をさす。琉歌にはやはりうたう琉歌とうたわない琉歌とがある。クェーナ、ウムイ、ミセゼルなど、歌謡の種類をあらわす語が個別に各島ごとに発達する、それらを総称して「うた」というのは日本社会でのそれの単なる応用だろう。

南インド地方の非インド語文化圏の古典歌謡に、5757 7形式や5777形式、また長歌形式のうたが多量にあるのだという（大野晋『日本語の形成』▼注2）。そのサンガム詩は大野の言うように、万葉歌によく似る内容で、喫驚させられる。広いアジアの内陸から諸言語の歌謡文学を比較研究する試みはこれからのはずで、大野のそれは始まりの一歩と言うことになろう。海を渡ってサンガム詩が日本古代へやってきたとは、ロマンチスト大野の面目躍如たる考えであるけれども、南インドへ広がる以前での分岐や、内陸での民族移動や、アルタイ諸語との関係をいろいろ考慮に入れるならば、けっして荒唐無稽な学説ではない、と信じられる。

## 3 《うた状態》の終り

萩原朔太郎がうまく説明しているところを要約しよう。

最近詩壇に流行した口語の自由詩は、ホイットマンやヴルハーレンらが創始し、日本でも新奇を追って学んだのである。しかし当時の詩壇は、なお定形律への未練をもつ人が多かったので、是非の議論もまた多かった。そこで自由詩のがわに立つ人は、自家の議論としてヴルハーレンの主張を借りて、自由詩はその敵の非難するような無韻律の散文ではなくって、無定形のうちに特殊な韻律を内在するもの、と主張した。しかし当時の日本の自由詩にそんな芸術的な美も韻律もなかったことは明白である。自由詩は完全に散文である。（要約、萩

原朔太郎「僕の詩論の方式と原理について」『純正詩論』、一九三五）

この朔太郎の言はじつに痛いところをついており、決定的であるにもかかわらず、受け答えられぬままに延命する現代詩の二方向として、現代にも依然として「内部の韻律」を漠然と考えるか、行を分かって書く自由詩の形式そのものを韻律とみるかに割れている。けれども、朔太郎とともに、自由詩の「内在律」など、ありえない強弁であること、また形式的韻律とは基本的矛盾であると、勇気を出して言われるべき時に来ている。

そういう「内在律」という詭弁や形式的韻律論から訣別して、なお〈うた〉はあるかと問うときにこそ、ほかでもなく朔太郎その人の書く大正初めの詩集『月に吠える』（一九一七）での、日本語としては過重なリズムの試みが、欧米的な言語の体質を採り入れているとともに、良質の和歌的抒情にもふれあう何物かを造成する、希有な経験としてあったのではないかということに気づく。朔太郎そのひとは、《短歌や俳句を必要とする、なぜなら、それしかないから》と言いつつ、新しい韻律を求めて『氷島』（一九三四）のような晩年の詩集に至る。現代詩のある側面——中原中也・三好達治・伊東静雄ら——が〈うた〉という評価軸をなお有効性として保持しているかどうか、現代における課題としてであろう。

一般に、われわれは、「うたうな、考えよ、謳歌するな、思考せよ」と、ごくささやかに呼びかけるのがよかろう。うたう際には「われを忘れる」。もし何かについて、たとえば人権なら人権ということについて、じっくりと考えたいのならば、われわれは思考すべきなので、けっして手放しでうたうべきでない。実際、うたうということは、異常な、常軌を逸した身体であるさまを、社会や周囲が、うたう際にだけ許されるとして認めあうという条件下にある。

うたっているひとのしぐさを見ると、紅潮した顔で律動に身をゆだねて、もしうたっている動作だと知られない場合には、まったくどうかしている、と他人はあきれざるをえない。うたう行為だから、うわずる声も、異常な低音も、だいたい許可され、一般にははずかしいはずの絶叫や、からだをゆすってうっとりすることも、まあまあはずかしがらずにやれる。うたううたは正確に言って身体論をぬきに考察しようがない。うたう身体が、そのような「われを忘れる」状態にある、と称してよいならば、「われ」の探求をこととする哲学からすると、「われを忘れる」とは、哲学しないことであり、したがって「うたうこと」は哲学の反対であり、思考することの欠落ないし断念としてある、と定義するしかないのではないか。その定義でよかろう。うたう哲学、謳歌する思考というような現象が世界にもしあるとしても、そんなのは人権なら人権に逆らうスピーチであったり、大胆に過ぎてわれわれのささやかな生活にふさわしくなかったりで、当面の課題になしようがない。

つまり、当面は、うたっている状態において忘我であるひとを許してよい。それらは現代における《うた状態》のひと時であって、いつか終りの時を迎える。つまりエンディングという形式が、一つ一つの歌謡においてあるように、《うた状態》としてもまたかならず終わる。終わらなくてはならないこととしてそれは終わり、われわれは〝われに帰る〟。

**注**

（1）折口信夫、新全集1（旧全集も）。
（2）大野晋、岩波書店、二〇〇〇。

# 十八章　言語社会にどう向き合うか

## 1　投げかけることばでなければ

一人の人間のなかに、〝言語学者〟と〝詩人〟とが棲んでいるのかもしれない。ことばの世界からひょいと身をかわし、距離を置いてそれを反省する人と、ことばの〝意味〟に生きて、そのなかに踞蹐する人とが、たった一つのからだを、だれも共有しているのではなかろうか。

詩誌の仲間、最大の先達だった一詩人、清水昶《しみずあきら》が、生涯、自由詩を書き続けて、晩年には何万句という俳句に明け暮れた。

遠雷の轟く沖に貨物船（11.5.29）

お酒にも明け暮れるという典型的な詩人であり、日本社会を崩壊させる大震災を見届けて亡くなった（二〇一一年五月三十日）。その清水昶が、『石原吉郎』『荒野の詩人たち』『詩の根拠』……と、詩論を書き続けた。なぜ、そして何をかれは訴え続けたのだろうか。何のために、詩論というような、骨の折れる作業を一詩人が引き受けなければならないのか。

詩人は万人のために、万人よりほんのちょっぴりだけ表現の才能にめぐまれているのか、あるいは閑暇があるからなのか、理由はともあれ、詩を〝うたい〟続ければよかったのに、実際には詩論を武器にして、この時代と社会とに向かって発言することをやめず、われわれの病める言語社会を告発するという、つまりことばと社会との探求者としての二層に明け暮れた。

〝意味〟からずりおちて、音素や、無意味な音韻をも直視しながら書き進む、ということが、必要な限りで、詩人たちにはあるかもしれない。重苦しい後味をのこして逝った、菅谷規矩雄のリズム論から聴こえる悲鳴を、現代はついにどうすることもできなくていまに至る。[注1] 詩誌『uoza』に「ウタの語源」論を推し進めた渡辺元彦[注2]は、〝意味〟を持たない音韻の作品を書いて亡くなった山本陽子を、その論の中心に据えている。菅谷、そして山本を、詩人の極北にならどうしても据えておきたいように私にも心が逸る。しかし、菅谷、そして山本の詩語がついに成功するを得ない、その孤立には批判のまなざしを与えねばならない、つまりことばは社会化されなければならないという、冷静な批判を続けるしかないのだ。

言語学のもとに、詩学のすべての分野が統率されるのならともかくも、そうでないならば〝意味〟（以下、〝意味〟のギュメをはずそう）を手放してはならないのだという、遅れる菅谷批判をここに言うしかない。一般に詩学という講義が、意味と別に音韻を立てても可能であり、そういう側面をもって行われてきたことを承認しながらも、それらに対し、意味を音韻から分離させないという提案であり、その点でならば、言語学が意味から分けへだてて音韻を、さらには音声をも視野に入れることをしてきたのに対し、ここに必要なのは意味を詩学の一角に積極的に置くということの主張だ。意味語と、意味を下支えする機能語とから成る日本語を、世界の詩学の一端に据えてみよう、それで何ほどのことが言えるか、という工房としてある。

## 2　詩を朗読する詩人と聴き手

〝声〟は音韻としてあり、神秘な憑依でもなければ、単純な沈黙でもないから、能力としての〝声〟をわれわれは付与されている。詩人が詩を朗読する。音声によってこれを朗読する。朗読によってその〝声〟を届かせることをしないならば、演技としての朗読でしかなくなる。演技としての朗読というのはありうることだろう。しかし、書き手その人がもし朗読するならば、芸能者の真似ごとをしてもしようがない。一般的に言うと、専門の朗読者、演唱者、俳優らに委任すべきことだろう。それにもかかわらず、書き手が朗読しなければならない機会があるとしたらば、それにはどのような場面が考えられるか。ことばとは、代読というような性質ではないような気がする。少なくとも、詩のことばの場合では。

朗読が代読である場合はあろうし、そのことを受け入れる、つまり代読が必要な時はあろうし、読まないよりは読まれるべきことのほうが優先される。詩がジャンルを越えて舞台芸術になったり、音楽になったり、あるいは画題と化したりすることじたいは、たいせつなこととしてある。交流や変換を詩が活きることなのだから、そのことはよい。詩の朗読は、そういう問題と違って、書き手その人が朗読するならば、何を訴えているのかという課題だ。単に二次的に詩を活きるみたいな、そんなことでよろしいのか。そんな二次的な読みは詩のふたたびの定型化の試みにほかならない、ということを見ぬいてほしい。

朗読会に出かけてゆく観客は何を見にゆくのか。いくぶんかは詩人の顔を見にゆく、というような、下世話な興味があってかまわないし、朗読する本人にしても、舞台の上なのだから、はりきって素人俳優になるのは愛敬のうちにあろう。その程度のことはよいとして、より本格的にならば、人々は〝詩を見に来る〟のであって、あるいはまさに自然のことながら〝詩〟を聴きに来る。

詩の創作そのもののなかに、表情、声や身振りの要素がある。作品のなかに、手振りや表情、声が満ちているし、現実の声にしろ、創作の現場で発せられていたかもしれない緊張感としてであろう。あるいは、日本手話なら日本手話が独立した言語活動であることに示されるように、手振りや表情はことばの一要素を象《かたど》る力がある。手振りや表情、どれ一つ取っても、詩は訴えているのだ。

音韻の一つ一つの階段を、朗読によって降りてゆく時、そういう表情、声や身振りの要素は、本人がそれをする場合の重要な役割を持つ。すなわち、演じているという程度の副次的な段階を越える。より本格的なこととしては、書き手の創作の秘密を、実験の一部として、すこしは覗かせるような、その場での、創作的とまではいわなくとも、形成的 formative な朗読を試みるのでなければ意味がない。全身表現からはるかに遠くとも、身体の底辺から訴えが出てくる。

言語領域の三要素として、音韻、単語あるいは語彙、そして文法を挙げることにしよう。もしかしたらもっとだいじかもしれない、意味ということについては、その三要素から逸れるかもしれない。意味を訴えるということは、ことばのそとにはるかに広がるし、一方で、いま述べたように、非常にまれなケースとして、意味を外された音韻だけからなる詩的作品がないと言えない。だから、詩を訴えようとして、無意味ということ、慣用句としてしばしば〝意味がない〟と言ってしまうような、無駄足に直面することだってある。訴えようとして空転し、あらぬ努力ということで終わってしまう。

訴えるという平凡な言い方を繰り返すしかない。社会へ向かってひらかれるという、言語活動じたいの性格を、閉塞的な詩の書き手たちといえども試みなければならない、ということなのか。

## 3　詩は粒子かもしれない

詩は何だろうか。ごくちいさな粒子particleつまり素粒子だろうか。詩は微粒子かという、ナンセンスかもしれない問いだ。原子物理学者、湯川秀樹の用語に「極微《きょくび》」がある（『極微の世界』、一九四二）▼注3。極微の世界には電子electronもあれば、さらに光（光子photon）もある。詩もまた素粒子のごとく、極微の何ものかとして、人の頭脳なら頭脳に宿ってゆかないかどうか。頭中に誕生して、粒子の流れになって、場から場へもの凄いスピードで移動し、空気層を越えて、人から人へ、何かを訴えようとする。他人の頭脳に宿ると、活発に振動して、その人のハートを大きく揺らす、と。

私は勿論、そのような神秘的な考え方に与してよいか、保留する。みぎのように考えることには、いろいろな困難が附き纏う。だから類推的にのみ、詩は粒子かもしれないと思う。たしかに、人体の動きも、動植物も、驚異的な自然現象も、宇宙のいろいろな不思議も、原子や分子、光、とりわけ電子の活発な運動が、そのなかに籠ったり流れ出したりして、起きる。しかしながら、もしも、詩が人から人へと伝わるとして、それは電子の流れの一類だとすると、生物体も自然界も宇宙もすべて、電子の巨大な渦からできているのだから、詩はそこにまぎれいり、他との区別などできなくなるはずで、詩という粒子だけを取り出すことなどできるわけがない。

すべての生物体が電子の動きに拠っている以上、詩が粒子の流れだとすると、人間と動植物とのあいだにも、詩を分かち合うことができるようになる。たしかに、ある程度は、人は動物たちと悲しみを、植物たちと愛を、分かちあえるのかもしれないが、非常に限られた一部のひと（詩人に限らない）にありえても、一般にだれにも可能な交流だとは、なかなか思えない。

詩という粒子が電子と別にあって、人間界を浮遊しているのだろうか。もし、そうだとすると、多量にそのような粒子がわれわれの身近になくてはならないはずだが、残念ながら、そのような素粒子は、宇宙にも、この地球にも（宇宙と地球とはおなじ水準にあるはずだが）、まだ見つかっていない。だれも探し当てていない。けれども、詩に限らないのだ。人体なら人体について言うと、原子や分子、電子の流れを始めとする、素粒子から成り立っていて、それ以外の要素 element（元素でもある）は考えられないにもかかわらず、われわれのすべてが感情を持ち、意志に従い（意識と言おう）、芸術を産み、科学を構想する。芸術に詩を入れることにしよう。それらの感情や意志や芸術や科学は、構成する原子や分子のたぐい、電子の流れに支配されているのではないかと、思ってはいけないのだろうか……

## 4 往年のサルトリアンは

いや、電子じたいに意志があるかのように説くひともいる。『量子力学が明らかにする存在、意志、生命の意味』（山田廣成[注4]）は大震災後に出された教科書的な著書で、表紙に「電子に意志があるとしたら貴方はどうしますか？」という、副題的なキャッチ・コピーが刷り込まれている。人間の振る舞いと電子の振る舞いとが、非常によく似ること、および意志という概念を物理学的な公理とすることから成るとする書物であるらしい。しかし、論証できる議論ではなかろう（「公理」とされるぐらいだから）。

意志は意識と言い換えてよいはずだとしよう。往年の（聞きかじり）サルトリアンであった私などには、何かがみずからを知るためにその「何か」から超出すると意識があらわれ、その意識がおのれを認識するというようにでも考えたいところだ。すると、遺伝子やニューロン、脳細胞から超出して「みずから」を問い下ろそうとするところに意識があらわれる。それらを問い下ろすというよりは、われわれ自身を問い下ろし、人間たることの〝実存〟的な、社会的な理由を問い下ろし、ひいては意識じたいを問い下ろすということだろう。

それが電子じたいであるかどうかは、話が飛躍し過ぎる観があるけれども、超出し、また還ってゆく因子を粒子のように仮定して、電子に類推することならば、分かり易い理屈だ。仮定にしろ、類推にしろ、すべては意識の所産としてある。微少な——極微の——電子は大量の自由電子となって送電線のなかを突っ走るし、携帯電話から光電子管までに潜り込んで、稼働させる。こうして、われわれは、電子でありながら電子をまざまざと見ている。無論、原子をも分子をも見ることができる（結晶格子を実際に見ることができる）。

記憶もまた意識の一部だ、ということを押さえよう。しまうまは集団で警戒しており、ライオンの近づくや、その警戒心がもっとも高まる。てんとうむしは危険を感じると（意識して）ぴたっと止まってしまう。無論、後天的な記憶でなく、遺伝子というハード部門に叩き込まれている。現在という時を意識しているから、ライオンの襲われそうないま、警戒する意識が全身を律する。では、後天的な知識は過去に属するのだろうか。いな、一旦は、ある過去という時間の現在において獲得され、反芻しているからいまにおいて記憶なのであって、われわれは過去をいきなり記憶しているわけでない。過去を記憶できないとは意識の最もたいせつな性格だ。

## 5　時制、アスペクト、モダリティ

時間の助動辞には、「き、けり、ぬ、つ、たり、り／アリ ar-i　けむ」という、七種ないし八種がある。現代日本語では別の「た、～である、～したろう、～てしまう」が惹起する。近代語の特徴は便宜が増大するとともに、時間の細やかな区分を整頓してきた。

整頓されると、「ぬ」にしろ、「り」にしろ、復元できない。しかし、時間の感性じたいは現代になしで済まされない。テクストじたいから、「ぬ」や「り」を復元するスキルを繰り返してゆくとともに、われわれの現代語の感性との対応を慎重に（時には大胆に）構想し進めてゆく。

押さえるべきは、われわれは現在を刻印するのであって、過去をいきなり記憶できないということだ。そのことじたいはけっして分かりにくくない。知覚に置き換えてみると、現在を知覚できると考える場合、過去が一度は現在だったからその時期に知覚できた。

現在を刻印するとは、知覚の作用だということも分かる。知覚ということに難解さはなかろう。知ること、ことばの上のことだけでなく、痛覚もあれば、快い感覚も含めて、刺激に対して気づくことがいろいろの点で始まりとしてある。知ることには、経験を想起して思い合わせたり、納得させられたり、ということがある。それだって、刻々と刻む現在のなかで起きる。

現在での記憶の瞬間に、以前から刻みつけられた経験が想起されることを十分に認めよう。それらの両者がかさなり合い、よりつよい記憶として醸成されたり、以前の蓄積が変造（特に縮小）されたりする、というように認められる。その最大の現象として、トラウマ、言い知れぬフラッシュバックの恐怖となり、つい昨日のままに時間が〝停止〟して、深い洞窟のなかのように眠ることもある。戦死する人々に成り代わって、あとのひとが物語を造成する（語る）という〝騙り〟もまたここに起きる。小説の発生かもしれない。

さらに言おう、現在を記憶する理由はと言えば、端的に言って、ことばによって未来に備える点に尽きる。私の見るところ、脳内のメモ帳にぎっしり書き込まれることがらはすべて、未来へむかっての予定や備忘であって（われわれの持つ手帳とおなじだ）、反対に、昨日からまえのことがらの多くは、終わった残骸や条痕でしかない。遠い、縮約された、しかしきらりと光ることもある、またはつらく忘れたい、記憶の残骸や条痕を想起するのが、われわれの日常や非日常だとしても。それらにしても動物体としての身体が未来に対し備えているのだろう。

未来はある。仏教者が透徹した頭脳で過現未（過去／現在／未来）を語る。しかし、未来という時制 tense はないだろう。過去が対比させられるのは現在という現前する時であって、未来にならない。未来が籠るのは推量や意志であって、時制と違う。

それに対して、過去といぅ時制はある。たしかに過去をあらわせる。哲学者、大森荘蔵が、「想起とは過去形による言語的理解にほかならない」（「殺人の制作」『時は流れず』）▼注5と言ぅ。現在を記憶させられることが記憶だ。ここまではよい。知覚（ないし記憶）がことばを伴ぅかどぅかは、議論の余地のあることだ。

私は大森から大きな示唆を受けてきた。とともに、不満は小さくない。活用のない諸言語はどぅ考えればよいのだろうか。たとえば、日本語の隣接語のアイヌ語。あるいは漢文をどうしようか。大森に従えば、活用のない語にとっては、時制がないことになる。日本語にしても、そぅではないか。時間の助動辞が附加されれば、時制やアスペクトはある。とは、時間の助動辞が附加されなければ、時制やアスペクトは〝ない〟。時間の助動辞を附加して、それらを現前させるのだ、

繰り返すと、大森には欠陥があるのではないかと感じられる。「過去性はどのようにして理解されるのか。それはほかでもない、動詞の過去形の了解によってである」とあるような氏の言い方は、はたしてそぅ言えるだろうか。動詞に〝活用〟がなく、したがって過去形のない諸言語（アイヌ語、漢文）の場合を、氏はどのように説明するのだろうか。日本語ですら、動詞じたいに過去形は〝ない〟のだ。

モダリティ modality（推量、意志）にしてもそぅだ。

時制がある、アスペクトがある、モダリティがある。それはその通りだ。言語を生きるとは、時制が、アスペクトが、モダリティが生きられることだ。言語学は当然のこととしてその前提から成る。そのことはよい。私は時制の助動辞（「き」やアリ ar-i）、アスペクトの助動辞（「ぬ」や「つ」）、モダリティの助動辞（「む」や「べし」）が、テクスト上に置かれているかいないかを訊ねているのだ。テクスト上に置かれていることと置かれていないこととの差を問題に立てる。それらを附加して書かれる言語体系である日本語から尋ねようとしている。それらが書かれることと書かれないこととのあいだに、機能語の生存理由を尋ねたいとする。つまり、助辞にとってもまったくおなじことに属する。

時枝国語学からのヒントで、ここまで考えてきた。▼注6 意味語と機能語というようにはっきりとは分けなかった時枝に対して、私は助動辞／助辞を機能語として押さえたい。助動辞／助辞にベースを定めることは伝統文法の方法としてある。時枝の学はその点で伝統文法に基づくと、氏がまさにそのように言明する。

## 6 ソシュールと時枝

時枝の言語過程説は「言語の本質」を心的過程と見る（『国語学原論』一ノ七）。「心的過程」とは何か。「主体的なる又心的なる存在」「心的経験」と言い換えられる。甲の発することばが再体験されて観察者の心的経験という乙として成立する。その手続きが解釈作業に他ならない、という。

心的過程は一般的に考えると、心理学での主要な関心事でこそあれ、言語固有のこととして了解できるか、はなはだ心許ない。心的過程は「言語」が持つ性格であっても、それを本質というようには言えるか、しかし、時枝はそこを「言語の本質」とする。心的過程という考え方を氏がどこから得ているか、小林英夫訳のソシュール『言語学原論』▼注7を、例によって参照してみよう。小林訳によれば、「言語現象」を、つねに二面性であらわれるために、定義が困難であるとし、よって、どうするかというと、言語 langue に腰を据え、言語活動 langage〈英〉language）のその他いっさいの顕現の規範とする。言語 langue は言語活動の「本質的な部分」である。後者の能力の社会的所産であるとともに、この能力の行使を個人に許すべく社会団体が採用した、必要な制約の総体である、と。

言語 langue はそれ自身一体であり、分類原理をなす。それに対し、言語活動の機能が、単に「物をいうためにできているか」は、じつは証明済みでない。声音装置は二次的なのである、と。人間生具であるのは分節言語（という記号）だ、と。ブローカ（一八二四—一八八〇）が発見した脳機能の局在とは、記号を呼び起こす能力なのだとする。一般的な能力があって記号に司令する、それが言語活動能力である、と。

言語活動の総体のうちに「言語」に相当する区域を見いだすためには、個人的行為をとってみる必要がある、として、「言の循行」はこれによって組み立てることができるとする。循行の起点は甲の脳内にある。脳のなかで概念という意識事実が聴覚映像と聯合する。聴覚映像を脳内で放つのは、まったく「心的な現象」としてある。音波が乙の耳へ伝播する（物理的過程である）。循行は、乙のなかで、逆の順序で続行され、映像が概念と心的聯合をなす、と。

ソシュールは、個人的行為として行われるこのような循行を言 parole と呼ぶ。言は言語 langue といかなる関係にあるか。以下、ソシュールの説明についてはそれとして、いまは時枝に向かう。時枝は一貫して（ソシュール言うところの）言だけをあいてにしているように見える。時枝の提示する図はソシュールと酷似しており、用語も一致する。時枝の作成する図示を書き直してみる。


遂行過程（話者）にあっては、「素材」は具体的事物である場合もあり、表象である場合もある（ソシュールの「言語記号は物と名とを連結するのではない」というところに相当する。）

第一次過程は「概念」。辞にはこの第一次過程がないと言う。

第二次過程は「聴覚映像」。（ソシュールは聴覚映像を音声の心的印象だとする。）

第三次過程は「音声」。

受容者への空間伝達は純物理学的だと言う。

「文字」を通る場合は第四次過程。

聴覚映像からただちに「文字」に移る場合と、いったん音声に移されて、そののち「文字」に移される場合と、「概念」からただちに「文字」に移される場合とがある。

受容過程（聴者）はみぎのコースを逆に辿る。
「文字」第四次過程。
第三次過程「音声」。
第二次過程「聴覚映像」。
第一次過程「概念」。
これらの過程をへて、「素材」（具体的事物あるいは表象）に到達する。

みぎのように文章化してみると、時枝はソシュール（あるいは小林英夫）にほとんど負っていると見てよかろう。言語過程説に言う心的過程は、ソシュールの言うところの言parole に相当する、と。しかも、ソシュールの〝言語と言と〟の曖昧な関係について、時枝は批判しこそすれ、採り入れる必要がない。そして、問題は、依然として、（言の）心的過程が（言語過程説で言うところの「言語」の）本質か、という一点にある。「言語の本質を心的過程と見る」だけでは、心理学的説明をもってそれの性格にすり替えただけということになるが、それを（言の）心理過程とするのは、心的過程を言語現象の領域に一歩狭めただけで、やはり「言語とは何か」を言い当てていないように思われる。

## 7 時枝の言う「社会性」

回り道ではなくて、時枝のじつに一貫している〝言語の社会的機能〟についての考え方を引用しておく。

言語行為は、人間の社会生活の重要な手段として、人間の社会生活と、その発生を斉しくしているものであろう。従って、言語において、社会性ということを云う時、国家、市町村、家族、会社というような、社会学で好んで問題にするような社会集団と言語との交渉連関を問題にすることは、当を得たことではない。言語における社会性は、もっと基本的な人間関係において、これを見る必要がある。(『国語学原論　続篇』)▼注8

「人間の社会生活」とは、社会的集団じたいであるまえに、対人関係を構成し、それによって集団を持つ、ということだろう。時枝の考え方が徹底して個人主義といわれる通りで、考え進める順序ははっきりしている。まず対人関係という個人の言語的営為があり、それをもって集団に参加する、という考え方である。ここには社会学への批判が籠っているということも見ぬいておきたい。

「社会学で好んで問題にするような社会集団と言語との交渉連関」とは、具体的に「国家、市町村、家族、会社」のような社会集団を挙げる。これらの四種はたしかに社会学の対象たりうる。国家に対しても、市町村に対しても、家族に対しても、会社に対しても、有効に働く。つまり論者が対象としたい社会現象に対してすべて成立するような、この(社会)学とは何だろうか。論者が小は地域社会から、大は国家や国家間の関係に至るまで、扱いたいと思った途端に万能に働く社会学とはいったい何ものか。というより、万能に働かせたいならば、「社会学とは何か」という根源的な問いじたいに行きつく必要がある。しかしながら、社会学には有効な働きだけがあって、社会学の問いを不可能にするという、ジレンマがあるのではないか。とは、言語社会学ないし社会言語学にあっても、「言語」に対する根源的な考察は行われないのではないか、という危惧がどうしても纏綿する。時枝がソシュール言語学から、それが社会学をベースにした言語学である限りで、攻囲されているように感じられようと、だからと言ってまったく動じることのなかった理由だろう。

ソシュールの言語学はデュルケムの社会学説の「社会的事実」▼注8(fait social)によって導かれた、というように見られている。事実はソシュールの天才が社会学説を先験的に獲得し、あるいは咀嚼していたということだろうが、集団意識が個人のそとがわにあり、社会的事実は集団表象としてあると、デュルケムもソシュールも、ともに考えていた。要するに、二十世紀初頭という、時代の命ずる思考はそのような性質のものであった。時枝は次世代という遅れた場所から、小林英夫『言語学方法論考』[注10]を通して（特にドロシェフスキー論文から）デュルケムとソシュールとの関係に分けいった。社会学的思考を受けいれるというよりは、反発し、批判的なスタンスへ導かれていったのだと思われる。同時に、佐久間鼎の導入したゲシュタルト心理学や山内得立らの現象学という、まさに新興諸学[注11]が時枝言語学の形成に参与したと知られている通りだ。

## 8 批判先、原子的な単位

辞（主体的表現、助動辞／助辞、非自立語、機能語）が詞（客体的表現、自立語、概念語）を包むとは、日本古来語の考え方だったとして、鈴木朖の考察や、時枝が再発見し、構築する〈伝統文法〉で、松下大三郎、三矢重松、橋本進吉ほか多くが、時枝以前にこの考え方や術語に拠っている。

欧米語は言語学の発祥地だ。しかしながら、時間の考え方や、超越者と人間との関係などが言語活動に反映する仕方は、〝アジアその他の諸言語とずいぶん違う〟と、哲学や文学を紐解きながら、だれもが感じる。とともに、人類としての深い共感を呼び起こす、言語能力の世界的な普遍性ということにも、思いをかきたてられる。

十六〜十七世紀には、数十万人のキリスト教改宗ということもあり、日本社会に欧米語的な〝近代〟が植え付けられたという面を否めない。十八〜十九世紀の西欧哲学や文法学説が明治以後の日本社会におしよせ、大槻文彦、山田孝雄らをあおり立てるさまは、最近の好著である『日本文法の系譜学』（開拓社、二〇一二）[注12]によって見ることができる。山田はそれらを伝統的な日本語観に協調させて、近代主義的な文法学を構成する。助動辞は動詞の接尾語とみなす一方で、「てにをは」を品詞として独立させるというような、ハイブリッドないし二元論を始めとして、野放図にふくれあがる。

時枝は橋本に出発するものの、一九三〇年代という時代的雰囲気のなかで、デュルケム、ソシュール、バイイといった、二十世紀社会学、言語学を、同僚の小林英夫から教えられ、また心理学から学ぶ。「言語の本質」を個人の心的過程に求めて言語社会学を〝批判〟していった。その批判先には原子的な単位を「言語」に求める（と時枝が理解する）ソシュールがいた。

ソシュールは「言語」が二面性（個人的と社会的、通時と共時、など）を有しているために、とらえがたいとし、よって、言語活動 langage　言語 langue　言 parole のうち、言語 langue に言語学の対象を定める。言語 langue はたしかに原子的な単位に相当する。アヴォガドロ、アルベルト・アインシュタインと、分子説から量子論的な世界へ展開し、単位的世界が確実視されるなかで、言語 langue もまた「実証」されてゆく観が如実にあったのではないか。

原子 atom（原子核＋電子）が集まり（化学結合して）分子 molecule を構成する。アヴォガドロの法則によれば、分子なるものが存在し、同一条件のすべての種類の気体におなじ数の分子が含まれる。十九世紀後半になり、分子説が進展し、アインシュタインによって実験的にその実在性が確実となったのは二十世紀初頭に属する（ブラウン運動の研究）。アヴォガドロは元素 element　原子、分子の三つの概念を区別する。

atom（「それ以上は分割できない」の意）といわれる原子が、実際には多数の粒子的存在からなり、分裂（崩壊）あるいは融合して、多量のエネルギーを放出することは、今日、よく知られるところだとしても、そうした知識がまだ初期段階にある、あるいは劇的に研究が進展しつつある二十世紀初頭において、その雰囲気のなかでソシュールは言語的単位としての言語 langue を構想しようとしていた。

## 9 時枝国語学の臨界点

近代科学の基礎は実験によってその実在性が確実にならなければならない。仮説を実証立てるために宇宙線を把捉するなり、巨大な実験装置を用意するなりして、天体ではない（地球も天体であるけれども）、この地上にその成果をもたらさなければならない。「社会」とか、「戦争」とか、正義でもよい、人間の心理でもよい、死の哲学でもよい、自然科学からは証明できないほどの、とてつもない「存在」たちについてはどうだろうか。それらにしても、最初から圧倒的な実在感があり、われわれに対して解明を迫ってくる。科学の名におけるその解明の仕方にさして自然科学と別個のやり方があるわけでない。

言語現象は存在感に満ちており、人類の基礎を構成する。だから、社会のように、あるいは人間の心理のようにして、われわれが方法を尽くし解明する一環に、言語現象もまた置かれる。そこには社会にも人間の心理にも出入りする、得体の知れなさがあり、ソシュールはそれを「捉えがたい存在」と見なした上で、その奥にというか、捉えうる統一体としての言語langueを〝想定〟する。

時枝の纏めによると、ソシュールの言語観は「対象に対して自然科学的な原子的構成観」だとする。「単位の意識から始められている」と。さらには「古き言語道具観の変形或は理論付けを見ないであろうか」とも言う。道具とは端的に、意味とか概念とかがことばのそとにあって、それを使って思想を表現する、の意である。

時枝はそのように纏めた上で、個人の心的過程としての「言語」を対置する。しかしながら、述べてきたように心理学説の応用というに近く、（デュルケム的な）言語社会学をそれで批判しようとしても、まさに対置でしかない。時枝はドロシェフスキーから集団表象が個人表象に優先するというようにデュルケム学説を受け取る。

その〝集団表象〟論は、文字通り社会学そのものであるから、「言語の本質」についてはは言い当てていないことになる。時枝はそこを突けばよかったはずだ。しかし、デュルケム学派が社会学を言語活動に応用する手つきそのものを批判するわけではなかった。

時枝は心的過程論に基づく言語過程説を展開する。その図示を見ると、(上に見たように)ソシュールの描くそれとそっくりではないか。時枝は弱点と非難されてきた「言語の社会性」について、『国語学原論』続篇で再論するものの、「言語」の社会的発生が個人的発生に対して優先、あるいは対等とされるようにはない。逆に言えば、心的過程から一元的に構築される言語過程説は時枝のなかで牢固としてゆらがない。それだけ、二十世紀日本諸学に燦然と光る成果とでも称すべき学説であった。

## 10　概念過程語が〈対象〉を求める

ソシュールは言語 langue をもって本質性を有するとする。それは習得するところのもので、制約的であり、記号の体系を有する、と。話し手たちの頭のなかで、万人にほとんど同一と思われる印象ができあがるのは、受容的、同位配列的能力の働きによるのだと、『言語学原論』を纏めてゆくとそういう主張になる。

私は、「話し手たちの頭のなかで、万人にほとんど同一と思われる印象ができあがる」ことを、けっして神秘な現象と見ず、自然な人類の定めであると考えたい。ソシュールにその点で賛意を表したいと思う。しかしながら、その能力を、けっして「受容的」とか、「同位配列的」とは思わない。その反対に、むしろ能動的であり、そのような能力が万人の脳内で働いているはずだと考える。助動辞について krsm 立体を、あるいは「ぬ」「つ」楕円体を、または助辞について、その遺伝子情報にも比すべき複雑系の配列を、というように私の構想してきた理由だ。

ことばは、なかば、個人によって所有されるとともに、なかば、社会に保存されて生きる。このことは、言語活動のさまざまな在り方を「社会的事実」として究明する、社会言語学ないし言語社会学と違って、また時枝理論でいう、対人関係としての言語行為とは別個に、ことばの生存領域を広く社会に求めて（そのときつよく通時的な側面が働く）、社会に個人が出入りすることによって表現を真に成立させる（つよく共時性が働く）ということを強調しようとする。

個人と社会との通路、それがことばの性格としてある。文学はそのようなことばの性格による生産としてあるのではなかろうか。

美しい、きれいな、かわいい、ちっちゃな

や、

並んでいる、喜ばれる、見ていたい

や、

歴史、自衛権、水源、象徴的貧困

などの意味ある語（自立語）は、時枝のいう概念過程を持つ語であって、〈対象〉を受け取りに行く。社会によって所有されている面が少なからずあって、文献や書物、アーカイヴズや図書館利用、報道、教育の現場、外交などでのストックに依存する面がある。そういう面があってよい。それに対して、機能語は、文や句の論理上の主格である「花」を、「花が」なり「花を」なりの格によって下支えする。「花で（飾る）」というのも、論理的関係としての「花」と「飾る」とを接合させる。「花が咲きみだれている」「お花を（熊が）食べる」「花で飾りましょう」などの、意味的世界を支える機能語——「が」「て（いる）」「を」「で」「ましょ」「う」——の発言主体は〈私〉なり、主人公なり、会話主なりであって、それらを〈あらわす〉。

繰り返すと、意味的世界をあらわす意味語（概念過程語）は、「美しいかわいいお花」「チューリップの花が並んでいる」「お花畑をいつまでも見ていたい」と言えば、「美しい、並んでいる、見ていたい」など、どんなに言い方が広がっても、ナンセンス詩でない限り、意味を知らせようとする論理力を発揮して、補助的な表現（「でいる」「ていたい」など）を従えながら、文や句であろうとする。意味語が支える伝達内容は豊かに広がると言うほかない。それらの文や句が意味の広がりを持つことと、「美しいかわいいお花」「チューリップの花が並んでいる」「お花畑をいつまでも見ていたい」など、文や句を発言する主体が存在することとは別のことに属する。機能語で考察したこととまったくおなじだ。

「美しい、かわいい」と言って、「何が」という意味上の延伸を求めると、その延伸は表現主体にとり、選択が迫られる。花が？　ちっちゃな子が？　象さんが？　……。「象さんが美しい」とはあまり言わないにしても、表現としては選択可能だろう。

「並んでいる」のは「何」か。その「何」を言わんとする発生機の状態 nascent state は表現主体の意志と言 parole との綯い混ざる言語活動だろう。大人にはすぐに言えても、幼児だと努力して「チューリップの花が」という表現に到達、逢着するかもしれない。ちょっとした達成感があってよかろう。

意味ある語の世界は〈対象〉への志向がかならずあるということではなかろうか。それが文法的要請であり、文や句の上に定着して対象格や、修飾する語や、状態、状況についてのさまざまな説明になり、ことばがかさねられてゆく、ということなのでは。それが社会的所産というほかない言語活動の一環としてあるということではないか。求められる対象領域をめぐって動員される表現とは対社会的な動きにほかならない。表現主体はその社会と切り結び、身をなかば社会との交換関係に置くことによって言 parole たりうる。社会へ差し向けられる〈対象〉（への意志＝対象じたいと考えてよい）を言語活動の必須の条件としてかぞえたい。

時枝が「言語」を個人に発するとし、心的過程を規制するシステムとして社会を見いだそうとしたのに対して、ここでは社会と個人との交換関係に言語活動を置くと強調しよう。社会においても、個人においても所有し、めまぐるしく社会と個人とのあいだを行き来し、出入りする、その一方を欠いては言語活動が成り立たない。数千年、数万年を越えて生かされ、しかも個人において生きることばとは、そのような類的実存に求められるというほかない。

## 11 言語 langue は要らないのでは

近代言語学は、それまでの比較的研究や歴史的研究を脱し、言語活動という事実そのものの研究へと移行する。時枝はこの東洋粟散国（である日本社会）にいて、世界から孤立しながら、筆を尽くして近代言語学のソシュール学説を批判していった。批判とは、時枝じしんの立ち上げる言語過程説が、ソシュールの大きな影響下に開始されることを如実に意味する。言語過程説の当否をここでは措いて、ソシュール批判じたいは、よくここまで思考の果てに辿り着いたと、賞賛してし尽くせないほど、西欧近代との果敢な格闘だった。

社会学では社会的事実がわれわれの思考や活動に優先するという、デュルケム学説がやはり近代学としての成果を誇り、日本社会にのしかかる。デュルケムとソシュールとは、あるところまで非常によく類似する考え方を示している。ソシュールについて、時枝が批判する言い方を借りると、

対象に対して自然科学的な原子的構成観を以て臨んでいる

ということになる。これは時枝による誤解でもなければ、矮小化でもなくて、近代科学の十九世紀がのちの量子力学に発展する直前での、躍動しつつある科学的思考をベースに、言語学も、そして社会学もが、未来志向を約束されつつあるという、その時代の傾向をみごとに言い当てている。

ソシュールは、言語活動 langage を、「多様で、混質的」であり、分類対象にならない、として研究対象から却ける。代わる、言語 langue なる存在を言語学の対象として立てる。そのような言語 langue が人々の脳中にあるという。デュルケムにとっては、社会に保存させられているところのものであり、近代科学の物質観が、社会学を、そして言語学を襲いつつある、まさにその現場にほかならなかった。デュルケムも、ソシュールも、古典力学の時代の人でありつつ、いま革新的な過渡期に置かれている、一群の近代哲学の随員だった。

量子力学成立の直前ということは、そこに至る発見や仮説がつぎつぎに報告される雰囲気下に、未知の量子quantumがいよいよ見えてくるという、熱い十九世紀後半から二十世紀初頭であったことを、ぜひ想像してみるとよい。原子モデルすら、いまだ知らない領域にある。アインシュタインが、プランクの量子化（物理量が整数倍になる）の概念を用いて、光量子仮説を発表するのは一九〇五年、量子力学の始まりだ。湯川秀樹の中間子理論の予言は一九三四年といわれる。時枝なら時枝が、刻々報告される原子モデルについて、興味津々、そこからいろいろなイメージをかき立てられていたろうとは、想像にかたくない。ソシュールの言語学がいかに古典力学の限界で類推された産物であったか、もどかしく反論を試みたい時枝だったろう。

　それからほぼ一世紀が経つ。時代を領導してよいはずだった原子物理学は、核分裂を、そして核融合を、仮説や実験どころか、現実に所有し、人類の歴史へ悪魔的に応用するまでに至る。広島、長崎、南太平洋核実験、列国の核実験競争、原発事故（チェルノブイリ、福島第一、……）。さらなる行方を見定められない現代にある。どこへ行こうとしているのだろうか。

　言語活動や、

　　言 parole

をいまのわれわれが生きるということについて、だれも経験的には頷けるところだろう。ソシュールの「言語」は、言語活動や言と違って、脳内に貯蔵された実在であるという。デュルケム的に言えば、社会的ストックであり、個人に分有されている何ものかである。しかしながら、言語学が対象にする中心は言語能力や機構であって、あるいは言語能力や機構であるべきであり、歴史的所産としての諸相や運用への関心は、ひたすら周辺的な事柄という程度でよいのではないか。

　われわれは言語活動という総体のなかで、つねに言であるような行為を通してしか生きていない。言語学といえども、抽象的な「言語」を分析しているかのようなポーズは、ソシュールが流行らせたにしても、近代的な装いを脱いであからさまに観察するならば、具体的な言、あるいは生きる（performative な）テクストをあいてにしているのであり、言い替えれば、意味することの働きを考察すること抜きに、今日の言語学があろうと思われない。

ソシュール以後を切り拓こうと、言語過程説の提唱に至る時枝を、量子論へ突入する時代での、鬼っ子か、滑稽な独り相撲か、いな、近代言語学批判としては通過しなければならない必要な関門だったと私は評価したい。その成果を一つ挙げるとすれば、言語 langue を否定したことにあろう。言語 langue を不要な考え方として言語学から廃棄しようとした努力は、まぎれもなく成果だろうと思われる。

おそらく「暗喩」ということも不要だ。意味は「言外の広がり」を要請する。技法の一部に「暗喩」というほかはない比喩の仕方があるとしても、しかし「言外」を中心に考えて「表現」をおろそかにするようでは、転倒せる考え方だろう。「暗喩」ということは、転倒を前提にした努力のように思え、感心できないというほかない。

ことばはそもそも人類の思考の所産としてある。論理構造を構築しながら、それを支える表出する語り手の〈われ〉をも位置づけるという、両層を表現することに言語活動じたいの腐心があったと見たい。論理構造を文法体系の所産と見るのはよい。それを支える深層の文法、表出する主体のそれを、何度か引用させていただいた、小松光三から受け取るならば、「表現文法」と呼んでみようか。私の場合は表出文法と呼ぶことにしよう、というのが当面の小結となる。

**注**

（1）菅谷規矩雄（一九三六—八九）。詩の書き手であるとともに、『ブレヒト論 反抗と亡命』（思潮社、一九六七）ほか多くの詩論と、『詩的リズム 音数律に関するノート』（正続、大和書房、一九七五〜七八）とがある。晩年、音律に根拠を求める作品へと内攻していった。

（2）音韻的な一見ナンセンス詩を書き続けた山本陽子（一九四三—八四）について、渡辺元彦が『韻流の宇宙』（漉林書房、二〇〇一）という論著で追っている。
（3）湯川、岩波書店。昭和前代の湯川は毎年のように概説書を出して、中間子理論の進展してゆくさまを垣間見させる。
（4）山田、光子研出版、二〇一二。
（5）大森、青土社、一九九六。
（6）時枝誠記『国語学原論』・同続篇が、前田英樹の解説を得て、岩波文庫に登場する（二〇〇七、二〇〇八）。私には画期的なことのように思われる。これを機会に国語学の新しい展開が期待できる。
（7）ソシュール著／小林英夫訳『言語学原論』岡書院、一九二八。改訳新版、岩波書店、一九四〇。『ソシュール一般言語学講義』（岩波書店、一九七二）として改訳され、いまに至る。小林には『言語学通論』（三省堂、一九三七）がある。
（8）時枝、岩波書店、一九五五。
（9）『国語学原論』に、松本潤一郎、田辺寿利らデュルケム学者の名が見られる。
（10）小林、三省堂、一九三五。ドロシェフスキー「社会学と言語学」（一九三三）を含む。
（11）佐久間鼎は日本へのゲシュタルト心理学の紹介者であったと言われる（確認はむずかしい）。山内得立『現象学叙説』（岩波書店、一九二九）は時枝に大きなヒントを与えた。
（12）斉木美知世・鷲尾龍一。

# 初出一覧

一部四章　物語研究会に要旨発表　二〇一四・六・二一

二部六章の助辞／助動辞表

慶應義塾大学「詩学」二〇一四・六・一六講義、および物語研究会二〇一四・六・二一に提示

八章　古代文学研究会に一部発表　二〇一三・一二・八

三部十章『詩的分析』（書肆山田、二〇〇七）から部分利用

十一章『詩の分析と物語状分析』（若草書房、一九九九）から部分利用

四部十三章『詩の分析と物語状分析』から部分利用

十五章1〜6『詩的分析』から部分利用

7「かな文化の始まりのころ——「斗」と「升」」

「歌のＤＮＡ９」『ＮＨＫ短歌』二〇一四年四月号

五部十七章『事典・哲学の木』（講談社、二〇〇二）の項目執筆「うた」

十八章　物語研究会二〇一四・六・二一、古代文学研究会二〇一三・一二・八に要旨発表

以上のほかは書き下ろし。部分利用や発表稿のすべてにわたり改稿する

# 終わり書き

この『文法的詩学その動態』は、前著に続いて、文法と詩学と（それに哲学と）を絡ませながら、新たな現場へと立ち向かう。前著でやりのこした課題をほぼ網羅しえたかと思う。文法記述として体系的であることを目指した一方で、文法から得られる視野を詩学に拡大させようとする。

学校文法を含めて、文法再考の季節が来てほしい、来つつある、と思う。テクスト作りや、注釈、鑑賞、教育の現場、すべてにわたり、膠着状態から脱け出ようといま足掻いている。その足掻きは言語社会が求めつつあることに繋がるように思われる。それは文法再考と別の動きではないように感じられる。

私の主要に向き合った語は、自立語のシステムから外れるところ、作り手や詠み手、作中の人物たちの主体的表現を担う、機能語と呼ぶ、助動辞や助辞たちであり、テクストに埋もれてのみ、それらは生きる。意味語と機能語とにしっかり分けるという宣言は『文法的詩学』以後であり、二〇一〇年十二月刊行の『日本語と時間――〈時の文法〉をたどる』（岩波新書）では機能語について、まだ、ところどころ、「その意味は……」などと不徹底に書いている。機能語は意味を持たず、ただ機能のみをあらわす。

機能語は通行の検索システムのたぐいだと歯の立たないあいてどもであり、たとい索引類を利用するとしても、『源氏物語大成』索引の附属語篇、正宗敦夫の『万葉集総索引』ばかりが頼りとなる。

テクストじたいと格闘するほかに方途がなかった。

時枝の『国語学原論』は文法よりはるかに広い国語学の全域、たとえば「国語美論」で、才気を存分に花ひらかせたと言える。氏のおもな研究は当時の植民地下、京城帝国大学にあって、みぎに日本伝統国語学や『源氏物語』テクストへの沈潜があり、ひだりに欧米諸言語から立ち上がっていた言語学との対決があって、そのはざまから孤独に産出された論文群からなる。

とは、業務としての日本語政策への従事とはどういうことか、また眼前の生きている諸言語である朝鮮語から何も受け取っていないのかという、余人ならいさ知らず、言語学者であるだけにそこをすり抜けているように見える氏を、けっして無罪放免とするわけにゆかない。

そういう側面からの時枝批判の著述が、いくつか、世上に行われる。私にも時枝誠記評伝のようなかたちで、日本近代の植民地下での言語領域に取り組もうかと構想しつつ、それは構想に終わって、代わる『文法的詩学』ならびにこの続篇『文法的詩学その動態』へと結実した。思えば、時枝言語学をめぐる半世紀にわたる彷徨であるものの、私なりの文法ないし詩学を構築することで、時枝の臨界点を描きつつ越える、という在り方が、言語学者でない私の役どころだろう。もの書きでもある私の義務感のなせる一面がそこにあったかもしれない。本書は時枝誠記論としての性格を一角に有する。

私の周囲には新しいタイプの言語学の友人たちがいて、かれらの時枝への揶揄に近い批判は、しかし、かれらの勉強ぶりに舌を巻く思いで、結果的にずいぶん学ぶことができた。私の時枝文法への関心は、高校時代に授業でふれられてからである。大学では、時枝と学的関係があるはずの、築島裕助教授（当時）の講筵に三年通って、漢文訓読に明け暮れもした。その時に、『源氏物語』を漢文訓読という視野から読むという、アクロバット演技を私は身につけたのではなかろうか。

私の牛歩は、日本民俗社会、祭祀構造、盲僧研究、口承文学、沖縄語の文化、アイヌ語、朝鮮半島、アジア社会という、えらく暗いかなたを見つめるような空振りを繰り返していった。『岩波講座日本文学史』の「口承文学」「琉球文学・沖縄語の文学」「アイヌ語の文学」という三冊の編纂は一九九〇年代の私なりの報告である。湾岸戦争（一九九一）のあと、しばらく渡米して（コロンビア大学客員教授）、異邦から日本社会を見ることができたのは幸いだった。

古典関係ではあいかわらず『源氏物語』の上を彷徨していた。『落窪物語』に続き、新大系（新日本古典文学大系）（岩波書店）の『源氏物語』での、柳井滋、室伏信助両先達らとの何年かにわたる編集作業が、私のある意味でのピークとなる。物語や詩歌の本文作りには、改行や句読点、濁点、かぎ括弧など、読者のために読み易く提供する〝画像処理〟を必要とする。

かな遣い、送りがなの有無、漢字か「かな」か、宛て字や誤記のたぐいなど、研究ならば一字一句、ゆるがせにできない。池田亀鑑以来の本文作りが脈々と生きる現場での研鑽は私の生涯にわたる宝物となった。本書および『文法的詩学』はそれらの研鑽から培われた一面があると告白したい。（私の責任でミスもあり、申し訳ない。）

『文法的詩学』の終わり書きに書いたことを繰り返す。ひだりのように書いた。

本書を纏めんと取り組み出したのは、「言語は無力か」、それとも「ことばを信じるか」という、日本社会で割れた、詩作や言論に対する根本的な疑念に抗して、二〇一一年三月より、パソコン上で格闘した時からである。三・一一から一年めという前後で、笠間書院の橋本孝氏、そして相川晋氏に声をかけて、刊行する運びとなった。

それは二〇一二年十一月を刻んで刊行されたのち、ただちに本書『文法的詩学その動態』に取り組むべきところ、入院、療養などがあり、二〇一三年十月より再開し、本年六月をもって脱稿する。橋本氏とは、一九六〇年代の終りに知り合って、四十五年という、時代を越える共闘関係にあり、うたを、古典を、書物の世界を分かちあって今日に至る。日本文化の現状、未来の構築のために、互いにたとい微力であろうと尽くしてきたという思いもまた共有する。

（1）若い友人たちとシンポジウムをかさねた、ハーバード・イェンチン研究所での、多くの方々との再会や出会い（二〇〇七・八）。

（2）エストニア・タリン大学での討議と交流との数々（二〇一〇・九）。ラウリ・キツニック（Lauri Kitsnik）『あかちゃんの復しゅう』（Titt maksab kätte　二〇一〇）が発行される。

（3）ブルガリア・ソフィア大学の国際会議（二〇一一・五）の共通テーマが「出来事と不死」である。ずっと早くから用意されていたその題名が、三・一一大震災そして「フクシマ」の直後で参加せざるをえなかった私どもを直撃する。ダリン・テネフ Darin Tenev の尽力による。

（1）と（2）とは、笠間書院の多大なご好意によって、二冊の報告書に纏められた――『日本文学からの批評理論――アンチエディプス・物語社会・ジャンル横断』（二〇〇九）、『同――亡霊・想起・記憶』（二〇一四）。（3）は『Event and Immortality――Literature, Language, Philosophy, Science』（ブルガリア語、英語）として刊行された。

『文法的詩学』のサマリーは英訳ともども笠間書院のＨＰに掲げられる。訳してくれたクリスティーナ・ラフィン Christina Laffin（ブリティッシュ・コロンビア大学准教授）が新刊の著、阿仏尼論をかかえて訪ねてくれる。木村朗子『震災後文学論』はクリスティーナが震災後日本社会へ向けて吐いた「絶望」を一書にして受け止める（青土社、二〇一三）。

本書の作成途上で、慶應義塾大学「詩学」（久保田万太郎記念講座）、立正大学「創作と研究」を担当したことは幸いだった。宮崎県および大阪府での高等学校連合の研修会、古代文学研究会（京都）、物語研究会（東京）での研究発表、東京学芸大学における講演（二〇一二）、東京大学言語情報科学専攻二十周年記念行事（二〇一三）での講演でも文法関係のはなしをさせていただいた。励まし合ってきた、３・１１以後を考えるうたげの会、３・１１憲法研究会、叙述態研究会（きむすぽ）の各位には格別の謝意をささげる。福島県を中心とする詩の書き手たち、兵庫県詩人協会の各位の活躍に対して深い敬意を捧げたい。

二〇一四年八月二十日

藤井貞和

既刊

藤井貞和

# タブーと結婚

## 「源氏物語と阿《あ》闍《じゃ》世《せ》王コンプレックス論」のほうへ

ISBN978-4-305-70340-8
四六判全三三四頁　本体二三〇〇円（税別）

古代人が抱え込んでいる、「愛」と「結婚」と「性」の深層を物語から抉り出す！物語の主人公たちが罪の意識におののく。源氏物語、万葉集、蜻蛉日記から、精神分析学をとりこみつつ、思想を先取りする主人公たちの心性を明らかにする、かつてなかった独創的な古典文学論！

「元服という、成年儀礼（ほかによい語がないので〝成年儀礼〟と称しておく）直前での男主人公、薫の君の発する出生の疑いに、精神分析学でいう、阿闍世王コンプレックス（阿闍世錯綜とも）を読みこもうとする、やや大胆な提案である。」（本書のあとに）より

笠間書院

既刊

# 文法的詩学

藤井貞和

A5判全四二六頁　二〇一二年十一月刊　本体四五〇〇円（税別）（残部僅少）

ISBN978-4-305-70674-4

「古典語界の文学を当時の現代文学として探究する」のが本書の目的である。物語や詩歌をよむことと、言語学のさまざまな学説たちとのあいだで、本書は生まれた。いまだ、未解決、未記載の文法事項を究明。

時枝、佐久間、三上、松下、三矢、そして折口、山田、大野、小松光三、あるいはチョムスキー……絢爛たる文法学説の近代に抗して、機能語群（助動辞、助辞）の連関構造を発見するまでの道程を、全22章（プラス終章、附一、附二）によって歩き通す。

「物語にしろ、うたにしろ、無数の文の集合であり、言い換えれば、テクストであって、それらが自然言語の在り方だとすると、文学だけの視野では足りないような気がする。言語活動じたいは、文学をはるかに超える規模での、人間的行為の中心部近くにある、複雑な精神の集積からなる。……」（はじめに）より

笠間書院

（著者略歴）

藤井貞和（ふじい・さだかず）

1942年東京都生まれ。東京大学文学部国文科卒業。現代詩の詩人。古代文学、言語態。立正大学教授、東京大学名誉教授。著書に『源氏物語の始原と現在』『深層の古代』『古典を読む本』『物語の方法』『物語文学成立史』『源氏物語論』『平安物語叙述論』『物語理論講義』『タブーと結婚』『日本語と時間』『人類の詩』『文法的詩学』、詩集に『ラブホテルの大家族』『遊ぶ子供』『大切なものを収める家』『神の子犬』『人間のシンポジウム』『春楡の木』ほか多数がある。

文法的詩学その動態

2015年2月10日　第1刷発行

著　者　藤　井　貞　和

装　幀　笠間書院装幀室

発行者　池　田　圭　子
発行所　有限会社 笠間書院
東京都千代田区猿楽町2-2-3［〒101-0064］
NDC分類815.1　電話 03-3295-1331　Fax 03-3294-0996

ISBN978-4-305-70715-4　組版：ステラ　印刷・製本／大日本印刷
落丁・乱丁本はお取りかえいたします。　（本文用紙：中性紙使用）
出版目録は上記住所までご請求下さい。

http://kasamashoin.jp

# 『文法的詩学その動態』索引（文法事項、人名）

古典の作品名、著者名は立項しない
目次から容易に検索できる項目（懸け詞、序詞、枕詞のたぐい）は立項していない
多頁に亘る項目も割愛する――格助辞、過去、語り手、活用、完了、形容詞、主格、主語、主体的～、助辞、助動辞、動詞、判断、否定、名詞など。および、うた、格 case、下接 / 上接、言語過程説、言語活動、語幹（語根）、ことば、比喩（喩）、時枝誠記など

## 文 法 事 項

### あ 行

## か 行

## さ 行

## た 行



## な 行

## は　行



## ま　行

## や・ら・わ 行

# 人　名

# Grammatical Poetics (2012)

Fujii Sadakazu

Japanese (language) is currently in use from the archipelago of Japan to Okinawa. In the past, The Ainu language was used concurrently with Japanese in Hokkaidō and the Northern Tōhoku region.

The Korean language neighbors the Japanese language.

The base from which the Japanese language developed may have been related to the Pacific languages.

Onto this base were added the various former Asian languages of the Asian continent and the languages of central and southern Asia.

The details surrounding this language family, however, are unknown.

In terms of sources, the records stretch back about two millennia. There were materials in verse which were sung (such as found in the *Furukoto-Ki* 〔*Record of Ancient Matters and Languages*〕 named Kojiki [712]) and poems (i.e., such as those of the *Collection of Myriad Leaves* [Man'yōshū, ca. 759]). In the early eleventh century, numerous long works of prose (i.e., tales) such as *The Tale of Genji* (Genji monogatari, ca. 1010) were produced. This book analyzes these works from the perspective that they were "contemporary language" and "contemporary literature" when written.

I divide the structure of Japanese into independent words (*jiritsu-go*) and functional words (*kinō-go*). Functional words support the content conveyed by independent words (including nouns and verbs) by indicating the relationship of the speaker's intent and standpoint vis-à-vis the independent words. Functional words represent function only and don't have "meaning" like independent words. Auxiliary verbs and particles act as functional words. Like Japanese, auxiliary verbs in English also have function but not meaning and are conjugated. Prepositions would thus be categorized as particles.

Independent words and functional words appear in turn within sentences. Combining independent words and functional words determines the subjective intent of the content expressed. In the 1930s Tokieda Motoki's (1900–1967) linguistic

theories were an attempt to overcome structuralism by proposing the notion of "language as process." In the 1950s, Noam Chomsky (1928–) criticized linguistic structuralism and created the basis for contemporary linguistics. These two efforts can be seen as parallel.

This book, *Grammatical Poetics*, is an attempt to elucidate linguistic knowledge through an analysis grounded in texts from tale literature and poetry. This book shows how a flat or three-dimensional model is the logical conclusion when numerous auxiliary verbs are categorized and arranged according to function. This model is effective not only for Japan, but for all human cognition and for all societies, whether ancient or contemporary.

**Chapter One:** The Structure of Grammatical Poetics

Chapter One offers an introduction to Chomsky and Tokieda and outlines critiques made of Saussure. I demonstrate how universal linguistic theory can be approached through theories of origin. Particles have been used for several thousand years. Once auxiliary verbs were in use for one thousand years they came to be a chronic part of language and were adopted into literary language.

**Chapter Two:** The Nominative Auxiliary Aspect of *Ha* (1): Superceding *Ga*
**Chapter Three:** The Nominative Auxiliary Aspect of *Ha* (2): Reconsidering Mikami's Grammar

Chapters Two and Three consider the particle *ga*. *Ga* indicates the nominative case when it follows nouns and nominal equivalents. *Ga* and *ha* (pronounced *wa* in current Japanese) cannot follow each other. In other words, *ha* supercedes *ga* in substituting for nominative case. One might assume that *ha* designates topic, but because *ha* can neighbor all particles except *ga*, its original function was to indicate difference. The function of *mo* is to indicate assimilation. When *ga* shows contrast, this is again as nominative case. The theories of Sakuma Kanae (1888–1970) and Mikami Akira (1903–1971) are examined in this chapter.

**Chapter Four:** The Formation of Conjugational Agreement based on *Kakari-musubi* (cleft) Constructions

Chapter Four discusses *kakari-musubi* (cleft) constructions such as *zo* and *koso* that are found in Japanese. In these cases the sentence ending is conjugated in the conditional, a strange phenomenon dating back to ancient Japan. Ōno Susumu (1919–2008) explained this phenomenon through topic indication but was unable to support his theory through examples. The phenomenon of *kakari musubi* may depend on a sense of linguistic gestalt.

**Chapter Five:** *Ar-i*, *Nar-i*, and *Ri* as the Nonpast

Chapter Five examines *ar-i* as an independent word indicating existence, which transformed into an auxiliary verb, just as *ri* was produced from *ar-i*. These indicate current existence and take present tense. Both *nar-i* (copular) and *tar-i* (copular) contain *ar-i* and indicate existence, functioning like the present tense of the English verb "be."

**Chapter Six:** The Lineage of *Ki* as View into Origins

Chapter Six considers the auxiliary verb *ki*. *Ki* indicates the past and can be used within sentences in the form of *si* to express myths of origin.

**Chapter Seven:** *Ker-i* as an Auxiliary Verb of Transmission and the Passage of Time

Chapter Seven discusses the auxiliary verb *ker-i*, which is used to describe the passage of time from the past. Since it may convey the time of tradition or the retelling of the past, it often appears in tale literature and folk tales. It is similar to a past imperfect or half-past.

**Chapter Eight:** Can *Ker-i* Indicate Exclamation?

Chapter Eight refutes the commonly held notion that *ker-i* has an exclamatory function.

**Chapter Nine:** The Character of the Auxiliary Verb *Nu*

Chapter Nine focuses on the auxiliary verb *nu*, which expresses urgency in the case of something about to occur. It can also be used to convey a sense of imminence regarding an action taking place. It indicates the perfect in terms of function but was

not originally linked to tense.

**Chapter Ten:** The Character of the Auxiliary Verb *Tu*

Chapter Ten considers *tu*, an auxiliary verb indicting that something has just occurred or will certainly occur. Like *nu*, it was not originally linked to tense.



**Chapter Eleven:** The Discovery of Tense during the Unification of Spoken and Written Japanese: The Character of *Tar-i* and *Ta*

Chapter Eleven takes up *tar-i*, the auxiliary verb conveying continued existence. *Tar-i* is thought to have developed out of *tu* combined with *ar-i*. *Ta* is an altered form of *tar-i* that was in use from the twelfth century. In the Meiji period (1868–1912), *ta* was used to unify spoken and written Japanese in what is known as the *genbun itchi* movement. The current use of *ta* to indicate the past was thus a development of this modern unification process and the effort to establish an auxiliary verb signifying the past.

**Chapter Twelve:** What is Speculation (1): *Mu*, *Kemu*, *Ramu*, and *Mashi*

Chapters Twelve through Fourteen consider auxiliary verbs of speculation. Perhaps because humans are doubting beasts, we have created a wealth of auxiliary verbs conveying speculation. Chapter Twelve considers the basic speculative ending of *mu* which implies *am-u*. The past form *kem-u* and the present form *ram-u* similarly contains the latent form *am-u*. *Masi* is a combination of *ma* and *si* (which is related to *si* functioning as the attributive form of the past auxiliary verb *ki*).

**Chapter Thirteen:** What is Speculation (2): Hearsay *Nari* and *Meri*

Chapter Thirteen examines *nar-i*, the auxiliary verb of auditory speculation, and *mer-i*, the auxiliary verb of visual speculation. When appended to the verb *haberi*, *nar-i* can be used as *haberunari* (indicating the copular) or *habenari* (indicating hearsay). In the case of *mer-i*, *habemeri* was correct usage and *haberumeri* an incorrect usage.

**Chapter Fourteen:** What is Speculation (3): *Beshi*, *Maji*

Chapter Fourteen considers the triangular relationship between auxiliary verbs

*ramu*, *rasi*, and *besi*. From *më-asi*, *bë-si* was produced (with *më* shifting to *bë*), and similarly, *-ji* was attached to *më-asi* to produce *masiji*. *Më-ani-si* yielded *maji*.

**Chapter Fifteen:** The Auxiliary Verb *Rashisa*

Chapter Fifteen traces the development of *rasi*, which I posit as having derived from the notion of "*rashisa* or to be very ….-like," in contrast to the idea that it indicates supposition.

**Chapter Sixteen:** Modification, Negation, Volition

Chapter Sixteen recognizes *si*, which attaches to adjectives, as an auxiliary verb. Auxiliary verbs such as *gotosi*, *yaunari*, and *ji* signify a breadth of implications from negation to desire. *Nasi*, representing a negation of degree or amount should also come under the umbrella of auxiliary verbs,

**Chapter Seventeen:** The Temporal, Speculative, and Adjectival Fields: The Dimensions of *krsm*

Chapter Seventeen summarizes the above chapters by introducing the rectangular and dimensional model of *krsm*. Komatsu Kōzō's work of 1980 in graphing these auxiliary verbs resembles my model. The temporal field runs from *ki* to *ar-i*, *mu* occupies the speculative field, *si* the adjectival field, and the aforementioned triangle of *ramu*, *rasi*, and *besi* are also incorporated.

*Nu* and *tu* are situated peripherally, which in turn offers a place to the related auxiliary verb *tar-i*.

Chapters Eighteen through Twenty are dedicated to the concept of person and nature as a form of person (or *shizenshō*). Generally speaking, first person, second person, and third person perspective suffice; however, the reflective narration of protagonists found in tale literature is better seen as fourth person, a phenomenon that can be understood through comparison with Ainu literature. The narrator's perspective is best categorized as zero person and the author's, when not represented in the work, as personless or imaginary person.

**Chapter Eighteen:** Narration and the Role of Person in Tales: Young Herbs (*Wakana*) and Oak Tree (*Kashiwagi*) Chapters of *The Tale of Genji*

Chapter Eighteen shows how the characters in a tale express themselves in fourth person.

**Chapter Nineteen:** Conversations, Letters, and Systems of Person: The Trefoil Knots (*Agemaki*) Chapter of *The Tale of Genji*

Chapter Nineteen considers successive forms of personhood based on conversational writing, epistolary writing, and nonconversational prose (*ji no bun*).

**Chapter Twenty:** The Narrator's Person and Nature as Person (*shizenshō*)

Chapter Twenty examines person as it relates to the narrator and argues for the existence of nature as a form of person, which can be paralleled with the "impersonal" (*hininshō*) in English.

**Chapter Twenty-One:** Indicators of Respect

Chapter Twenty-One considers how the causative came to convey heightened respect.

**Chapter Twenty-Two:** The Voiced and Unvoiced in Pivot Words (*kakekotoba*)

Chapter Twenty-Two discusses the orality of pivot words (*kakekotoba*), based on their bridging of breathed sounds ("k""s""t""h") and voiced sounds("g""z""d""b").

**Conclusion:** Will Language Revive Itself?

The Conclusion asserts that Japanese is in essence a language without tense (aorist). This final chapter is also an attempt to resist the linguistic apathy that followed the earthquake and nuclear disasters of March 11, 2011.

**Appendix I:** Supplementary Auxiliary Verbs : Sketching *The Tale of Genji*
**Appendix II:** Auxiliary Verbs in *Omorosōshi* and Particles

The appendix discusses supplementary auxiliary verbs and the role of function words in Okinawan classical literature.

[Translated by Christina Laffin]

# Sammary:『文法的詩学』

笠間書院　2012. 11. 30

日本語の現在は日本列島から沖縄へかけて行われる。過去においては北海道および北東北でアイヌ語と競合してきた。朝鮮語と日本語とは隣接する。日本語の最古層は太平洋諸語と同類だったかもしれない。アジア大陸から旧アジア諸語や、遠く中央アジア、あるいは南アジアからの言語が古層のうえに乗ってきたろう。詳しい言語系統は不明と言われる。

文献的には二千年近くの記述が可能となっている。歌謡資料(『古事記』など)や韻文(詩歌)資料(『万葉集』など)がのこる、十一世紀初頭には大きな散文の物語作品『源氏物語』を産み出している。本書はそれらを当時における“現代語”“現代文学”であるとの観点から分析する。

日本語の構成を自立語と機能語とに分ける。前者(名詞や動詞その他)の表現する内容を、後者が支える。後者(機能語)は話者の意志や立場に基づいて、前者(自立語)との関係をあらわす。機能語は〈機能〉だけがあって、自立語のような〈意味〉を持たない。助動辞および助辞が機能語である。英語の助動辞(助動詞)もまた、機能を有し意味を持たず、活用する点で日本語の助動辞にほぼ相当する。「前置詞」は助辞に相当しよう。

自立語と機能語とが交互に出て来る。自立語と機能語との組み合わせによって、表現内容がそれを支える主体的意志として決定される。一九三〇年代の時枝誠記の言語学は構造主義を乗り越えようとして、言語過程説を唱えた。一九五〇年代のチョムスキーが言語構造主義を批判して現代言語学の基礎を作り出したことと、きわめてよく似る。

本書『文法的詩学』は物語や詩歌のテクストを手放さず、しかも言語学的な知見を多くもたらすことに精力を尽くした。数ある助動辞を機能的な分類によって配置させると、平面あるいは立体モデルに行き着くことを本書は発見する。そのモデルは日本語ばかりでなく、また、古代人と現代人とを問わず、人類の脳内に、あるいは社会的な規範として、保存され、活躍している

と考えられる。

1章　文法的詩学、その構築

序章として、チョムスキー、時枝を導入する。ソシュールを批判する。普遍的な言語論は起源論からもアプローチできるとする。助辞は数千年、生き続ける。助動辞は機能し始めて千年経つと、次第に慢性化して文語となる。

2章　「は」の主格補語性（上）——「が」を押しのける

3章　「は」の主格補語性（下）——三上文法を視野に

「が」という助辞がある。「が」は名詞や名詞相当句に下接して主格を示す。「が」と「は」とは隣接できない。つまり「は」は「が」を押しのけて主格を代行できる。だからといって、「は」がトピックを提示するかと言えば、「は」は「が」以外のすべての助辞と隣接できるからには、「は」の機能は本来、差異を示すことにあった。「も」は同化を示す役割を持つ。対象について「が」で示す場合はやはり主格である。佐久間鼎、三上章を俎上に載せる。

4章　活用呼応の形成——係り結びの批判

日本語には「こそ」や「ぞ」のような係助辞がある。「こそ」の場合、係り結びと言って、活用形の文末を已然形とする。これは日本語の古くからある、不思議な現象である。大野晋はトピック提示から説明しようとした。しかし、用例的にそれを説明することができなかった。係り結びの現象はゲシュタルト感覚に依拠しているのではなかろうか。

5章　「アリ ar-i」「り」「なり」という非過去

「アリ ar-i」は、存在する意味の自立語から転成する助動辞で、「り」もまた同じくアリから派生する。現存在をあらわし、時制的に現在を引き受ける。「なり nar-i」（断定）は「たり tar-i」（断定）とともに ar-i を含み、英語で言えば be 動詞の現在をあらわす。

6章　起源にひらく「き」の性格

助動辞「き」を附加して過去をあらわす。文中で「し」となって、起源説話に使われる。

7章　伝来の助動辞「けり」——時間の経過

助動辞「けり」は〈(過去からの) 時間の経過〉をあらわす。伝承の時間をあらわすことができるから、物語や昔話での語りに使われ易い。未完了過去、半過去に近い。

8章　「けり」に“詠嘆”はあるか

「けり」に詠嘆という機能はない。

9章　助動辞「ぬ」の性格

「ぬ」はさし迫る事件が起きる直前の、また、もう起きつつあることについて、さし迫る感じをあらわす。機能への〈名づけ〉として「完了」と言われる。本来、時制と関係なかった。

10章　助動辞「つ」の性格

「つ」はいましがた起きたことや、起きるに違いないことを示す。これももともと、時制と関係がなかった。

11章　言文一致における時間の創発——「たり」および「た」

「たり」(存続) は「つ」＋アリ ar-i と見られる。「た」は「たり」から変化したと考えられるものの、12世紀全般に早くも「た」が見られる。その「た」が明治以後に言文一致を担う。「た」が過去性を獲得してくるとは、近代の言文一致における過去の成立と言うことでもある。

12章　推量とは何か (一) ——む、けむ、らむ、まし

人類は疑心暗鬼の動物なのだろう。推量の助動辞を発達させてきた。基本的な推量「む」を見ると、アム am-u が内在する。過去推量「けむ」にも、現在推量「らむ」にもアムが潜む。「まし」は「ま」と「し」(過去の「き」

の連体形の「し」と関係あるか）との結合であるらしい。

13章　推量とは何か（二）——伝聞なり、めり

伝聞「なり」は聴覚的な推量、「めり」は視覚的な推量である。「侍るなり」（「なり」断定）と「はべなり」（「なり」伝聞）とは区別があるらしく、「めり」については「はべめり」が正しく、「はべるめり」は誤用と見たい。

14章　推量とは何か（三）——べし、まじ

「らむ、らし、べし」という三角形を提示したい。më-asi から（më と bë と交替）bë-si が、同じ më-asi に -ji が附いて「ましじ」が成立する。më-ani-si からは「まじ」ができる。

15章　らしさの助動辞

いかにも～らしい、ふさわしい、という「らしさ」（形容）を原型として「らし」が成立したと見たい。従来の通説は「らしい」という推定と見なしてきた。

16章　形容、否定、願望

形容詞に附く「し」を助動辞と認定する。「ごとし」「やうなり」そして「じ」など、否定や願望の助動辞を一望する。「なし」という程度の否定をあらわす場合も助動辞と認めたい。

17章　時間域、推量域、形容域——krsm 立体

ここで krsm 四辺形、krsm 立体へと纏めてゆく。小松光三〔1980〕に類似する図形がある。「き」からアリ ar-i にかけて時間域、「む」推量域、「し」形容域としてみると、さきの「らむ、らし、べし」三角形を踏まえることができる。「ぬ」「つ」を周辺化することで、「たり」を位置づけられる。

18章～20章は「人称」および「自然称」のコーナーとする。一般には、第一人称、第二人称、第三人称という考え方でよい。物語には主人公が内省するような人称など、第四人称とすべき人称があり、アイヌ語をヒントにして

考察を加える。語り手人称はゼロ人称、作者人称は（作中にあらわれることのない）無（虚）人称である。

18章　物語人称と語り――「若菜、柏木」

物語中の人物の人称に第四人称があらわれる。

19章　会話／消息の人称体系――「総角」

会話文や消息文、地の文から、人称の累進を考察する。

20章　語り手人称、自然称

語り手人称を考察する。また、英語の非人称に相当する「自然称」を提唱する。

21章　敬称表示

使役態によって敬意が深まることを考察する。

22章　清、「濁」と懸け詞

懸け詞が清音／濁音に跨がることから、その口頭性について論じる。

終章　言語は復活するか

日本語のベースは無時制（アオリスト）にある。3・11（大震災ならびに福島原発事故）以後の言語無力感に抵抗する。

附1／附2　補助動詞――『源氏物語』素描／おもろさうしの助動辞、助辞

終わり書き

初出メモ

索引（文法事項、人名）